SCORPIO

YVES SEEHOLZER

WIR BEIDE UND DAS LEBEN

DER DEAL MIT MEINEM GEFÄHRLICHEN FREUND

SCORPIO

Originalausgabe
2. Auflage 2020

© 2020 Scorpio Verlag in Europa Verlag GmbH, München
© 2019 Scorpio Verlag GmbH & Co. KG, München
Umschlaggestaltung: Guter Punkt, München
Titelfoto und hintere Innenklappe links unten: Pascale Widmer
Umschlagfoto hinten: Iwan Hediger
Foto Innenklappen: Yves Seeholzer
Lektorat: Susanne Broos
Layout & Satz: BuchHaus Robert Gigler, München
Gesetzt aus der Minion Pro und der ITC Avant Garde Gothic
Druck und Bindung: Pustet, Regensburg
ISBN: 978-3-95736-127-1
Alle Rechte vorbehalten

INHALT

EINLEITUNG

Hey du!

Cool! Du hast mein Buch in der Hand. Suchst du etwas Bestimmtes? Vielleicht kann ich dir mit dem, was ich erlebt habe, weiterhelfen – eine Hand reichen.

Was dich in diesem Buch erwartet, ist eine richtige Achterbahnfahrt mit all ihren Höhen und Tiefen. Bist du bereit dafür, mir zu folgen? Gut, dann schnall dich an. Ich erkläre dir nur noch kurz ein paar Sicherheitshinweise.

Wir werden gemeinsam durch meine Vergangenheit reisen und dabei nichts auslassen. Du erfährst, wie ich mich fühlte, was der Krebs mit mir machte, aber auch, wie ich mich verhielt und, am wichtigsten, wohin er mich brachte. Dieser Weg war hart, und ich hatte mit vielen Ängsten und Sorgen zu kämpfen – ja, ich rang sogar mit dem Tod. Doch ich konnte darüber hinauswachsen und ich möchte dir zeigen, wie mein größter Feind zum besten Freund wurde. Dazu musste ich mich selbst über Bord werfen, mich aus den Wellen kämpfen, um dann erneut in die Tiefe zu stürzen – all das war notwendig, um mich selbst zu finden, mich zu erkennen und zu akzeptieren.

Du wirst erfahren, was mir auf meinem Weg der Heilung half, und auch, was mir nicht half, wie ich endlich Selbstverantwortung übernahm – und damit begann, mich selbst zu heilen.

Keine Angst, es geht nicht nur um Kämpfen, Siegen und den Krebs oder eine andere schwere Krankheit zu bekriegen. Sondern darum, zu akzeptieren, was das Schicksal für uns bereithält, sich dem Leben hinzugeben, zu lernen und das grenzenlose Potenzial, das uns allen zur Verfügung steht, zu erkennen und zu nutzen. Dies hat so viel mehr Bedeutung, als Krieg gegen sich selbst zu führen.

Ich würde mich freuen, wenn dir meine Geschichte Mut macht, auch wenn dein persönlicher Weg letztlich ein anderer sein wird als meiner. Bist du bereit?

3, 2, 1 – GO!

UNSERE ERSTE BEGEGNUNG

Ich war 18 Jahre alt, als ich IHM zum ersten Mal begegnete. Ich war gelernter Koch, kam aus einer ganz normalen Familie, der es materiell an nichts fehlte, und lebte bis zu dem Zeitpunkt, ohne mir wirklich viele Gedanke über das Leben an sich zu machen. ER war ein kleiner Knoten in meiner rechten Achselhöhle. Ohne lange nachzudenken, ging ich damals in ein Krankenhaus und ließ ihn untersuchen. Die Ärzte punktierten den Knubbel, konnten aber nichts Gravierendes feststellen. Sie sagten, der Lymphknoten würde mit der Zeit wieder verschwinden, also fuhr ich heim und vergaß die ganze Sache bald. Ich hatte weder Schmerzen noch andere Beschwerden, noch Angst. Wovor auch? Drei Jahre später, im Sommer 2011, ich war nun 21, dachte ich immer noch, mein Leben würde »nach Plan« verlaufen. Ich arbeitete damals als Koch in einem sehr angesehenen Fischrestaurant in der Nähe des Ortes, in dem ich aufgewachsen bin. Ich folgte meinem Weg, ohne genau zu wissen, warum und wieso. Ich hatte ihn nach der Schule eingeschlagen und ging einfach immer weiter: Familie, Kinder, Job, eine lukrative Karriere in der Gastronomie, wie mein Vater und mein Bruder. Dies schien mir ganz normal in einer Gesellschaft, die es – ausgesprochen oder unausgesprochen – auch so von jedem verlangte. »Du musst den Menschen zeigen, wie gut du bist«, war ein Satz, den ich in meiner Jugend oft gehört hatte. Unwissend, dass und wie es hätte anders sein können, und auf äußere Werte gepolt, war ich davon überzeugt, dass mich dies zu meinem Ziel führen würde. Aber hatte ich überhaupt eins? Wusste ich überhaupt, wofür es sich zu leben lohnt? War ich glücklich mit meinem Leben? Heute weiß ich, dass ich »falschen« Zielen folgte, ich war nie wirklich glücklich, mit dem was ich tat. Schon als Kind war ich gerne eigene Wege gegangen, ich verbrachte viel Zeit in der Natur und war immer sehr fröhlich. Je älter ich wurde, desto weniger fühlte ich mich wohl in dieser Welt, der Schule, dem Ort, in dem ich lebte. Ich war oft traurig und suchte tief in meinem Herzen schon damals nach irgendetwas, wusste aber nicht, was es war.

Inmitten der Sommersaison, die bei uns von Mai bis Oktober dauert, fiel mir auf einmal auf, dass der Knoten in meiner Achselhöhle gewachsen war. Er war nie ganz verschwunden, anders, als die Ärzte es prognostiziert hatten, ich hatte ihn jedoch bis dahin erfolgreich ignoriert. Aber jetzt war er größer als ein Kronkorken! Ich ging etwas verunsichert, dennoch davon überzeugt, dass es nichts Schlimmes ist, zu meinem Hausarzt, und der entschied sofort, dass ich den unkontrolliert wachsenden Knoten operativ entfernen lassen sollte. Sicher ist sicher, so die Devise meines Arztes. Wenige Tage später fand ich mich in einer Klinik wieder, und der Lymphknoten wurde entfernt. Nach der OP, noch am selben Abend, konnte ich das Krankenhaus verlassen. Es schien eine kurze und schmerzlose Sache gewesen zu sein. Etwa eine Woche später musste ich noch mal in die Klinik, um den Befund der Biopsie zu besprechen. Der Termin war für zehn Uhr anberaumt. Die ganze Woche über fühlte ich mich unbehaglich, mein Kopf malte sich immer wieder Schreckensszenarien aus. Anderseits gab es damals aber auch diesen kaum wahrnehmbaren, leisen Wunsch in mir, krank zu sein – um endlich aus dem Leben aussteigen zu können, das mich schon lange unglücklich machte. Auf dem Weg in die Klinik überflutete mich plötzlich die Angst. Ich kann es immer noch so fühlen, als sei es gestern gewesen. Meine Handflächen wurden feucht, mein Nacken war mit kaltem Schweiß überzogen, der mir in kleinen Rinnsalen den Rücken herunterlief. Als ich in das Besprechungszimmer trat, erwarteten mich bereits zwei Ärzte. Sie saßen stocksteif in ihren schwarzen Ledersesseln und blickten mir entgegen. Ich nahm ihnen direkt gegenüber Platz. Der eine war mein Chirurg, den anderen kannte ich nicht. Er trug einen weißen Kittel, und unter dunkelgrauen Locken schaute er mich mit ernsten Augen an.

Mir stockte der Atem. Denn seit ich denken kann, kann ich aus solchen Blicken das lesen, was noch nicht gesagt worden ist. Ich wusste deshalb sofort, dass es sich um eine ernste Angelegenheit handelte. Mein Chirurg stellte mir seinen Kollegen als Onkologen vor – zu diesem Zeitpunkt wusste ich allerdings noch nicht einmal, was ein Onkologe ist. Mir wurde nun auch die gedrückte Stimmung bewusst, die sich im Raum wie Rauch ausbreitete. Ich hatte den Eindruck, dass es plötzlich viel zu wenig Luft zum Atmen gebe. Ich heftete meinen Blick auf den Onkologen, bereit, das zu hören, was ich schon ahnte. Er sagte: »Es tut mir leid, Ihnen mitteilen zu müssen, dass Sie an einem Lymphknotenkrebs erkrankt sind.« Obwohl ich irgendwie nicht überrascht war, schlug diese Mitteilung doch ein wie eine Bombe. Mir wurde klar, dass meine schlimmsten Befürchtungen Realität geworden waren: Ich hatte ein sogenanntes Lymphom, ein histologisch noduläres lymphozytenprädominantes Hodgkin-Lymphom, ein noduläres Paragranulom – wie ich es später im Arztbrief nachlesen konnte. Also Lymphknotenkrebs. Ich saß da, auf diesem Stuhl, in diesem Raum mit den beiden Ärzten, die es offenbar nie gelernt hatten, einem Menschen gut zuzusprechen. Statt mir Mut zu machen, saßen sie nach der schrecklichen Mitteilung da wie zwei gefühllose Roboter. Der Schock lähmte mich für einen mir ewig erscheinenden Moment. Ich konnte keinen Gedanken fassen, sämtliche Gefühle waren verschwunden, und eine unglaubliche Leere breitete sich in mir aus. Zugleich wusste ich: Durch diesen einen Satz »Du hast Krebs« wird sich mein ganzes Leben ändern. Etwas Neues begann, etwas, von dem ich keine Ahnung hatte, was es war, wie es sich anfühlte und was es mit mir tun würde – und das machte mir Angst, ganz gewaltige Angst.

Eine Weile saß ich nun ebenfalls stocksteif auf meinem Stuhl und sagte nichts. In diese Stille hinein meldete sich eine Stimme in mir, die ich noch nie vorher gehört hatte, obwohl sie tief in mir drin existierte. Man könnte es auch als ein Gefühl bezeichnen, das etwas zum Ausdruck bringt und mir zu sagen versuchte: »Die Zeit ist reif! Du musst dein Schicksal jetzt in die Hand nehmen, um deinen eigenen Lebensweg zu finden.« Ich war verwirrt und muss wohl ziemlich ratlos um mich geblickt haben. Verständlicherweise! Denn ich begriff damals nicht, was diese innere Stimme, dieses Gefühl da gesagt hatte. Obwohl ich Blicke lesen und Stimmungen erspüren konnte, hatte ich keinen blassen Schimmer von Intuition oder davon, was das Schicksal mit alldem zu tun hatte. Ich kannte weder den wahren Willen noch den Sinn, der hinter all dem steckte, was gerade mit mir passierte. Ich sah absolut keinen Zusammenhang zwischen dem, was in meinem Körper vor sich ging, und dem, was ich da gerade in mir vernommen hatte. Und mir war ganz und gar nicht klar, was dies für mein weiteres Leben bedeuten sollte, geschweige denn, wie viel Zeit ich benötigen würde, um all die Wunden zu heilen, die wahrscheinlich schon vor Jahren oder Jahrhunderten in meine Seele geschlagen worden waren.

Nur eines war sehr klar: Hier hatte ich nichts mehr zu suchen. Die beiden Ärzte schickten mich nach Hause, und ich bekam einen weiteren Termin, um in ein paar Tagen die Details meiner Behandlungsmöglichkeiten zu besprechen. Wie in Trance verließ ich das Krankenhaus und schleppte mich zum Auto. Mein Herz war so schwer, dass ich nach wenigen Kilometern zusammenbrach. Ich schaffte es gerade noch, an den rechten Straßenrand zu fahren und den Wagen anzuhalten. Mein Kopf senkte sich auf das Lenkrad, meine Hände glitten ins Leere. Dann brachen die ersten Tränen durch, liefen über meine Wangen und fielen auf die Fußmatte. Das machte ein so schrecklich lautes Geräusch, wie ich es nie für möglich gehalten hätte. Meine Sinne waren derart geschärft vor lauter Angst, dass ich sogar vor mir selbst erschrak. Eine ganze Weile saß ich einfach so da. Unermessliche Traurigkeit breitete sich in mir aus, und ich spürte deutlich: Der Tod hatte mich zum ersten Mal gegrüßt und mir zugelächelt. Während ich langsam wieder zu mir kam und mich ein wenig beruhigte, gesellte sich zu all der Panik und dem inneren Chaos ein seltsames, ein stilleres und freundlicheres Gefühl, fast wie das einer Befreiung, dessen Bedeutung ich allerdings nicht verstand.

Auf einmal klopfte ein alter Mann an mein Wagenfenster. Als ich aufsah, blickte er beruhigend in meine weit aufgerissenen Augen. Ich ließ das Fenster herunter, und der Mann legte vorsichtig seine Hand auf meine Schulter. Sein langer Bart berührte den Rand des Fensterrahmens, seine Augen waren mit einem leichten grauen Schimmer überzogen. Er überraschte mich mit seiner friedlich klingenden Stimme und fragte: »Was ist denn los, mein Sohn? Warum sitzt so ein junger Mann schluchzend in seinem Auto am Fahrbahnrand?« Ich flüsterte stockend: »Ich habe gerade eine traurige Nachricht bekommen.« Er drückte ganz leicht meine Schulter, fast so, als wollte er sichergehen, dass ich seinen nächsten Satz auch richtig verstehe: »Das Leben ist wie ein Spiel, manchmal verliert man und manchmal gewinnt man. Doch der Schlüssel zu allem ist die Liebe, die durch Vergebung und Akzeptanz zur ewigen Heilung führt.« Dann lief er einfach weiter, ohne sich zu verabschieden oder sonst noch irgendetwas zu sagen. Ich sah ihn nie wieder.

Diese Begegnung, die außergewöhnliche Stimme des alten Mannes und die rätselhaften Sätze, mit denen er mich in meiner verzweifelten Lage beschenkt hatte, waren irgendwie nicht von dieser Welt. In diesem Augenblick empfand ich die Zuwendung als so durchdringend und eindrücklich, dass es mich auf der Stelle tröstete. Das, was ich gerade erlebt hatte, fühlte sich irgendwie wahrer und echter an, als die Diagnose, wegen der ich weinend über dem Lenkrad zusammengebrochen war. Hatte er gesagt, Liebe sei der Schlüssel? Obwohl ich es nicht wirklich verstand, spürte ich, wie in meinem Herzen ein leichtes Strömen begann. Das tröstende Gespräch half mir, ohne erneut weinen zu müssen und etwas beruhigt, nach Hause zu fahren. Der Rest der Fahrt verlor sich in der Zeit. Ich fuhr einfach, ohne zu denken oder zu grübeln, es war fast so, als säße ich nicht selbst am Steuer. Meine Gedanken befanden sich ganz woanders, an einem Ort, der noch völlig unentdeckt war. Ein Ort der inneren Stille.

Zu Hause angekommen, rückte die Verzweiflung wieder in mein Bewusstsein. Meine Mutter wartete bereits im Wohnzimmer, und als sie sah, wie traurig ich mich durch die Tür schleppte, brach sie sofort in Tränen aus. In dem Augenblick, als unsere Augen sich trafen, teilte sich der ganze Schmerz in zwei. In diesem Bruchteil einer Sekunde, als die Hälfte meiner Trauer auf sie überging, verstand ich zum ersten Mal, wenn auch nur intuitiv, wie wir doch alle voneinander abhängig und wie wir zugleich mit allen verbunden sind. Heute weiß ich, dass mein Gefühlszustand einen weitaus größeren Einfluss auf meine Mitmenschen hat, als ich damals annahm.

Die Emotionen, die nun erneut in mir aufkamen, ließen keinen Raum für einen klaren Gedanken. Ich war verwirrt, so als läge plötzlich alles im Dunkeln. Ich fühlte mich total machtlos, erschüttert und bedrückt. Und ich hatte Angst.

Ich verließ noch einmal das Haus und ging zu meinem Lieblingsplatz im nahe gelegenen Wald. Mein geheimer Rückzugsort seit meiner Jugend, dessen genaue Lage ich noch nie jemandem gezeigt hatte. Ich setzte mich mit den hellen Jeans, die ich trug, auf den nassen Boden. Es war mir völlig egal, ob die Hose schmutzig wurde oder nicht. Ebenso, dass es heftig regnete. Ich hörte, wie das Wasser durch die Tannen rieselte und im Boden versickerte. Meine Augenlider schlossen sich von ganz allein, als würde meine Seele wissen, wie ich in solchen Situationen die Ruhe bewahren kann. Mein Atem verlangsamte sich, wurde tiefer und schwerer. Die Ruhe und die Kraft des jahrhundertealten Waldes beruhigten mich immer mehr. Die Zeit verging, ohne dass ich es bemerkte. Die Welt stand still. Das Einzige, was Bestand hatte, war mein Denken. Mir wurde plötzlich klar, dass alles irgendwie seine Richtigkeit hatte. Auf einmal war der Schock über die Krebsdiagnose wie vom Winde verweht, die Angst davor, neue Wege gehen zu müssen, war mit dem Regen im Boden versickert, und alles, was übrig blieb, war ein Gefühl der Freiheit und Leere. Und dann vernahm ich wieder diese leise Stimme in mir, die mir sagte: »Du kannst jetzt den Beruf Koch hinschmeißen, ohne irgendjemandem Rechenschaft ablegen zu müssen. Denn du hast jetzt Krebs, du darfst jetzt machen, was du willst.«

War der Krebs etwa das Werkzeug, mit dem ich meine eigene Flucht aus dem Leben, in dem ich festsaß, planen konnte? Ein verwirrender Gedanke. Dennoch begriff ich in diesem Moment, dass ich endlich einen Ausweg gefunden hatte, mein altes Leben ohne schlechtes Gewissen abzulegen. Dies war wirklich ein Freifahrtschein in ein neues Leben. Denn ehrlich gesagt, wusste mein Herz schon seit fast vier Jahren, dass der Weg, den ich damals eingeschlagen hatte, mich in eine Sackgasse führen würde. Die Last, die ich jahrelang mit mir herumgeschleppt hatte wie einen Rucksack voller spitzer Steine, die mir immer wieder subtil in den Rücken bohrten, wurde auf einmal leichter. Obwohl die Bürde, die ich ab jetzt zu tragen hatte, schwer war, fühlte ich mich in jenem Moment etwas gelassener als zuvor. Ich konnte durchatmen, ich durfte jetzt anders sein. Ein neuer Weg erschien vor mir. Auch wenn er unter einem nebligen Schleier kaum erkennbar war, sah ich das Licht am Rande der Zeit. Natürlich ahnte ich damals noch nicht, worauf das alles hinauslaufen würde. Ich wusste lediglich, dass ich Krebs hatte und ich dadurch das Spiel neu starten konnte – und musste. Ich ahnte irgendwie, dass ich eine neue Chance bekam. Dennoch war ich verunsichert, ängstlich und traurig, als ich meinen Rückzugsort verließ, denn ich wusste nicht, was mich nun erwarten würde. So lief ich mit gesenktem Kopf den schmalen Waldweg entlang, bis ich wieder bei meinem Fahrzeug war. Wie die meisten brachte auch ich damals Krebs sofort mit Tod in Verbindung, und genau davon wurde mir ganz kalt ums Herz.

Auf der Fahrt nach Hause überkam mich der starke Drang zu rauchen – obwohl ich kurz zuvor damit aufgehört hatte. Allerdings wollte ich keine Zigarette, sondern hatte richtig Lust auf einen Joint. Ich rief direkt einen meiner besten Freunde an. Meine Nervosität zeigte sich in den feuchtkalten Händen, mit denen ich das Lenkrad hielt. Das Einzige, woran ich in diesem Moment denken konnte, war der Geruch von Marihuana, den ersten Zug, den ich nehmen, und die beruhigende Wirkung, die dieses Wunderkraut auf mich haben würde. Mein Freund war zwar etwas überrascht, aber rauchte dennoch den Joint mit mir zusammen. Als die sanfte Wirkung des THC einsetzte, erzählte ich ihm, dass ich krank bin. Er wusste nicht wirklich, was er dazu sagen sollte, aber er hörte mir zu, und das war eigentlich alles, was ich in diesem Moment benötigte. So verblieben wir die meiste Zeit in Stille. Was manchmal mehr Raum und Verständnis schaffen kann als tausend Worte.

Ein oder zwei Tage später erzählte mir meine Mutter von einem Mann, den sie vor Kurzem kennengelernt hatte und dem es gelungen war, eine sehr schwere Lymphknotenkrebs-Erkrankung zu überwinden. Sie schlug vor, dass ich ihn treffen sollte. Was ich auch tat. Er erzählte mir in seiner überaus netten Art alles über seine Erkrankung und von dem Arzt, der ihm geholfen hatte, obwohl alle anderen sagten, dass seine Situation aussichtslos sei. Da mir der von der Klinik zugeteilte Onkologe unsympathisch erschien, war ich froh, von einem Arzt zu hören, der offenkundig menschlicher war. Und so bin ich zu dem Onkologen gekommen, der mich die kommenden Jahre hindurch schulmedizinisch begleitet hat. Als ich ihn zum ersten Mal sah, spürte ich sofort, dass er auch für mich der richtige war. Er war einfühlsam, zeigte Herz und hörte mir zu. Ich vertraute ihm auf Anhieb. Ich spürte seinen eisernen Willen, mir wirklich helfen zu wollen. Dieses Vertrauen war die Basis der ganzen Therapie. Es muss, wie ich finde, unbedingt vorhanden sein, damit eine Therapie erfolgreich ist. Dieses Vertrauen zwischen ihm und mir war auch das Einzige, was mir noch blieb.

Nach der ersten Konsultation erfolgte die mehrtägige Untersuchung aller Organe mittels PET-CT[1]. Dabei wurde sozusagen nicht nur getestet, ob mein Körper die Therapien der Schulmedizin überhaupt aushalten würde, sondern auch geschaut, ob sich bereits Metastasen gebildet haben. EKG, Bluttests, Lungenfunktionstest und so weiter zogen sich über mehrere Tage. Ein Krankenhausaufenthalt war jedoch nichts Neues für mich. Als Kind war ich bereits sechsmal an Hals, Nase und Ohren operiert worden und so konnte ich mich gut damit arrangieren, diese Tage im Hospital zu verbringen. Das Ergebnis der Untersuchungen war allerdings wenig erfreulich. Die Bilder des CT zeigten klar und deutlich, dass sich bereits weitere kleine Tumore, also Metastasen, unter beiden Achselhöhlen gebildet hatten. Mein Arzt war davon überzeugt, dass die Heilungschancen bei über 90 Prozent liegen würden, wenn ich eine Chemotherapie mit vier Zyklen und eine Bestrahlungstherapie mit 30 Gy^2 machen würde. Aus voller Überzeugung und im Glauben an die angewandten Wissenschaften der heutigen Onkologie verließ ich mich auf den Rat meiner Ärzte und die vorgeschlagenen Therapien. Ich hatte, wie gesagt, Vertrauen zu meinem Arzt und dadurch hatte ich auch ein Vertrauen zu dieser Art Therapie aufgebaut. So beschloss ich, all diesen Strapazen entgegenzutreten, um gesund zu werden. Hinzu kommt: Ich kannte damals nichts anderes. Ich hatte keine Ahnung, dass es viele Wege gibt, mit Krebs zu leben und die Krankheit zu heilen.

Zwei Wochen später war es so weit: Der erste Zyklus der Chemotherapie begann. Ich wollte diesen Weg unbedingt alleine gehen, stark sein und erlaubte meiner Mutter nicht, mich zu begleiten. Als ich durch die Drehtür in dieses riesige Kantonspital trat, wurde mir auf einmal ziemlich unwohl im Bauch. Ich wusste, dass es jetzt kein Zurück mehr geben würde. Mit schweren Beinen und pochendem Herzen schleppte ich mich in die Abteilung der medizinischen Onkologie. Ich war natürlich nicht der Einzige, der mit traurigem Blick in Opferhaltung im Wartezimmer saß. Bestimmt zehn weitere Menschen saßen auf der »Selbstmitleidsbank« – wie ich sie heute nenne – und warteten darauf, gesund gemacht zu werden.

Eine Krankenschwester rief meinen Namen auf. Sie begrüßte mich mit einem Lächeln. Ich weiß noch, dass ich mich damals fragte, wie man nur so froh sein kann an solch einem düsteren Ort. Aber ich denke, ihr Lächeln war mehr ein positiver Zuspruch und sollte ein Hoffnungsschimmer für mich sein. Sie nahm mir Blut ab, setzte mir die nötige Infusion, durch die später das Chemotherapeutikum fließen würde in die Vene des linken Arms und bereitete alles Weitere für die Behandlung vor. Sie brachte mich in einen Raum mit großen, spezial-angefertigten Liegestühlen, auf denen bereits drei ältere Menschen an Schläuchen angeschlossen darauf warteten, dass ihre Medikamente durchgeflossen waren. Irgendwie war dies alles sehr merkwürdig für mich. Wieder vernahm ich tief in mir die leise Stimme, die mir sagte, dass alles seine Richtigkeit hatte und ich mich genau da befand, wo ich zu diesem Zeitpunkt zu sein hatte. Heute weiß ich, was ein solches Gefühl mir sagen will und wie ich damit umgehen kann. Doch damals konnte ich es noch nicht einordnen. Trotzdem beruhigte mich die innere Stimme in diesem Moment ein wenig, sodass sich meine Angst in Grenzen hielt. Nachdem mein Onkologe nochmals einen letzten Check gemacht hatte, wurde mit der Therapie begonnen. Zuerst flossen eine Kochsalzlösung und Cortison durch die Infusion, dann erst wurde das Zytostatikum, der eigentliche Chemococktail, durch die Vene eingelassen. Schon nach wenigen Minuten begann mein linker Arm zu schmerzen. Der Arm brannte so stark, dass ich regelrecht nach der Schwester schrie, die sofort ins Zimmer gerannt kam und die Infusion stoppte. Eines der Medikamente war ganz klar zu aggressiv, und der Arzt musste die Dosis mit zusätzlicher Kochsalzlösung verdünnen, um meine Venen nicht allzu stark zu verletzen. In diesem Moment begriff ich zum ersten Mal, wie unglaublich giftig diese Medikamente eigentlich sind. Die restliche Therapiezeit an diesem Tag verlief so, wie sie sollte, und ich war erstaunlicherweise innerlich ganz ruhig. Ich empfand es als sehr positiv, mit den anderen Patienten in diesem Raum zu sein. Wir vier teilten während der zwei Stunden unsere Geschichten, und ich fühlte mich nicht mehr so ganz alleine in diesem von Krebs befallenen Boot.

Die folgenden Monate wurden durch die Chemotherapie und ihre Auswirkungen geprägt. Ich wurde von den üblichen Nebenwirkungen regelrecht überflutet. Zwar hatte ich vorher gewusst, was auf mich zukommen könnte. Jedoch nur theoretisch. Denn als mich die Müdigkeit und dieses Gefühl der Lustlosigkeit erst einmal in ihren Bann gezogen hatten, war alles anders als gedacht. Die große Müdigkeit zeigte sich erst, nachdem ich den zweiten Zyklus hinter mir hatte. Ich spürte, dass ich beim Treppenlaufen, bei der Arbeit, ja schon bei kleinen körperlichen Tätigkeiten enorm schlapp wurde und nur wenig Kraft hatte, mich für längere Zeit auf den Beinen zu halten. Oft fühlte ich mich niedergedrückt und so kaputt, als ob jemand von oben mit der Faust auf mich einhämmern und versuchen würde, mich in den Boden zu schlagen. Die Medikamente, die ich bekam, wurden mir hauptsächlich über Infusionen am linken Arm verabreicht. Ich merkte bei jedem Zyklus deutlich, wie meine Venen »STOPP« schrien, sobald das Chemotherapeutikum eingeleitet wurde. Es fühlte sich kalt an, und die ganze Zeit spürte ich, wie mein Körper sich dagegen zu wehren versuchte. Nach dem dritten Zyklus bekam ich eine venöse Thrombose am linken Arm, deren Narben noch heute leicht zu sehen sind. Einige Venen meines Unterarms wurden größer, drückten geschwollen und verhärtet nach außen, und ihre dunkelgraue Farbe ließ meinen Arm wie den eines Zombies aussehen. Der Schmerz war vor allem während des Therapietages fast unerträglich. Oft saß ich auf dem Liegestuhl, die Fäuste zusammengeballt, auf die Zähne beißend, und hoffte, dass all das bald ein Ende haben würde.

Gegen die Übelkeit und das Erbrechen wusste ich mir selbst sehr gut zu helfen. Ich war nicht scharf darauf, noch mehr Medikamente zu nehmen, sondern verließ mich stattdessen ganz auf die Kraft der Natur. Ein bisschen Cannabis in Form von Joints ließ ich mir nicht ausreden. Es hat ganz gut funktioniert, und auch mein Arzt hatte nichts dagegen, denn die positive Wirkung von Cannabis in der Krebsbehandlung ist auch in der Schulmedizin bekannt. Neben den zwei, drei Joints, die ich am Tag rauchte, nahm ich noch asiatische Heilpilze zu mir, die mein Immunsystem unterstützen sollten.

Kurze Zeit später bekam ich aber auch noch erhebliche Empfindungsstörungen im rechten Arm. Da mir mehrere wichtige Lymphknoten entfernt worden waren, die unter anderem dazu da sind, das Wasser beziehungsweise die Lymphflüssigkeit im Körper zu transportieren, staute sich das Wasser in meiner Hand und den Fingerspitzen zunehmend. Oft war meine Hand geschwollen, und dies verursachte stechende Schmerzen, die sich bis in den Unterarm zogen. Zu Beginn war das noch gut auszuhalten, mit der Zeit wurden die Schwellungen und die Schmerzen jedoch so heftig, dass ich nicht mehr wirklich effizient arbeiten konnte. Als damaliger Entremetier in der Küche war ich für die Beilagen zuständig. Das bedeutet, viel Gemüse schneiden, hacken und vorbereiten. Mit einem ständig anschwellenden Arm, der bei jedem Messerhieb pulsierte, wurde dies für mich immer unerträglicher. Mit all meiner Kraft versuchte ich dagegen anzukämpfen. Schnell realisierte ich aber, dass mir die Arbeit in dieser Situation keinen wirklichen Vorteil mehr brachte und ich auch keine Kraft mehr hatte, mich zusammenzureißen. Jeden Nachmittag während meiner Pause musste ich den Arm für mindestens 20 Minuten hochlagern, damit sich die Wasserregulation einigermaßen erholen konnte. Dies war wirklich nicht Sinn der ganzen Sache, und so entschied ich mich in Absprache mit meinem Arzt und meinem Arbeitgeber, die Arbeit vorübergehend zu unterbrechen.

Ich habe wirklich Krebs

Eines Morgens, ungefähr in der fünften oder sechsten Woche nach Therapiebeginn, als ich wie jeden Morgen unter der Dusche stand, wurde ich mit der Realität konfrontiert. Ein Haarbüschel nach dem anderen löste sich von meiner Kopfhaut, und ich konnte beobachten, wie jedes einzelne Haar hinweggeschwemmt wurde. Ich hatte das Gefühl, als würde mein ganzes Leben den Abfluss hinuntergespült werden und ein für alle Mal den Bach runtergehen. Ich rutschte in der Dusche mit dem Rücken an der Wand auf den Boden hinab. Mein Kopf sank zwischen meine Knie, und ich brach in Tränen aus. Es fühlte sich an, als ob mein Leben mit meinen Haaren den Abfluss hinuntergespült wurde. Erst da bemerkte ich, was für eine Angst ich eigentlich hatte. Ich fühlte mich allein, im Stich gelassen und konnte den Sinn, der sich hinter alldem verbarg und den ich bisher leise erahnt hatte, nicht (mehr) sehen. Die körperliche Schwäche, die durch die Chemotherapie kam und die meine Lebenskraft niederdrückte, löste eine Kettenreaktion aus. Unsicherheit und Angst breiteten sich in mir aus, nahmen von da an immer größeren Raum in meinem Leben ein. Ganz egal, wohin ich mich auch begab, sie waren hinter, neben und manchmal auch direkt vor mir und versperrten mir den Weg in die Freiheit – für eine sehr, sehr lange Zeit.

Nur im nahe gelegenen Wald konnte ich Ruhe finden, neue Kraft schöpfen und lernte mich selbst etwas besser kennen. Oft saß ich viele Stunden an meinem geheimen Platz, umringt von kräftigen Tannen, rauchte Marihuana und genoss die Stille und den würzigen Duft der Bäume. Ich saß einfach im Schneidersitz da, schloss meine Augen, faltete meine Hände übereinander auf meinem Schoß und kehrte in mich. Ja, ich meditierte, ohne es wirklich zu wissen. Meine innere Stimme führte mich an diesen Ort, sorgte dafür, dass ich mich in den Schneidersitz begab, und verschwand dann, sodass ich Ruhe und inneren Frieden erfahren konnte, die ich zu diesem Zeitpunkt so dringend benötigte. Es ist unglaublich, was alles in uns steckt, ohne dass wir es überhaupt ahnen. Etwas Neues begann in mir zu wachsen und sich zu entwickeln. Ein Prozess, in dem ich mich noch heute befinde und wahrscheinlich ein Leben lang sein werde. Damals im Wald begann, wie ich heute weiß, ein höheres Verständnis in mir zu wachsen, über die physischen und psychischen Abläufe, die sich in meinem Körper manifestierten. Ich begann zu verstehen, was mein Handeln für mich bedeutet und dass jede Aktion eine Reaktion mit sich bringt.

Nachdem die Chemotherapie mit all ihren Nebenwirkungen nach zwei weiteren Zyklen endlich abgeschlossen war, folgte rasch eine Radio-Strahlentherapie mit 30 Gy in beiden Achselhöhlen. Durch die Strahlentherapie konnte ich gar nicht mehr arbeiten. Nun war ich also zum ersten Mal zu 100 Prozent krankgeschrieben. Zu 100 Prozent krebskrank! Zu 100 Prozent frei, das zu tun, was ich wirklich wollte.

Auf der Radio-Onkologie fühlte ich mich, als wäre ich in der Zukunft angelangt. Erneut saß ich vor einem neuen, mir unbekannten Arzt, der mir ein Stück Papier über den Tisch reichte und innerlich auf die Uhr blickte, da er kaum Zeit hatte, mich über alles zu informieren. In aller Kürze klärte er mich über die Therapie und die möglichen Folgen auf. Nicht einmal zehn Minuten später unterschrieb ich den Zettel, auf dem in verharmlosender Weise geschrieben stand, welche gravierenden Nebenwirkungen und vor allem Spätfolgen diese Strahlentherapie haben könnte. Zehn Minuten, mehr Zeit gab man mir nicht.

Ich wurde mithilfe neuester Technik ausgemessen. Mit bunten Stiften wurde auf meinem Oberkörper herumgekritzelt, sprich, es wurden Markierung für das Bestrahlungsgerät aufgebracht. Anhand dieser Punkte konnte sich der Radiologe, der das Gerät hinter der dicken Betonwand sitzend steuerte, orientieren. Der Ionenstrahler sah aus wie ein riesiger Roboter. Diese Maschine würde sich mit unsichtbaren Strahlen an 30 aufeinanderfolgenden Tagen jeweils fünf bis zehn Minuten über meinen ohnehin schon geschwächten Körper hermachen. Ich wusste nicht, was genau sie mit mir machte, ich konnte nicht mit ihr reden, und sie machte mir Angst wie ein Ungeheuer. Ich lag auf einem sterilen Tisch in einem sterilen Bestrahlungsraum und fühlte mich jedes Mal schrecklich einsam. Dass die vierwöchige Radiotherapie mehr oder weniger problemlos verlief, war das eine. Das andere war, dass sich in den letzten Tagen der Bestrahlung meine Haut rund um die Achseln zu entzünden begann. Es sah aus wie eine starke Verbrennung, und die handtellergroßen Stellen taten auch dementsprechend weh. Ich biss die Zähne zusammen und nahm dies, so gut es eben ging, mit Gelassenheit hin, denn ich war froh, endlich bald alles hinter mir zu haben. Diese Gelassenheit war mir wichtiger als die aufkeimende Ahnung, dass hier irgendetwas nicht stimmen konnte. Allein die Tatsache, dass die Mediziner, die das Gerät vorbereiteten, den Raum stets vor Beginn der Behandlung verließen, hätte mich dazu bewegen müssen, aufzustehen und zu gehen. Es ist im Grunde unvorstellbar: Der Raum ist durch eine dicke Spezialwand und eine Strahlenschutztür gesichert – um die Menschen vor der Strahlung zu schützen. Wenn diese Strahlen also nicht gut für den Menschen sind, warum um alles in der Welt wurden sie dann gezielt auf mich gerichtet? Diese im Grunde einfache Frage schob ich jedoch irgendwie beiseite, da ich weder die Kraft noch die Konzentration hatte, mich den möglichen Konsequenzen dieser Frage zu stellen. Schließlich könnte die Antwort darauf hinauslaufen, dass hier womöglich mehr zerstört wurde als geheilt! Außerdem fehlte mir zu diesem Zeitpunkt jede Klarheit darüber, dass ich es nicht nur mit einer grobstofflichen, also körperlichen Problematik zu tun hatte. Ich war mit der feinstofflichen Seite des Lebens, also mit dem Geist und der Seele, die mit meinem Körper in Verbindung stehen, noch absolut nicht vertraut. Was immer ich fühlte in diesen 30 Tagen, und wie wenig ich auch davon verstand – zwei Wochen nach Abschluss der Bestrahlungstherapie wurde noch einmal ein PET-CT durchgeführt, um sicherzustellen, dass alle »bösartigen Zellen« in meinem Körper eliminiert waren. Das Resultat fiel gut aus! Ich war unglaublich beruhigt und konnte endlich, endlich das Krankenhaus verlassen.

Zunächst war ich überaus erleichtert. Ich fühlte mich befreit und voller Freude. Ich war wieder frei, keine Therapie mehr, keine Schmerzen mehr. Dachte ich zumindest!

Erst als alles vorbei war, bemerkte ich so richtig, wie rasch die Zeit verstrichen war. Sechs Monate waren vergangen zwischen dem Tag der Diagnose und dem Abschlussgespräch mit meinem Onkologen. Die ganze Prozedur war so schnell verlaufen, als wäre alles nur ein schrecklicher Albtraum gewesen. Während dieses halben Jahres hatte ich meist wie ein Roboter gelebt, der auf Autopilot gesetzt war. Eine Maschine, die regungslos und widerspruchslos einfach alles ertrug, was mit ihr geschah. Ich hatte funktioniert, als würde irgendetwas mich steuern und mich nicht darüber nachdenken lassen, was wirklich passierte. Wenn ich heute daran zurückdenke, war es jedoch gar nicht so schlecht, zu der Zeit mehr Roboter als Mensch gewesen zu sein.

ZURÜCK IN MEIN
ALTES LEBEN –
ODER DOCH NICHT?

Schnell fand ich mich im normalen Alltag wieder – ich war gesundgeschrieben und ging zurück in meinen alten Job im Restaurant, ich fing an, wieder auszugehen, Party zu machen, ich rauchte wieder und fühlte mich cool, dass ich Krebs überlebt hatte – ja, ich begann, das Erlebte tatsächlich zu vergessen. Leider war auch dieses Gefühl der Freude und des Glücks, das ich nach Abschluss der Therapien empfunden hatte, bald wieder vergessen. Die Schäden, die die Operation, die Chemo und die Bestrahlung an meinem Körper verursacht hatten, zeigten sich nämlich erst allmählich in ihrem wirklichen Ausmaß. Das Lymphsystem in meinem rechten Arm war nach wie vor stark blockiert. Die Lymphe streikte heftig. Und so fühlte es sich auch an. Ein Streik, bei dem kein gutes Ende zu erwarten war. Mein Arzt erklärte mir, dass dieses Lymphödem, wenn ich Pech hatte, ein Leben lang nicht verschwinden würde. Dies geschehe oft und vor allem bei Menschen, bei denen eine größere Menge an Lymphknoten an bestimmten Stellen entfernt worden war. Ich war schockiert, als ich das hörte. Schon der Gedanke daran, womöglich ein Leben lang mit einem von Wasser aufgeschwemmten, schmerzenden Arm herumlaufen zu müssen, machte mir Angst, und ich war wütend und traurig. Da der

Schmerz innerhalb kürzester Zeit immer stärker wurde, musste ich mir einen speziellen Stützstrumpf für den Arm anfertigen lassen, der den Abfluss der Lymphe unterstützen sollte. Ich wurde dazu verdonnert, ihn täglich zu tragen. Dies vereinfachte nicht gerade mein Leben. Im Gegenteil. So konnte ich als Koch unmöglich weiterarbeiten. Allein aus hygienischen Gründen war dies schon fragwürdig, und der Schmerz hätte es so oder so irgendwann nicht mehr zugelassen. Gezwungenermaßen entschied ich mich, meinen Job in dem Fischrestaurant aufzugeben. Ganz tief in meinem Inneren frohlockte ich jedoch und war froh, die Kochjacke endlich ablegen zu können – ein Gefühl, das ich mich aber nicht traute, mit jemandem zu teilen. Ich liebe bis heute zwar das Kochen an sich, aber ich hatte es nie wirklich gemocht, als Koch in einem Restaurant zu arbeiten. Lange Arbeitstage, keine freien Wochenenden. Eigentlich hatte ich längst die Schnauze voll davon. Erst zu einem viel späteren Zeitpunkt auf meinem Weg – als ich für eine Zeit in Indien lebte – begriff ich, warum ich dennoch jahrelang in dem ungeliebten Beruf ausgeharrt hatte.

Dass mir mein Arm nun mein Leben lang wehtun und mich in meinem Alltag behindern sollte, wollte ich nicht einfach so hinnehmen. Auch wenn der Arzt mir empfahl, es schlicht zu akzeptieren. Hinzu kam noch, dass mich der Schmerz ständig an die Krebserkrankung erinnerte, die ich ja eigentlich vergessen wollte. Ich versuchte mit Physiotherapie und Lymphdrainage diese Wasseransammlung wieder in einen normalen Fluss zu bringen. Leider ohne viel Erfolg. Eines Morgens aber, als ich einmal mehr deprimiert bereits beim Zähneputzen gespürt hatte, wie sich meine Hand mit Wasser füllte, schöpfte ich neue Hoffnung. Denn meine Mutter, mit der ich damals immer zusammen frühstückte, hatte eine Idee, wer mir vielleicht helfen könnte. Direkt nach dem Frühstück setzten wir uns voller Erwartungen ins Auto und fuhren zu dem Mann, von dem sich meine Mutter so viel versprach. Ich war vom ersten Augenblick an von Manfred fasziniert. Irgendwie hatte ich das Gefühl, ihn aus einer tieferen Verbundenheit heraus bereits zu kennen.

Die Art und Weise, wie Manfred mich behandelte, war nicht zu vergleichen mit der meines Physiotherapeuten. Er schien nicht nach einem Schema und nur auf der Körperebene zu arbeiten, sondern seiner Intuition zu folgen. Außerdem nutzte er verschiedene Methoden aus der westlichen und östlichen Medizin. Zusätzlich zu seinen Behandlungen gab er mir Tipps und Tricks mit auf den Weg, wie ich zu Hause mein Lymphsystem unterstützen konnte.[1] Meinem Arm ging es dank Manfreds Behandlungen und meiner täglichen Übungen rasch besser. Er half mir jedoch nicht nur physisch. Sehr bald fand Manfred auch einen Zugang zu meiner spirituellen Ader – die damals noch sehr im Verborgenen schlummerte und wahrscheinlich darauf wartete, endlich erweckt zu werden. Ich hatte großes Vertrauen zu ihm und glaubte an meine Heilung. Heute bin ich davon überzeugt, dass diese Kombination von äußerer, physiologischer Hilfe, meiner inneren Einstellung und meinem Glauben an die Heilung dazu beigetragen hat, den Zustand meines Arms so rasch zu verbessern. Während der Wochen, in denen ich mich regelmäßig von Manfred behandeln ließ, sprachen wir sehr viel über für mich ganz neue Themen wie Meditation, Naturheilkunde, Schamanismus, Heilpilze oder Klangschalentherapie. Ich fand es spannend, war offen dafür, glaubte auch daran. Diese Zeit bei ihm war eine Zeit der Transformation von meinem früheren Ich zu etwas Neuem. Ich öffnete mich für das Ungewisse, die kleine Flamme, die in meinem Herzen darauf gewartet hatte, endlich entfacht zu werden, begann damit, die Wege zu meinem innersten Kern zu erhellen. Doch sie wirklich zu begehen war nicht ganz so einfach, wie sich bald herausstellen sollte.

Als es meinem Arm wieder besser ging, spürte ich immer deutlicher, dass ich Abstand von allem brauchte, und so entschied ich mich, so bald wie möglich eine Reise nach Südostasien zu unternehmen. Ich wollte meine Gedanken und mein Leben neu ordnen. Die Zeit rief nach einer Veränderung! Hoffnungsvoll begann ich die Reise auf der Suche nach mir selbst. »Wer bin ich?« oder »Was ist der Sinn des Lebens?« Diese Fragen rückten immer näher.

Alles vergessen und nur noch weg!

Ende 2012 war es dann so weit. Nach zwölf Stunden Flug kam ich am frühen Vormittag in Bangkok an. Müde, hungrig und mit einem vollgepackten Rucksack stand ich auf einmal in einer komplett neuen Welt. Ohne wirklich einen Plan zu haben, erkundigte ich mich nach dem schnellstmöglichen Weg in die Innenstadt. Vom Flughafen aus fuhr ich mit dem Zug bis ins Stadtzentrum und von da aus nahm ich mein erstes Tuk-Tuk. Ein Höllenritt! Zum ersten Mal in einer asiatischen Metropole auf dem Rücksitz eines Motorradtaxis zu sitzen, das von einem, in meinen Augen damals, »Wahnsinnigen« gefahren wurde, war ein unbeschreibliches Erlebnis. Links und rechts türmten sich die Hochhäuser neben uns auf. Es stank nach Autoabgasen, gleichzeitig bahnte sich der himmlische Geruch von den vielen Ständen mit Streetfood entlang der Straße seinen Weg in meine Nase. Noch nie zuvor hatte ich so viele Menschen an einem Ort gesehen. Ich war fasziniert und hatte zugleich einen Kulturschock. Als wir am Hotel ankamen, war ich froh, den Höllenritt heil überstanden zu haben. Am späteren Nachmittag wagte ich mich dann, etwas ausgeruht, auf die Straßen Bangkoks. Es war unglaublich, alle wollten mir etwas verkaufen oder mich mit ihrem Tuk-Tuk irgendwo hinfahren, obwohl ich doch nur ein Bier trinken wollte. Am liebsten wäre ich gleich wieder zum Flughafen gerannt und zurück in meine Komfortzone geflogen. Die Zone, aus der ich ja eigentlich auszubrechen versuchte.

Meine erste Asienreise überforderte mich anfangs fast. Alles war so fremdartig, anders, so viele Möglichkeiten, ich wusste gar nicht, wo ich anfangen sollte. Ein mulmiges Gefühl breitete sich in mir aus. Zwei Tage waren nötig, bis ich mich wirklich an diese enorme Hektik gewöhnt hatte. Ja, ich war hierhergeflogen, um Abstand zu gewinnen, mein Leben neu zu ordnen. War ich aber überhaupt bereit für eine solche Reise, wie ich sie mir vorstellte? Und wonach suchte ich eigentlich? Ich hatte keine Antwort und fühlte mich verwirrt, unbeholfen, verloren. Das änderte sich erst, als ich Tanja traf, eine Bekannte von Florian, meinem Cousin und besten Freund. Sie nahm sich Zeit für mich und zeigte mir Bangkok und die nähere Umgebung. Durch sie verstand ich sehr schnell die Spielregeln Thailands und innerhalb kürzester Zeit fühlte ich mich schon fast wie zu Hause. Oft fühlte es sich sogar so an, als würde ich vieles von der dortigen Lebensweise bereits kennen. Die Hektik, das Chaos und die trotzdem gelassene Atmosphäre gefielen mir, fasziniert von der Ordnung im Chaos wanderte ich durch die Straßen dieser Stadt. Ich durchstreifte alle Stadtteile, probierte an jeder Ecke eine andere Köstlichkeit und ließ alles einfach auf mich wirken, ohne an irgendetwas gebunden zu sein. Ich fühlte mich immer freier, mein altes Leben war weit weg. Irgendwann stellte ich mir zum ersten Mal die Frage, ob es der Krebs gewesen war, der mich hierhin geführt hatte, in eine Kultur, die ich nicht kannte, in der ich mich aber irgendwie ganz wohlfühlte.

Fünf Monate war ich damals insgesamt unterwegs. Diese erste Asienreise, auf die noch etliche folgen sollten, führte mich durch Thailand, Laos und Kambodscha bis nach Vietnam. Sie war intensiv, eindrucksvoll und total lehrreich. Ein Wendepunkt. Sie half mir, mich wieder in ein halbwegs normales Leben zurückzuführen. Meine Gedanken zu ordnen und neu auszurichten, so wie ich es mir erhofft hatte. Jede einzelne Sekunde genoss ich aus tiefstem

Herzen, jeder Moment war für mich ein Neuanfang, ich konnte durchatmen, und mich kümmerte nicht, was gestern gewesen war, ebenso wie es mir belanglos erschien, was morgen kommen würde. Ich habe nichts geplant, sondern einfach gelebt. Der Augenblick war das Einzige, was für mich zählte. Ich zog auf dieser Reise mein eigenes Ding durch und ließ mich von niemandem davon abhalten. Ich fühlte mich immer mehr eins mit mir.

Während meiner Reise durch diese Länder lernte ich viele einheimische Menschen kennen. Den Kontakt mit anderen Backpackern mied ich, wo ich konnte, denn ich wollte das wahre Südostasien kennenlernen, und es war mir wichtig, mit den dort lebenden Menschen in Kontakt zu kommen, ihre Perspektive zu erfahren. Tempelanlagen und religiöse Orte zogen mich magisch an. In Nordthailand saß ich mehrmals in einem kleinen, etwas abgelegenen Dorf in der Nähe von Chiang Mai stundenlang vor einem Tempel, mit Wasser, ein paar Früchten und, ja, einer Schachtel Zigaretten ausgerüstet, und beobachtete fasziniert und mit einem großen Respekt die buddhistischen Mönche. Wie sie lebten, die Ruhe, die viele von ihnen ausstrahlten, und die Freundlichkeit, mit der sie mir begegneten. Eines Tages kam einer der Mönche zu mir. Er fragte, woher ich sei, was ich in meinem Leben tue, und am Ende unseres Gesprächs legte er mir einen Beutel voll Früchte und Süßigkeiten in die Hände. Ich war sehr berührt davon, und obwohl ich mich danach sehnte, ihm von meiner Geschichte zu erzählen, brachte ich kein Wort davon über meine Lippen. Es war schon merkwürdig. Ich fühlte mich sehr verbunden mit der Lebensweise der Mönche, obwohl ich rein gar nichts darüber wusste, geschweige denn verstand, worum es bei einem solchen Lebensweg ging. In meinem tiefsten Inneren spürte ich gleichwohl ein Verlangen danach, mehr darüber zu erfahren. Als ich wieder einmal der Sonne zusah, wie sie sich langsam hinter dem Horizont verabschiedete, flüsterte die leise Stimme, die ich nun schon ein paarmal in mir gehört hatte, mir beruhigend zu: »Alles ist gut. Du bist am richtigen Ort.«

Wenn ich heute darüber nachdenke, dann ergibt dies sehr viel Sinn für mich. Mir fehlte es damals an innerer Ruhe, an Kraft und vor allem an Vertrauen und Selbstliebe. Mittlerweile weiß ich, dass ich innerlich nach dem Ausschau hielt, wovon ich am wenigsten besaß. Dort, in Südostasien, begann dieses kosmische Gesetz der Anziehung[2] (von dem ich erst später erfuhr) langsam in meinem Leben zu wirken und brachte mich dem näher, wonach mein Herz sich sehnte. Nämlich dem Wissen über mich selbst, meine innere Natur und die Tiefen meines Bewusstseins. Dieser innere Dialog zwischen der leisen Stimme in mir und meinem damaligen Ich war zu jener Zeit jedoch eher beunruhigend als stärkend für mich. Die Gefühlsschwankungen waren teilweise enorm, und ich wusste oft nicht, was ich damit anfangen sollte. Immer wieder kam mir der Gedanke, selbst einem solchen Mönchsleben nachzugehen, und je mehr ich mich dafür interessierte, desto mehr dachte ich wirklich darüber nach. Doch wo sollte ich mit meiner Suche anfangen? Ich traute mich damals nicht, mich in diesen See der Gefühle zu begeben und daraus Kraft zu schöpfen. Ich hatte zu sehr Angst, anders zu werden als meine Freunde, von anderen nicht mehr ernst genommen zu werden, nicht mehr in den Mainstream zu passen, der mir ja auch Sicherheit gab. Ich war damals nicht mutig genug, meinem Herzen zu folgen. Ich fürchtete mich vor dem Unbekannten, weil ich glaubte, das Unbekannte könnte Gefahren hervorbringen. Alle diese tiefen Erlebnisse in meiner eigenen Gefühlswelt behielt ich lange Zeit für mich und sprach mit keinem einzigen Menschen darüber, außer in meinen Gedanken mit mir selbst. Die Fragen »Wer bin ich?« und »Was ist der Sinn des Lebens?« waren noch immer nicht beantwortet. So verbrachte ich Tage und Nächte mit dem Versuch, Antworten darauf zu finden. Was natürlich nicht gelang.

Wie auch immer, ich war jedenfalls erst mal weit weg. Ganz anders als zu Hause konnte ich hier die Krebserkrankung zu Beginn fast vergessen. Weder mitleidige Blicke noch Zuspruch von anderen Menschen musste ich erwidern, es gab niemanden, der sich nach meiner Gesundheit erkundigen konnte. Niemand kannte meine Geschichte, die Blutsauger, die alles über »den Krebs« wissen wollten, um danach dem Nächstbesten erzählen zu können, was sie gehört hatten, waren verschwunden. Ich musste keine Maske mehr aufsetzen, ich hatte nichts zu verbergen, niemand kannte mich. Was für ein schönes, befreiendes Gefühl! Denn einer der Hauptgründe, warum ich so dringend Abstand brauchte und von zu Hause wegwollte, war, dass das Mitleid meiner Familie, meiner Freunde, meines gesamten Umfeldes für mich unerträglich geworden war. Klar, ihr Zuspruch und ihre Anteilnahme waren grundsätzlich etwas sehr Berührendes, sie machten mir Mut, weiterzukämpfen und stark zu bleiben. Gleichzeitig war ihr Mitleid eine stete Erinnerung an das Vergangene. Das zehrte mich auf. Krebs wird bei uns im Westen sehr stark mit dem Tod assoziiert, und ihre Angst schwang immer mit. Der durch das Mitleid ständig wach gehaltene Gedanke an die Krankheit, verbunden mit meiner Angst zu sterben, ließ mich nicht zu Kräften kommen. Weit weg von zu Hause zu sein war für mich damals die perfekte Therapie. Ich wollte nicht über Krebs sprechen oder mich mit dem Gedanken plagen, was ich tun könnte, damit der Krebs nicht wiederkommt. Ich wollte unbedingt alles vergessen, was mir widerfahren war. Gerade weil ich alles unbedingt vergessen wollte, verschlimmerte ich das Ganze aber nur. Denn irgendwie ließen mich die Gedanken und die damit verbundene Angst nicht gänzlich frei. Die Angst vor einem Rückfall und dass ich mein Leben verpassen könnte, war bewusst und unbewusst meine stetige Begleiterin auf dieser ersten Asienreise. So als wäre sie untrennbar von mir, aber doch ungreifbar für mich. Sie schlummerte in meinem Kopf, in meiner Brust und in jeder einzelnen meiner Zellen, darauf wartend, erneut ausbrechen zu können. Ich habe oft einfach die »Sau rausgelassen« und mich mit allem Möglichen amüsiert. Ohne schlechtes Gewissen mir selbst gegenüber tat ich alles, worauf ich Lust hatte. Tagsüber war ich unterwegs, ich habe mich mit Einheimischen angefreundet, weil mir das Leben gefiel. Abends habe ich Party gemacht, Mädels abgeschleppt und war nächtelang unterwegs. Inspiriert vom Leben der Nacht, in der sich mir der Charme Asiens erst in seiner Ganzheit zeigte. Ich liebte es, bis zum Morgengrauen unterwegs zu sein, um so die ersten Sonnenstrahlen an einem abgelegenen Strand oder an einer Straßenecke an einem Streetfood-Stand, wo ich meinen ersten Hunger stillte, einfangen zu können. All das lenkte mich ab, und ich »musste« nicht hingucken. Ich war noch nicht bereit zu ergründen, was die Krankheit mir sagen wollte. Nächtelang unterwegs zu sein verhinderte zugleich, dass die Träume kamen, vor denen ich ebenfalls fliehen wollte. Denn in meinen Albträumen zeigte sich die Angst in ihrer schlimmsten für mich wahrnehmbaren Form. Damals realisierte ich nicht, wie viel Platz die Angst bereits für sich beanspruchte. Sie übernahm langsam die Kontrolle über meinen Geist. Je schlimmer die Träume in der Nacht waren, umso mehr versuchte ich mich tagsüber abzulenken. Meine inneren Wunden, die danach schrien, endlich verarztet zu werden, habe ich auf diese Weise nur verdeckt.

Nach knapp zwei Monaten meiner Entdeckungsreise, auf der ich meistens alleine gewesen und inzwischen in Laos angekommen war, saß ich nun vor dem Haupteingang des kleinen Flugplatzes nördlich von Luang Prabang, der zweitgrößten Stadt von Laos. Die Landebahn war nicht größer als das Schulareal in meinem Heimatdorf mit seinen knapp 1500 Einwohnern. Ich wartete auf meinen Freund Sandro, den ich, wie schon in der Schweiz verabredet, hier treffen sollte. Ich saß also vor dem Haupteingang, rauchte eine Zigarette nach der anderen und unterhielt mich mit Tuk-Tuk-Fahrern. Im Nu waren einige Stunden vergangen, bis ich mich allmählich aufraffen konnte, einmal am Informationsschalter nachzufragen, wo denn der Flieger aus Bangkok geblieben sei. Die Frau schaute mich verwirrt an und versuchte mir in ihrem gebrochenen Englisch zu erklären: »Heute kein Flug aus Bangkok kommen.« Nun war ich der Verwirrte von uns beiden und kratzte mich am Hinterkopf. Als ich die letzte E-Mail von Sandro noch mal checkte, fing ich laut an zu lachen: Ich hatte mich im Datum vertan und war einen Tag zu früh hier. Statt mich wie früher total darüber aufzuregen, nahm ich es ganz locker – und war über meine Gelassenheit ziemlich erstaunt. So zeigte sich ganz fein und sanft die Veränderung, die sich langsam in mir anbahnte. Also fuhr ich mit einem der Tuk-Tuk-Fahrer, mit dem ich mich angefreundet hatte, zurück in die Stadt und dachte schon voller Vorfreude an das kalte Bier in der Bar, in der ich bereits Stammgast war. Am nächsten Tag machte ich mich erneut auf den Weg zum Flughafen, diesmal klappte alles, und ich freute mich total, als ich schon von Weitem Sandro aus dem kleinen Propellerflugzeug steigen sah. Einen ganzen Monat reisten wir gemeinsam durch Laos und Kambodscha und hatten eine coole Zeit zusammen. Sandro ist ebenfalls Koch, und so wurde aus unserer gemeinsamen Zeit eine kleine kulinarische Reise durch die verschiedensten Küchen Südostasiens. Nachdem Sandro wieder zurück in die Schweiz geflogen war, reiste ich alleine noch nach Vietnam. Es war fast Frühling, als ich nach insgesamt fünf Monaten Unterwegssein in die Schweiz zurückkehrte.

Meine größte Freude war, dass nun ein völlig neuer Abschnitt meines Lebens begann. Schon während ich unterwegs war, hatte Florian, mein Cousin, mich gefragt, ob ich mitmachen wollte, er hatte nämlich eine Location für »unser« Restaurant gefunden, über das wir schon so oft philosophiert hatten. Ohne nachzudenken, hatte ich sofort eingewilligt. Schließlich fand ich den Gedanken cool, als 22-Jähriger, der gerade Krebs überlebt hat, ein eigenes Restaurant zu eröffnen. Ich fühlte mich stark, und das war der sichtbare Beweis dafür. Außerdem hatte sich mein Arm fast vollständig regeneriert. Ich hatte keine Schmerzen mehr, und den Stützstrumpf musste ich auch nicht mehr tragen. Nichts hinderte mich daran, wieder zurück in meine alten Fußstapfen zu treten. So bewegte ich mich, ohne dass mir dies damals bewusst war, geradewegs zurück in das Milieu, das überhaupt für meine Unzufriedenheit verantwortlich war. Die Eröffnung war für Mai geplant, und meine ersten Wochen zurück in der Schweiz vergingen mit Küchenplanung, Menükarte schreiben, Rezepte ausprobieren und das Opening vorbereiten. Das Allergrößte an der ganzen Sache war für mich jedoch nicht der Weg in die Selbstständigkeit und zum eigenen Restaurant – also endlich so kochen zu können, wie ich es wollte –, sondern sie mit meinem Freund gemeinsam durchzuziehen.

ER IST WIEDER DA

Ich ging in der neuen Aufgabe auf, baute mein neues Leben auf – und musste, wie das bei Krebs üblich ist, zur ersten Kontrolluntersuchung (die eigentlich schon vor vier Monaten fällig gewesen war). So holte mich auch meine Krebserkrankung wieder ein – und damit die Angst, erneut von diesen kleinen Mutationen befallen zu werden. Eigentlich sollte alles in bester Ordnung sein. Mein Onkologe und ich waren sehr optimistisch, die Ergebnisse diverser Studien stimmten uns zuversichtlich, dass ich vollständig geheilt sein würde. Nach den insgesamt drei Operationen, vier Zyklen Chemotherapie und 30 Bestrahlungen lagen meine Heilungschancen, schuldmedizinisch gesehen, bei mehr als 90 Prozent. Da ich mich sicherer damit fühlte, seinen Ratschlägen zu folgen, vereinbarte ich einen Termin für ein PET-CT. Die Tage zwischen der Untersuchung und dem Besprechungstermin waren fürchterlich. Ich hatte ein mulmiges Gefühl im Bauch, schlimmste Gedanken quälten mich. Trotz meiner Zuversicht, gesund zu sein, überflutete mich jetzt ganz stark das Gefühl der Angst: Was wäre denn, wenn der Krebs zurückkommt oder bereits wieder da ist? Als ich dann endlich die medizinische Onkologie betrat, um das Untersuchungsergebnis zu besprechen, war ich überhaupt nicht mehr diese starke Persönlichkeit, für die ich mich selbst bis dahin gehalten hatte. Ich fühlte mich schwach, hatte Angst, kalter Schweiß brach mir aus. In dem Moment, als mein Onkologe mich im Wartezimmer abholte, sein Blick flüchtig an dem meinen vorbeiglitt und er seinen Kopf leicht nach unten senkte, wusste ich sofort, womit ich es erneut zu tun hatte. Ihm kamen fast die Tränen, als er mir mitteilen musste, dass ich an der Wirbelsäule Lymphknoten hatte, die eine entzündliche Reaktion aufwiesen. Er ging davon aus, dass dies Metastasen waren. Doch woher kamen sie? Das war die große Frage. Es bildet sich nicht einfach so ein Tumor in den Lymphbahnen an der Wirbelsäule. Genauso wenig passte es zu meiner Vorerkrankung, dem Lymphknotenkrebs. Fakt war jedoch, ich hatte innerhalb kürzester Zeit ein Rezidiv, also einen Rückfall, mit dem erstens keiner gerechnet hätte und das zweitens Metastasen an einer sehr ungewöhnlichen Stelle zeigte. Und keiner konnte erklären, warum.

Vor meinen Augen zerbrach die Welt, die ich mir in den vergangenen Monaten mühevoll zusammengebaut hatte, in unzählige Stücke. Alles fiel wie ein Kartenhaus in sich zusammen. Das Gefühl der Hilflosigkeit überwältigte mich, gleichzeitig ballte sich in meinem Inneren ein Sturm aus Gefühlen und schlimmsten Gedanken zusammen – der innerhalb weniger Minuten einen Tsunami auslöste. Und ich verlor mich inmitten der riesigen Wellen. Mit diesen Gefühlen der Angst und Hilflosigkeit wurde ich nach Hause geschickt. Es hieß, dass die Onkologen sich vorerst beraten und meinen Fall genauer betrachten müssten, um die weiteren Schritte planen zu können. Schluchzend und mit den Augen voller Tränen verließ ich das Krankenhaus. Alles erschien mir grau und dunkel, die an mir vorbeiströmenden Menschen nahm ich kaum wahr. Ich wünschte mich nur noch weit weg, an einen Ort ohne Schmerz, Leid und Angst. Ich sehnte mich nach Liebe und Wärme, meine Gedanken wanderten zwischen dem Hier und den Monaten davor hin und her. Ehrlich gesagt, war ich fassungslos. Gerade eben war ich noch in Asien gewesen, hatte meine Batterie mit Freude, Kraft und Zuversicht gefüllt, und wie aus dem Nichts zerbrach auf einmal alles, was ich mühsam wieder in Ordnung gebracht hatte. Ich verstand es nicht. Was sollte all das für mich bedeuten? Heute weiß ich, dass an jenem Morgen der Ballon zerplatzte, den ich rund um mich herum aufgeblasen hatte, und alles, wovon ich immer noch irgendwie glaubte, es würde sich dafür zu leben lohnen, löste sich in Luft auf. Als ich mir darüber klar wurde, was jetzt wieder auf mich zukommen könnte, war sie plötzlich wieder da, die Frage: »Was ist der Sinn all dessen?«

Ich erinnere mich noch sehr gut daran, wie ich nach diesem schrecklichen Termin nach Hause kam. Es regnete, meine Mutter saß mit meiner Tante an unserem Esstisch in der Küche, die vom Duft frisch gebrühten Kaffees erfüllt war. Sie lachten mir entgegen, und meine Mutter fragte mich, ob alles in Ordnung sei. Selbst wenn ich es gewollt hätte: Ich konnte meine tiefe Traurigkeit nicht vor ihnen verbergen. Die Tränen liefen mir über die Wangen, und meiner Mutter war augenblicklich bewusst, was passiert war. Die Stimmung kippte um 180 Grad, meine Tante und meine Mutter waren zutiefst geschockt und ebenso traurig und fassungslos wie ich – auch wenn ich in diesem Moment kaum die Worte fand, ihnen zu erklären, was los war. Außerdem wusste ich doch selbst nicht, wo ich stand und wie ernst die Situation wirklich war. Ich hatte »nur« das Gefühl, als hinge ich irgendwo zwischen Leben und Tod.

Noch am selben Tag ereigneten sich ganz merkwürdige Dinge in mir. Tief in meinem Inneren versuchte etwas aus mir auszubrechen. Es fühlte sich an, als würden zwei Hände mein Herz aufreißen, um all die angestauten Ängste, den tief sitzenden Frust und die Traurigkeit freizusetzen. Mir wurde rasch klar, dass ich jetzt nicht aufgeben durfte, auch wenn ich am liebsten auf einen anderen Planeten geflohen wäre. Trotz dieser einen Klarheit wusste ich nicht, wie es weitergehen könnte. Ich fühlte mich leer und war frustriert, da ich in meinem Kopf nach Antworten suchte, die dort aber nicht greifbar waren. Ich suchte, ohne es zu wissen, am falschen Ort. Meine Wahrnehmung der Realität schwand in den nächsten Tagen mehr und mehr. Ich war versunken in Tausenden von Gedanken, die mich nächtelang plagten und nicht schlafen ließen. Vom Gefühlschaos ganz zu schweigen. Mein Verstand und meine innere Wahrnehmung waren damals wie betäubt, und nichts außer Angst schien mehr zu existieren. Mein Herz fühlte sich an, als würde es von einem Messer durchbohrt werden, gleichzeitig hatte ich Todesangst im wahrsten Sinne des Wortes. Endlich, eine ganze Woche war inzwischen vergangen, hatte ich den nächsten Termin bei meinem Onkologen. Er hatte den Verdacht, dass ein Hodentumor die Ursache für die Metastasen an der Wirbelsäule sein könnte. Ehe ich es mich versah, wurde ich schon zum nächsten Arzt weitergeleitet, untersucht und schon wenige Tage später für eine Operation vorbereitet. Alles ging so unglaublich schnell, so, als wäre ich erneut auf Autopilot.

Die behandelnden Ärzte wollten dem Krebs so rasch wie möglich den Kampf ansagen – und ich wusste es damals nicht besser. Inzwischen finde ich es viel wichtiger, zunächst jede bestehende Möglichkeit – ob Schul- oder Alternativmedizin – in Betracht zu ziehen, bevor überhaupt irgendein Schritt getan wird. »Zuerst das Wort – dann die Pflanze – zuletzt das Messer«, soll Asklepios, der griechische Gott der Heilkunst, einmal gesagt haben. Eine Weisheit, die in unserer Gesellschaft leider zu oft in Vergessenheit geraten ist. Vor der OP, die sechs Wochen vor der geplanten Eröffnung unseres Restaurants stattfand, wurde mir noch ein Blatt Papier in die Hände gedrückt, auf dem ich unterschreiben sollte, dass der Chirurg im Falle eines bösartigen Befundes am linken Hoden das Recht hätte, diesen sofort zu entfernen. Als ich diese

Erklärung durchlas, bekam ich Panik. Ich befürchtete, möglicherweise meine Männlichkeit und meine Potenz zu verlieren. Was, wenn ich keine Kinder mehr zeugen könnte? Oder wenn ich auf einmal keine Erektion mehr haben könnte? Oder, noch schlimmer, wenn ich nicht mehr fähig sein würde, überhaupt Geschlechtsverkehr zu haben? Tja, was soll ich sagen: Trotz all dieser Gedanken unterschrieb ich das Formular. Die Angst vor dem Krebs hatte mehr Macht über mich als alles, was sonst noch geschehen könnte. Dennoch: Das Erste, woran ich dachte, als ich nach der OP im Aufwachraum lag und langsam die Augen zu öffnen versuchte, war: »Ist mein Hoden noch da?« Ich war aber noch so schwach, dass ich im selben Augenblick, in dem ich dies dachte, wieder einnickte. Beim nächsten Aufwachen fragte ich mit kraftloser Stimme und noch immer benebelt von den Narkosemitteln die Krankenschwester: »Habe ich meinen linken Hoden noch?« Ich las die Antwort bereits in ihren Augen. Ich hatte keine Kraft mehr, meine Augen offen zu halten, und fiel in einen tiefen Schlaf zurück. In dem Moment war mir alles egal. Ich hatte keine Lust mehr aufzuwachen, und obwohl die Schwestern die ganze Zeit versuchten, mich zu wecken und wach zu halten, schlief ich immer wieder ein. Mir schien es zu gefallen, einfach im zeitlosen Raum gefangen zu sein, ohne irgendetwas denken zu müssen. Kraft- und lustlos lag ich in diesem Zimmer, zerschlagen von der Nachricht, trauernd und mit meinen Gefühlen kämpfend.

Noch am selben Nachmittag besuchte mich mein Chirurg. Medizinisch gesehen war der Befund eindeutig. Nach genauer histologischer Untersuchung der Gewebeprobe stand fest, dass es Hodenkrebs war. Ich musste vier Tage im Krankenhaus verbringen. Die Schmerzen waren in den ersten drei Tagen sehr heftig und nur mit starken Medikamenten auszuhalten. Jedes Mal, wenn ich auf die Toilette wollte, war es ein Kampf mit dem Schmerz. Meine Mutter verbrachte täglich mehrere Stunden an meiner Seite und stand mir bei – so wie sie es bereits bei den zahlreichen OPs in meiner Kindheit getan hatte. Trotzdem überforderte mich die gesamte Situation. Mir ging das alles viel zu schnell. Vor einem Jahr war mir von Internisten und Spezialisten gesagt worden, dass ich geheilt sei und daher keine weiteren Maßnahmen zur Prävention nötig seien. Mit diesen Worten hatten sie mich in mein altes Leben entlassen. Ich hatte fest an die Aussage der Ärzte geglaubt, und nun war es doch ganz anders gekommen. Ich war gerade mal 22 Jahre alt, was wusste ich schon von Krebs[1]? Ja, ich war gar nicht auf den Gedanken gekommen, tiefer in die Thematik einzutauchen. Warum auch? Ich war krank gewesen, wieder gesund geworden und hatte damit abgeschlossen. Ich wollte das Geschehene vergessen und einfach normal leben. Und jetzt? Lauter Fragen, die sich endlos in meinem Kopf wiederholten: »Was war das? Warum habe ich Krebs? Warum kann ich nicht einfach wie alle meine Freunde gesund sein?« Medizinisch verließ ich mich weiterhin auf die Aussagen der Ärzte, ohne sie zu überprüfen oder kritisch zu hinterfragen. Sie rieten mir erneut, mich mit einer Chemotherapie behandeln zu lassen. Ich nickte entschlossen wie ein Gefolgsmann ohne eigene Meinung. Möge der Kampf beginnen! »Was bleibt mir denn sonst übrig?«, fragte ich mich. Außer zu sterben, wenn ich diese Therapie nicht machen würde.

Diesmal wurde mir, bevor ich mit der Chemotherapie beginnen konnte, ein Portkatheter, kurz Port, in eine Vene in der Brust eingesetzt, durch den das Zytostatikum schmerzfrei verabreicht werden sollte. Auch damit war ich einverstanden. Nur zu gut konnte ich mich noch an die zerreißenden Schmerzen bei der vorigen Chemo erinnern, wenn die Medikamente über die Armvenen in den Körper strömten. Mein Onkologe und ich hatten den Therapieverlauf miteinander geplant und gemeinsam eine gute Lösung gefunden. Zu Beginn war die Rede davon gewesen, die Therapie stationär durchzuführen, da es sich um höher dosierte

Medikamente handelte. Dies war jedoch keine Option für mich, weil ich unbedingt zu Hause und in meinem Restaurant sein wollte. Mit der kurativen Chemotherapie[2] wurde dann drei Tage nach der Eröffnung unseres Lokals begonnen. Schon nach der ersten Verabreichung spürte ich, dass diese Medikamente um einiges stärker und intensiver waren, als ich es von meiner ersten Chemotherapie in Erinnerung hatte. Auch die beträchtlich längere Behandlungszeit mit vier Zyklen an je fünf Tagen hintereinander und circa vier bis fünf Stunden pro Tag vereinfachte nicht gerade die Gesamtsituation. Während dieser Tage fühlte ich mich um einiges schwächer, als ich es von den früheren Chemo-Zyklen gewohnt war. Abend für Abend fühlte ich mich voller und voller, so wie ein Wassersack, der kurz vor dem Platzen war.

Wie erwartet, konnte ich in den ersten Tagen der Chemotherapie nicht wirklich effizient arbeiten. Doch schon in der darauffolgenden Woche ging es besser, und ich begann, meine Arbeit wieder in Angriff zu nehmen. Trotz meines angeschlagenen Körpers war ich voller Energie und innerer Freude, denn das mit Florian gemeinsam geführte Restaurant war mir wirklich wichtig. Dadurch, dass ich bereits das zweite Mal eine solche Therapie verabreicht bekam, wusste ich mir mit einigen »Geheimwaffen« zu helfen, um mein körperliches Gefühl positiv zu beeinflussen. Das Rauchen von Marihuana half mir erneut sehr, mich zu beruhigen, regte meinen Appetit an und half mir dabei, abends besser einzuschlafen.

Kaum hatte ich gedacht, dass ich vielleicht ohne starke Nebenwirkungen davonkommen könnte, wendete sich jedoch das Blatt. Eines Morgens, kurz nachdem ich aus meinem Bett gestiegen war, spürte ich ein leichtes Ziehen den ganzen rechten Arm hindurch. So, als würde mein Arm anfangen sich auszudehnen. Zuerst war dieses komische Gefühl sehr schwach, und ich dachte, es könnte womöglich eine Nebenwirkung der Chemo sein. Doch am dritten

Tag hatte ich schließlich solche Schmerzen, als würden all meine Muskeln und Blutbahnen regelrecht zerrissen werden. Was soll ich sagen? Es handelte sich tatsächlich um keine normale Nebenwirkung der Therapie, sondern um eine Thrombose. Die aggressive Chemotherapie und der Port, der unterhalb meiner rechten Schulter implantiert war, verstopften mir eine der Hauptvenen in meinem Oberarm. Von diesem Tag an war ich gezwungen, für die restliche Zeit der Chemotherapie täglich Blutverdünner in meinen Oberschenkel zu spritzen. Als wäre die Chemo nicht schon genug an Medikamenten. Mein Arzt riet mir, meinen alten Stützstrumpf, den ich während der ersten Krebserkrankung zum Regulieren der Wasserzirkulation getragen hatte, wieder anzuziehen, um nun die Blutzirkulation zu unterstützen. Diesen Rat nahm ich nicht gerade mit Freuden an. Ich hasste diesen Strumpf. Er schränkte meine Bewegungsfreiheit ein und erinnerte mich täglich an das Vergangene.

Die Wucht der ersten großen Nebenwirkungen traf mich sehr. Immer mehr durchdrangen alte Bilder meine derzeitige Schutzwand, die ich um mich herum aufgebaut hatte. Alles, was ich in den vergangenen Monaten verdrängt hatte, kam erneut an die Oberfläche. Während der drei Wochen nach dem ersten Zyklus wurde mir erst richtig klar, was dies alles für mich zu bedeuten hatte: Ich war gezwungen, mich erneut mit dem Krebs zu befassen und nochmals dort zu beginnen, wo ich, in der festen Überzeugung, gesund zu sein, aufgehört hatte. Äußerlich sah man mir noch nicht an, wie es mir wirklich ging. Ich wirkte stark, selbstbewusst, ja fast unzerstörbar, so wie man es von mir gewohnt war. Doch innerlich zerriss mich der Gedanke an den Krebs, die Therapie und alles drum herum fast. Am liebsten wäre ich damals schreiend davongelaufen, hätte alles stehen und liegen gelassen und allen gesagt: »Ihr könnt mich mal!« Zum Glück hatte ich unser Restaurant, meine Familie und meine guten Freunde, die bis jetzt auch die Einzigen waren, denen ich erzählt hatte, dass ich wieder krank war.

Der zweite Zyklus verlief dann zu meiner Überraschung mit vergleichsweise wenig Komplikationen. Außer den üblichen Nebenwirkungen wie Müdigkeit, Schlappheit und dem Gefühl, als würde ich bald platzen, ging es mir körperlich den Umständen entsprechend gut. Solange ich noch Haare auf dem Kopf hatte, versuchte ich auch zu verbergen, dass ich bereits wieder in Behandlung war, weil ich möglichst lang Normalität genießen wollte und keine Lust hatte auf die vielen Fragen und Blicke. Eines Abends fuhr ich nach der Arbeit in das benachbarte Luzern, um mir eine kleine Auszeit zu gönnen. Ich wollte einfach in eine Bar, um am normalen Leben teilhaben zu können. Ich traf einige Freunde, und wir hatten anfangs einen tollen Abend. Ein Bierchen dort und ein zweites alkoholfreies in der nächsten Bar lenkten meine Gedanken von der Krankheit ab. Keiner von ihnen wusste, dass ich Krebs hatte, und so fühlte ich mich ganz normal und konnte selbst für einen Moment alles vergessen. Doch die nächste böse Überraschung ließ nicht lange auf sich warten. Irgendwann kam eine Bekannte von mir dazu und fragte mich schließlich: »Wieso hast du überall auf deinem Kopf weiße Löcher und Haare auf deinem T-Shirt?« Ich schaute an mir herunter und sah, dass tatsächlich überall Haare an mir hafteten. Bei diesem Anblick war ich ziemlich geschockt. Damit hätte ich in diesem Moment nicht gerechnet. Ich musste mir die Tränen verkneifen, flüchtete zur Toilette, und als ich mich mit den Löchern auf dem Kopf im Spiegel sah, konnte ich die Tränen nicht mehr zurückhalten. Alle Emotionen, die ich bis dahin unterdrückt hatte, kamen nach oben, und eine Träne nach der anderen tropfte über meine Wange auf den Fußboden. Ohne meinen Freunden Bescheid zu sagen, verließ ich die Bar und lief zu einem meiner Lieblingsplätze am See. Es war also so weit: Die Erinnerung an das Leid bei meiner ersten Krebserkrankung war zurück in meinem Bewusstsein. Stärker als je zuvor.

Diesmal verlor ich fast meine ganze Körperbehaarung. Auch meine Augenbrauen und Wimpern schienen sich gänzlich in Luft aufzulösen. Es sah ziemlich ungewohnt aus, und ich erkannte mich oft selbst nicht wieder, wenn ich in den Spiegel blickte. Erst jetzt wurde unseren Gästen im Restaurant und meinen Bekannten richtig klar, dass ich »wieder« Krebs hatte. In den Augen der einen sah ich Mitgefühl und den Zuspruch von Mut und Kraft, was mich stärkte. Bei anderen stellte ich fest, dass sie nur zu uns ins Restaurant kamen, um diesen »krebskranken« Koch zu sehen, von dem sie gehört hatten – was mich damals zutiefst verletzte. Als ständig müder Krebskranker mit Glatze und bleichem Gesicht waren ihre Fragen wie »Bist du schwer krank?« oder »Wie geht es dir?« das Letzte, was ich brauchte. Ehrlich gesagt, haben viele dieser Menschen sich vorher auch nicht dafür interessiert, wie es mir ging. Und jetzt plötzlich, nur weil ich Krebs hatte, wollte jeder wissen, wie es um mich steht? Für mich fühlte sich das merkwürdig und auch falsch an. Diese Fragerei, mit der ich täglich konfrontiert wurde, war sicherlich nicht die Stärkung, die ich in dieser Zeit gebraucht hätte.

Eine Entscheidung mit Folgen?

Der dritte Zyklus der Behandlung stand an – und mir war nicht mehr wirklich wohl dabei. Ich verspürte viel mehr Angst als bei den beiden vorigen Zyklen, wusste aber nicht, wieso. Mein komisches Gefühl erwies sich bereits nach den ersten zwei Behandlungstagen als richtig. Leider. Ich hatte wesentlich stärkere Tinnitusattacken[3] als bei dem vorherigen Zyklus. Mitunter kam es sogar zu einem plötzlichen Hörsturz, der wenige Sekunden dauerte, in denen ich nur noch ein lautes Surren und Pfeifen auf dem linken

Ohr hörte. Auch meine Zehen spürte ich bedeutend weniger. Die Medikamente griffen außerdem meine Nervenstränge an, und so schwand die Empfindsamkeit meiner Nervenspitzen nach und nach. Von der Müdigkeit, der Abgeschlagenheit und dem Gefühl, kurz vor dem Platzen zu sein, ganz zu schweigen. Diese Nebenwirkungen waren irgendwie ja schon normal für mich. Was aber am dritten Tag dieses Zyklus geschah, war dramatisch und wegweisend zugleich. Denn erst dadurch wurde es mir möglich, aus dem Karussell auszusteigen, auf dem ich mich befand.

Ich fühlte mich schon nach dem Aufwachen nicht wirklich wohl. Es entstand eine Leere in mir und um mich herum, so als würde sich meine Aura verändern. Ich konnte nicht mehr klar denken oder spüren, wie es mir wirklich ging. Das Einzige, was ich intuitiv wusste, war, dass irgendetwas sich veränderte. Ich kann nicht wirklich erklären, was damals bei mir passierte, es fühlte sich einfach so an, als müsste ich mein Handeln nochmals überdenken. Als ich im Krankenhaus ankam und die Krankenschwester die Infusion an meinem Port angeschlossen hatte, um mit der Chemo zu beginnen, veränderte sich mein Bewusstsein innerhalb einer Hundertstelsekunde, wie von einer anderen Macht gesteuert. Auf einmal war ich vollkommen nervös, unsicher und ängstlich. Die Emotionen brachen aus mir heraus, und ich stand kurz vor einer Panikattacke. Ich hatte keine Kontrolle mehr über meine Gedanken. In diesem Moment wusste ich: Hier stimmt etwas nicht. So kann es nicht weitergehen. Was ich tue, ist nicht richtig. Ich darf mich nicht zerstören lassen! Ich muss die ganze Chemo sofort abbrechen.

Diese Entscheidung spielte sich innerhalb von wenigen Sekunden in mir ab. Ich sah einen Weg vor mir, der sich auf einer Lichtung verzweigte. Links war der Weg hell, mit gelbem Licht umhüllt, so als würden die Wolken aufbrechen und die Sonnenstrahlen hindurchscheinen. Rechts war es dunkel, ohne Licht, als würde der Pfad einfach aufhören zu existieren. Was will mir mein Geist mitteilen, fragte ich mich. Was geschieht hier gerade? Ich begriff in diesem Moment nicht das Ausmaß des Ganzen, aber mir war so klar wie das kristallklare Wasser eines im Sonnenlicht schimmernden Bergsees, dass ich dem Ganzen hier und jetzt ein Ende setzen musste. Die Schwester rief sofort meinen Onkologen, und er blickte mich an, als würde er bereits wissen, was vor sich ging. Ich erklärte ihm die Situation ausführlich und teilte ihm mit, dass ich ein schlechtes Gefühl hätte, wenn ich an diesem Tag mit der Therapie fortfahren würde. Und: Ich erzählte ihm auch von meinem Gefühl und meiner Angst, die weitere Behandlung nicht zu überleben. Normalerweise fuhr ich alleine zur Chemotherapie. Doch an diesem denkwürdigen Tag hatte ich – vielleicht aus dem Gefühl heraus – meine Mutter gebeten, mich zu begleiten. Sie kannte mich gut, denn ihr war, als diese Bilder in mir auftauchten, bereits klar gewesen, dass ich abbrechen würde und einfach nur noch nach Hause wollte. Noch von der Klinik aus rief sie Manfred an, der bei meiner ersten Krebserkrankung meinen Arm therapiert hatte. Er meinte nur, dass es wohl Zeit wäre, einen neuen Weg einzuschlagen, bevor mein Körper sich nicht mehr selbst heilen könne. Wir wussten zwar nur ansatzweise, auf was er hinauswollte, aber es klang stimmig für mich. Mein Onkologe und ich vereinbarten für den nächsten Vormittag einen Besprechungstermin, und dann konnten wir endlich gehen. In dem Augenblick, als ich meinen Fuß über die Schwelle des Haupteingangs setzte, fühlte ich mich lebendiger als je zuvor, ich war endlich raus aus diesem Krankheitssystem. Etwas war in mir geschehen. Es fühlte sich an, als wäre ich neugeboren worden, und mein Herz glühte vor Freude. Ich hatte das Gefühl, als würde ich aus mir selbst ausbrechen, die Ketten ablegen, die mich gefangen hielten. Es war der erste Schritt in ein neues Leben, nicht das zu tun, was alle tun und was von mir erwartet wurde. Sondern das, was ich fühlte. Endlich hatte ich wieder Luft zum Atmen. Dies war also das Gefühl, frei und selbstbestimmt zu sein, dachte ich mir. Doch von was war ich frei? War dies nun der erste Schritt in eine für mich passendere Richtung? Übernahm ich jetzt tatsächlich selbst die Verantwortung für mein Dasein? Ohne eine Antwort darauf zu haben, ging ich gemeinsam mit meiner Mutter zu unserem Auto.

Zu Hause schlug meine Mutter mir – auch um mir Mut zu machen – vor, zu einem Heiler zu fahren, den sie kannte. Ich hatte keine Ahnung, wer dieser Mann war, aber auf eine seltsame Weise spürte ich schon in diesem Moment, dass mich etwas mit ihm verbinden würde. Auf der Fahrt zu ihm fühlte ich eine noch nie da gewesene Euphorie. Ich spürte, dass ich tatsächlich einen neuen Weg eingeschlagen hatte, ich war voller Hoffnung und Freude. So, als würde ich nach einer langen Reise, ohne Rast oder echtes Ziel, an einen Ort gelangen, der mich anzieht und mich zur Ruhe kommen lässt. Als wir vor seinem Anwesen standen, war ich sprachlos. Das Haus lag nahe einem See in der Zentralschweiz am Hang eines Berges. Ein rot-blau-gelbes Tor, das mit tibetischen Schriftzeichen und Mustern in goldener Farbe verziert war, trennte das Grundstück, das mir wie ein verzaubertes Reich vorkam, von der Außenwelt. Ein schmaler Pfad führte zwischen Bäumen, Bambus und blühenden Blumen zu seinem Haus hinauf, vorbei an einem kleinen Altar, der mit Engelchen geschmückt war. Das Holzhaus war mit denselben Farben gestrichen wie das Eingangstor – Rot, Blau und Gelb. Auf dem Weg zum Haus fielen mir mehrere männliche Engelstatuen auf, was ich wunderschön fand. Mein Herz fing an schneller und schneller zu schlagen, und ich wurde nun doch immer nervöser. Meine Mutter sagte nur leise: »Lass dich überraschen, Yveli.« Als wir klingelten und dieser Mann mit seinen grauen, lockigen Haaren, seiner runden Nase und seinem liebevollen Blick die Tür öffnete, fielen jedoch alle Nervosität und Skepsis von mir ab. Es kribbelte überall, als ob sich jede einzelne meiner Zellen mit Harmonie und Vertrauen füllte. Das Haus war von innen noch viel atemberaubender als von außen. Es war schier unglaublich, überall Farben, jedes Zimmer sah anders aus, Engelstatuen füllten jeden Raum. Ich fühlte mich wie in einem Märchen. Wir setzten uns an einen großen Holztisch, und ich erzählte ihm alles, was bis zu diesem Tag geschehen war. Alles über meine Krankheit, über die Therapien, die ich bereits gemacht hatte, und ein wenig über meine Gefühle und meine Ängste. Ich erklärte ihm auch, wieso ich die Chemo an diesem Morgen abgebrochen hatte und dass etwas in mir mich irgendwie führte und mir mitteilte, dass irgendetwas gänzlich verkehrt laufen würde, wenn ich die Chemo weiter über mich ergehen lassen würde. Er hörte mir aufmerksam zu und sagte:»Es war richtig, dass du heute Morgen die Therapie abgebrochen hast. Du hast jetzt Zeit, um über dein Handeln nachzudenken.« Und er fügte noch hinzu:»Die Zeit ist reif für einen neuen Weg.« Er war davon überzeugt, dass es mich umbringen würde, die nächsten Zyklen durchführen zu lassen. Ich sei sehr sensibel und sanft, mein Körper würde eine solche Bombe von Medikamenten nicht weiter verkraften können. Damit bestätigte er genau das Gefühl, das ich auch hatte.»Heilung geschieht bei Krebs schlussendlich an einem ganz anderen Ort, als es die meisten Menschen annehmen. Vieles ist nur eine Behandlung der Symptome, aber sie löst die Ursache nicht, die den Krebs ausgelöst hat«, erklärte er mir. Das meiste von dem, was er sagte, klang für mich absolut logisch, ich fühlte richtiggehend, dass es der Wahrheit entsprach. Trotzdem wusste ich nicht, was das eigentlich für mich bedeutete.

Abschließend fragte er mich, ob ich noch eine Frage hätte, seine Engel würden ihm die Antworten darauf geben. Ich war zwar ein wenig mit dieser Situation überfordert, doch in diesem Moment schien es mir keine Grenze zwischen dem Möglichen und Unmöglichen zu geben. Ich hatte das Gefühl, dass ich mich, wenn ich mir jetzt eine Grenze setzte, der Unendlichkeit verschließen würde. Also fragte ich: »Soll ich mit der Chemo weitermachen oder nicht?« Er nahm ein Blatt Papier und einen Buntstift, schien einen Moment zu lauschen und fing dann an, auf dem Blatt (in meinen Augen) ganz komische Zeichen zu malen. Es sah so aus, als würde er sich in einen meditativen Zustand versetzen. Er murmelte Laute und Wörter vor sich hin, die ich nicht verstand. Plötzlich hielt er inne und richtete seine Augen auf mich. Seine Stimme klang sehr ernst und drang tief durch mich durch, als er sagte: »Wenn du noch ein langes Leben haben möchtest, dann solltest du keine weiteren Zyklen Chemo mehr über dich ergehen lassen.« Was? Fragend blickte ich zu meiner Mutter hinüber, die sanft ihre Hand auf meinen Oberschenkel legte. Auch wenn mir die Situation gerade sehr merkwürdig vorkam, spiegelten seine Worte im Grunde nur das wider, was ich selbst empfand: Ich muss mich aus den Klauen dieser Therapie befreien, ansonsten nimmt das womöglich ein böses Ende. Gleichzeitig war ich von der Gesamtsituation maßlos überfordert. Was würde geschehen, wenn ich tatsächlich nicht mit der Therapie weitermachen würde? War ich in der Lage, solch ein Risiko einzugehen? Traute ich mich, diesen Schritt ins Unbekannte zu tun? Ich hatte gewaltige Angst. Was, wenn ich falsch entscheide und mich der Krebs um mein Leben bringt? Mit meinem Verstand fand ich keine wirklich brauchbare Antwort auf all meine Fragen. Die Engelsbotschaft war zu jenem Zeitpunkt das Einzige, was dieser Mann mir mit auf meinen Weg geben konnte.

Abends saß ich stundenlang in meinem Zimmer. Ich war ängstlich, kaute an meinen Fingernägeln und konnte fühlen, wie ich immer unsicherer wurde. Ich hatte Angst, mich auf meine Intuition zu verlassen. Bis dahin hatte ich nur selten verbunden mit meiner inneren Weisheit agiert. Ich hatte immer noch große Furcht davor, den gewohnten, »normalen« Weg, die Krebskomfortzone, die ich mir so schön erschaffen hatte, zu verlassen.

Wenn ich früher in meinem Leben zwischen zwei Welten fest-gesteckt hatte – wie jetzt zwischen der Gefühls- und der Verstan-desebene –, hatte ich oft den Mittelweg genommen. Damit konnte ich mein Gewissen und Gedanken wie, »Hätte ich nicht …«, oder »Sollte ich nicht doch lieber …« überlisten. Genau das tat ich jetzt auch. Ich wählte den Mittelweg und entschied mich, den dritten Zyklus der Chemo noch zu beenden, aber den vierten nicht mehr durchzuführen. Das fühlte sich in diesem Moment für mich richtig an. Bei einem Punkt war ich mir allerdings zu 100 Prozent sicher: Dies würde der letzte Zyklus Chemotherapie in meinem Leben sein. Ich wusste, dass ich mich kaputtmache, wenn ich diesen Weg weitergehe. Gut, ich würde – vielleicht – länger leben, aber in welcher Qualität? Und ein Leben, gezeichnet von den Langzeitnebenwirkungen, war wahrlich nicht das, was ich wollte. Bei dem Besprechungstermin am nächsten Vormittag erklärte ich meinem Arzt meine Entscheidung und war froh, dass er nicht versuchte, mich zum Weitermachen zu überreden. Wie es schien, akzeptierte er meinen Entschluss, vielleicht konnte er mich auf gewisse Weise sogar verstehen. Wir vereinbarten, nach diesem (letzten!) Zyklus ein PET-CT zu machen, um zu sehen, ob der Tumor noch im Körper ist. Die letzten Tage der Therapie waren körperlich sehr anstrengend. Die Tinnitusattacken waren enorm stark und überfielen mich in immer kürzeren Abständen. Mein ganzer Körper rebellierte vor Schmerz, und ich war in die-ser und der darauffolgenden Woche kaum fähig zu arbeiten. Jede körperliche Betätigung, die länger als zehn Minuten dauerte, warf mich um, und ich war gezwungen, mich irgendwo auszuruhen. Während dieser zwei Wochen war ich kaum in meinem Restau-rant zu sehen. Zuletzt konnte ich mich gerade mal abends dazu überwinden, für ein Stündchen am Stammtisch Platz zu nehmen und mit meinen Freunden zu quatschen … Dann war es endlich vorbei.

In den Wochen nach dem dritten Zyklus durchflog ich innerlich einige Höhen und Tiefen. Stündlich, ja sogar fast im Minutentakt stellte ich mir die Frage, ob meine Entscheidung, die Chemotherapie zu beenden, richtig war. Oder nicht. Ich zweifelte und hatte Angst und fragte mich, was passieren würde, wenn mein Bauchgefühl mich täuschte. Was würde ich dann tun? Gab es denn überhaupt einen anderen Weg? Diese Gedanken machten mich mitunter fast wahnsinnig, und ich war froh, mich durch unser Restaurant und die viele Arbeit, die wir hatten und die mir wieder leichter von der Hand ging, ein bisschen davon ablenken zu können. Vier Wochen nachdem das letzte Mal der Medikamentencocktail in meine Venen geflossen war, wurde das angekündigte PET-CT gemacht. Ich war sehr zuversichtlich und davon überzeugt, dass jetzt alles endlich in Ordnung sei. Und so war es zum Glück auch. Die Metastasen an der Wirbelsäule waren nicht mehr sichtbar, und auch der schulmedizinisch so wichtige Tumormarker, der im Blut messbar ist, zeigte keine erhöhten Werte mehr an. Der Krebs war also nicht mehr da. Danach war für mich nicht nur zu 100, sondern zu 200 Prozent klar, die Therapie an Ort und Stelle zu beenden und mein Leben endlich wieder als normaler Mensch fortzusetzen. Mein Onkologe überredete mich trotzdem, mich mit einer Kollegin von ihm zu treffen. Einer, wie er sagte, sehr erfahrenen Oberärztin, die als Onkologin in einem anderen kantonalen Hospital tätig war. Seine Hoffnung bestand wahrscheinlich darin, mich durch ihre Meinung noch umstimmen zu können. Und ich ging darauf ein. Diese Stimme »Was, wenn mein Bauchgefühl mich täuscht« war irgendwo in mir noch vorhanden und bekam natürlich durch meinen Arzt, der mir mit den ihm zur Verfügung stehenden Mitteln helfen wollte, Nahrung. All das übertönte in diesem Moment meine Intuition. Vielleicht hoffte ich auch ganz tief in meinem Inneren, dass die neue Ärztin mir eine Therapie anbieten könnte, die mich zu 100 Prozent vor Krebs schützen könnte, ohne die klassischen Nebenwirkungen zu verursachen. Das Universum wollte mich, wie mir Jahre später bewusst wurde, wohl aus irgendeinem Grund in dieses Krankenhaus führen, in dem auch klinische Studien zur Krebsforschung durchgeführt werden. Denn was ich dort zu Gesicht bekam, als ich die onkologische Abteilung betrat, habe ich bis heute nicht vergessen. Und ich verstand endgültig, dass etwas gründlich schiefläuft in diesem System. Ich sah Dutzende Menschen, vor allem Kinder und Jugendliche, an Schläuchen angeschlossen, ohne Haare, blass im Gesicht und wie halb tot. Bett an Bett lagen sie nebeneinander, als wären sie alle irgendwelche Versuchsobjekte in einem »freien« Käfig. Da wusste ich: NIE MEHR! Nie wieder würde ich so etwas über mich ergehen lassen. Lieber würde ich sterben. Das Gespräch mit der Ärztin war relativ kurz. Sie wollte mir im Grunde eine weitere Chemotherapie verkaufen – obwohl ich laut CT und Bluttest krebsfrei war. Als ich NEIN sagte, blieb ihr nichts anderes übrig, als mich gehen zu lassen. Sie konnte es sich jedoch nicht verkneifen, mir den Satz, dass ich mit meinem Leben spielen würde, unter die Nase zu reiben. Zuletzt drückte sie mir zum Unterschreiben noch ein Blatt in die Hand, auf dem stand, dass ich von ihr aufgeklärt worden war und meine Entscheidung im schlimmsten Fall zum Tode führen könnte, wenn der Krebs erneut ausbrechen würde. Ich unterschrieb und fügte hinzu, wie bewusst mir die angeblichen Folgen waren und dass ich selbst am besten beurteilen könnte, was für mich gut sei. Wow! Das erste Mal übernahm ich wirklich Verantwortung. Ich war bestimmend und wusste, was richtig für mich war. Mein Leben fing langsam an, sich neu zu ordnen. Alte Wege wurden zugeschüttet, damit neue erkundet werden konnten. Am nächsten Tag suchte ich noch mal meinen Onkologen auf und überbrachte ihm persönlich meine definitive Entscheidung. Interessanterweise ließ er mich ohne Widerrede gehen. Er begriff anscheinend, dass mir nun klar war, was ich wollte. Mir schien es sogar so, als würde er mich gerne gehen lassen. Zu meiner Überraschung stellte niemand in meiner Familie oder meinem Umfeld meine Entscheidung infrage. Alle ließen mich in Ruhe. Eigentlich hatte ich Widerstand von allen Seiten erwartet. Mal ehrlich, wenn wir uns für etwas entscheiden, und sei es für etwas noch so Banales, gibt es doch immer irgendjemanden, der seinen Senf dazugeben will. Anscheinend war diesmal alles anders, die Frage nach dem Sinn trieb mich jedoch weiterhin um.

Was hatte es damit auf sich? Aus welchem Grund hatte sich meine innere Einstellung dieser Krankheit gegenüber so rasant geändert? Wieso war alles jetzt so gekommen und nicht bereits beim ersten Mal, als ich Krebs hatte? Ich hätte doch auch genauso gut einfach sterben können? Was hatte es für einen Sinn, mich am Leben zu lassen? Was ist der Sinn meines Lebens?
Schweiz   *August 2013*

Innerhalb kürzester Zeit erholte sich mein Körper sehr gut von den ganzen Nebenwirkungen der Therapien. Ich entschied mich, so schnell wie möglich noch den Port unterhalb meiner rechten Schulter entfernen zu lassen. Alles, was mich noch an den Krebs erinnern konnte, wollte ich nicht mehr in oder um mich herum haben. Nach der Entfernung des Ports erholte sich auch mein Arm schneller, und ich konnte kurze Zeit später die tägliche Dosis Blutverdünner, die ich mir immer noch spritzen musste, absetzen. Ich blühte langsam wieder auf, wie eine Blume im Frühling, deren Knospen sich langsam zum Licht hin öffnen. Meine Haare wuchsen nach, wenn auch noch etwas löchrig, und ich hatte wieder Farbe im Gesicht. Die Lebensfreude kam langsam wieder, die Arbeit wurde endlich wieder zum Spaß, da ich nicht mehr ständig Schmerzen ausgesetzt war. Das Restaurant lief blendend, und wir konnten uns nicht über leere Sitzplätze beklagen. Alles schien sich eingependelt zu haben, und endlich befand sich das Glück wieder auf meiner Seite. So, als wäre dieses Gefühl der Glückseligkeit nie von mir getrennt gewesen.

Dieses Gefühl hielt leider nicht sehr lange an. Bald schon plagten mich Rückenschmerzen, die aus der oberen Hälfte der Wirbelsäule kamen. Als ich an einem Morgen mit diesem schmerzenden Rücken langsam die Treppe in unserem Haus hinabstieg, zwickte es mich plötzlich heftig im ganzen Körper, vor allem in den Beinen und in den Füßen. Aber der Impuls kam ganz klar aus meinem Rücken. Ich dachte mir nichts dabei, sondern hielt es für eine einfache Entzündung oder Überanstrengung. Die ersten paar Tage ließ ich einfach in der Hoffnung vergehen, dieses unangenehme Zwicken, das sich anfühlte, als würde ich einen elektrisch geladenen Zaun auf einer Kuhweide anfassen, würde von selbst wieder verschwinden. Es wurde jedoch Tag für Tag schlimmer, bis ich es schlussendlich bei jeder ruckartigen Bewegung spürte. Es war unglaublich nervig und mühsam. Meine ganze gerade wiedergefundene Lebensfreude zerplatzte in tausend kleine Stücke. Ich empfand dies als sehr unfair vom Leben, es war erneut wie ein Schlag mitten ins Gesicht. Als ich dann doch wieder meinen Arzt anrief, meinte er, ich solle am besten sofort kommen, damit er mich gründlich untersuchen könne. Das konnte doch nicht wahr sein! Kaum meinte ich meinen Weg gefunden zu haben, landete ich schon wieder in diesem Krankenhaus, in das ich doch keinen Fuß mehr hatte setzen wollen. Ein echter Rückschlag, der ganze Scheiß fing wieder von vorne an, wieder Maschinen, wieder die ganzen Tests … Letztlich stellte sich heraus, dass ich unter einer Neuropathie[4] sowie dem sogenannten Lhermitte-Zeichen[5] litt, das höchstwahrscheinlich durch die Chemotherapie und die Strahlentherapie ausgelöst worden war und mich möglicherweise nun mein ganzes Leben lang begleiten würde. Bei einer solchen Nervenschädigung gebe es wenig medizinische Behandlungsmöglich-keiten. Ein super Gefühl, wenn dir Ärzte sagen, sie könnten dir nicht helfen. Ich ließ mich davon aber nicht unterkriegen und wurde selbst aktiv. Ich habe alles versucht, um meine Nerven zu unterstützen, von Osteopathie und Bioresonanz bis zu orthomole-kularer Medizin[6]. Aber nichts half. Daher versuchte ich, bestmög-lich damit zu leben und das Einzige, was mir übrig blieb, war das Loslassen, um den Schmerz vergessen zu können. Dies stellte sich jedoch nicht gerade als eine leichte Aufgabe heraus Doch ich gab nicht auf. Aufstehen, selbst neue Wege suchen und weitergehen wurde immer mehr zu meiner inneren Einstellung

AUF IN EIN
NEUES ABENTEUER

Die restliche Zeit des Sommers arbeitete ich täglich in unserem Restaurant. Trotz der Krebserkrankung und der vielen Nebenwirkungen wurde dieses Jahr zu einem Erfolgsjahr für mich. Ich hatte mich selbstständig gemacht und das zweite Mal den Krebs überlebt. WOW, ein weiteres Wunder!, dachte ich. Trotzdem hatte ich noch einiges zu verarbeiten. Ich wurde von einer Angst geplagt, von der ich nicht einmal wusste, woher sie kam, geschweige denn, dass ich sie verstand. Aber ich wollte verstehen und war offen für alles. Unterstützung und viele Impulse brachten mir meine Besuche bei dem Heiler, den ich insgeheim den Mann mit den Engeln nannte. Wir schauten uns gemeinsam mein Lebenshoroskop an und sprachen über meine Krebserkrankung und die Zusammenhänge mit den Zyklen des Lebens. Ich erfuhr viel über meine Persönlichkeit und konnte das mit dem Krebs Erlebte besser verstehen. Er machte mir Mut und bekräftigte immer wieder, dass ich gesund sei und den richtigen Weg eingeschlagen hatte, indem ich nicht mehr weglief, sondern selbst etwas tat – das war Balsam für meine Seele.

Durch ihn trat auch das Wort Meditation in mein Leben. Ich hatte an meinem Geheimplatz im Wald zwar schon öfter meditiert, aber mir war, wie gesagt, überhaupt nicht bewusst gewesen, was ich da eigentlich machte. Bei ihm erlebte ich meine erste geführte Meditation. Ich fand sofort Zugang dazu, und zum ersten Mal in meinem Leben befand ich mich in einem Zustand, in dem ich meinen Körper nicht mehr wirklich spüren konnte. Ich sah weißes Licht, mir war ganz warm ums Herz, Liebe erfüllte mich. Ich war einfach da in diesem Licht, ohne an irgendetwas zu denken. Als er mich in die Alltagsrealität zurückholte, sprachen alle Nerven- und Körperzellen in meinem Körper mit mir. Ich glaube, sie waren dankbar, dass ihnen endlich einmal Stille und Raum gegönnt worden war. Es war ein unvergessliches Erlebnis. Zum ersten Mal war ich nicht mehr im Außen, sondern bin bewusst nach innen gegangen. Ich werde diese Gefühle vermutlich bis zu meinem Lebensende nachfühlen können.

Ich war also endlich aktiv geworden und tat etwas für meine Heilung. Gleichzeitig hatte ich den Wunsch nach Normalität, danach, einfach zu leben. Ich wollte reisen, die Welt entdecken, alles sehen, was ich nicht kannte, ich wollte feiern, dass ich gesund bin, Party machen. Ich hatte genug gelitten, jetzt durfte ich es mir gut gehen lassen, die Sau rauslassen. Also entschieden Florian und ich uns nach Ende der Sommersaison, gemeinsam verschiedene Teile Asiens zu bereisen. Da war aber noch immer diese hartnäckige Stimme in mir, die fragte: »Was, wenn er wiederkommt, er ist ja schon mal wiedergekommen, und was, wenn ich ihn das nächste Mal nicht überlebe?« Ich befand mich oft im Dialog mit diesen beiden Stimmen. Der einen, die Hoffnung hatte, endlich gesund zu sein, und der anderen, die Angst hatte, dass Er womöglich erneut zurückkommen könnte.

Ende 2013 ging es dann los, zuerst nach Vietnam, mit dem Motorrad quer durch das Land. Nur selten sprach ich mit Florian über meine Zerrissenheit, ich wollte ihn einfach nicht täglich damit konfrontieren, ich hatte selbst schon genug damit zu tun. Denn natürlich waren meine Ängste nicht zu Hause geblieben. Am stärksten belasteten mich meine wiederkehrenden nächtlichen Albträume, in denen ich vor mir selbst auf der Flucht war. Jeder Traum begann ähnlich. Ich befand mich in einem Raum, einem Haus oder in einer einsamen Höhle, und auf einmal brach alles in sich zusammen, und ich konnte gerade noch in letzter Sekunde flüchten. Ich starb nie, obwohl mir das Gefühl des Todes immer nahe schien. Ständig war ich auf der Flucht, wusste aber nicht, wovor. In diesen Nächten fand ich keine Ruhe, obwohl ich Erholung doch so dringend gebraucht hätte. Ich merkte, dass die Nächte viel cooler waren, wenn ich Alkohol trank. Ich hatte keine Albträume, Krebs war mir egal, das Leben war schön, die asiatischen Frauen gefielen mir, und die Enge des Schweizer Dorfes, wo ich lebte, war weit weg. Wäre Florian nicht bei mir gewesen, hätte ich mich wahrscheinlich noch viel tiefer in dieser Flucht vor der Realität verloren.

Florian, der nicht nur Koch, sondern auch Fitnesstrainer ist, beschäftigte sich schon länger mit dem Thema Ernährung und Gesundheit und hat auch mein Interesse daran geweckt. Statt Sehenswürdigkeiten zu besichtigen und am Abend von einer Bar zur nächsten zu ziehen (na ja, manchmal schon), gingen wir vom Fitnesscenter direkt ins Restaurant, um die nötigen Proteine zu uns zu nehmen, und dachten bereits beim Mittagsessen darüber nach, was wir am Abend verspeisen könnten. Wir versuchten, möglichst viel Abwechslung in unseren Ernährungsplan einzubauen. Wenn wir am Mittag Hühnchen aßen, konnten wir am Abend auf keinen Fall auch Geflügel essen. »Es könnte ja auch zu viel sein« an weißem Fleisch, Eiweiß und so weiter. Abwechslung war uns wichtig, und wir aßen und tranken alles, was gesund war. Das Essen war für uns wohl das Wichtigste während dieser meiner zweiten Asienreise, und somit wurde dieser Trip zu einem weiteren kulinarischen Höhepunkt für mich. Wir sammelten Rezepte für unser Restaurant, und mich durch die Küche Vietnams, Thailands, Singapurs, Malaysias, der Philippinen, Laos und Kambodschas zu essen prägte meinen Kochstil sehr. Noch heute bin ich von der asiatischen Küche fasziniert, und in vielen meiner Gerichte findet sich eine asiatische Note.

DER RUF
NACH VERÄNDERUNG

Nach genau fünf Monaten Reisezeit durch das crazy Asien kamen wir im Frühjahr 2014 zurück in die Schweiz. Wir sprudelten geradezu über vor Tatendrang und Vorfreude. Wir waren voller Ideen für neue Gerichte, neue Konzepte und freuten uns riesig auf die zweite Sommersaison in unserem Restaurant. Ich lernte außerdem ein nettes Mädchen kennen und hatte seit Langem wieder einmal eine Freundin. Die Beziehung tat mir gut, ich fühlte mich rundum wohl. Nach drei Wochen war unser Team bereit, und wir kochten für die ersten Gäste. Es war herrlichstes Frühlingswetter, die Leute strömten in Scharen ins Lokal, und unsere asiatisch angehauchten Gerichte kamen gut an. An Arbeit mangelte es uns nicht. Auch Iwan, unser guter Freund, war wieder in unserem Team, ebenso Valentino, der bei uns schon im Jahr zuvor als Koch angestellt gewesen war. Alles lief wunderbar, und wir waren motiviert und hatten Spaß an der Arbeit, auch wenn wir teilweise 14 bis 16 Stunden am Tag ohne Pause beschäftigt waren. Nach ein paar Monaten stellte sich mein Leben einmal mehr auf den Kopf, und zwar auf eine Art und Weise, wie ich es niemals für möglich gehalten hätte. Ich hätte eher mit einem erneuten Rückfall gerechnet, aber nicht mit diesem Gefühlschaos, das schleichend von mir Besitz ergriff.

Es war schlimmer als die zweite Krebsdiagnose, ich fiel in den zweittiefsten Abgrund meines ganzen Lebens. Ich, der junge, erfolgreiche, coole, selbstständige Koch, der immer versuchte stark zu sein, schien plötzlich vor dem Untergang zu stehen. Es war total dunkel in mir, all das seit meiner ersten Krebsdiagnose Aufgestaute, alles Unterdrückte brach aus mir heraus. Ich hätte nie geglaubt, dass ich überhaupt fähig wäre, ein solches Gefühlschaos zu entwickeln. Mein anderes »Ich«, dieses Gefühl, das schon immer wusste, was gut für mich ist, machte mir knallhart klar, dass ich in Wahrheit trotz der Selbstständigkeit nicht wirklich mochte, was ich tat. Ich sollte wohl endlich aufwachen. Denn obwohl ich diese innere Stimme die ganze Zeit wahrgenommen hatte, hatte ich es nicht geschafft, einen neuen, für mich heilsamen Weg zu gehen.

Es fing damit an, dass ich mich unzufrieden und leer fühlte, gleichzeitig empfand ich oft Wut, dann war ich plötzlich wieder ängstlich. Ich wollte und konnte mich zu diesem Zeitpunkt aber nicht mit meinen widersprüchlichen Gefühlen auseinandersetzen, ich war schließlich im Grunde nur am Arbeiten, Essen und Schlafen. Tag für Tag. Alles andere störte da nur. Der Versuch, dieses Gefühlschaos zu unterdrücken, endete damit, dass es sich körperlich manifestierte. Plötzlich fühlte ich mich sehr matt und ausgelaugt, müde vom Leben. Nichts machte mir mehr Spaß, meine normalerweise kraftvolle und inspirierende Ausstrahlung verschwand immer mehr in der Dunkelheit. Auch der Frust und die Wut in meinem Inneren wurden schlimmer, ich wurde zunehmend gereizter und ließ es an anderen aus. Alle litten unter meiner schlechten Laune und meiner schnippischen Art, meine Freunde ebenso wie unsere Gäste im Restaurant. Es war echt übel, manchmal ertrug ich mich selbst nicht mehr.

Ich erstickte in diesem Sommer fast an meinen Gedanken und Gefühlen, die durch meine Unzufriedenheit hervorgebracht wurden. Die Angst vor dem Krebs und dem damit verbundenen Tod wurde erneut größer, und ich saß irgendwo zwischen zwei Welten, in Ketten gefesselt, die ich mir selbst anlegte. Ich zog mich immer mehr zurück. Nachts lag ich oft schlaflos im Bett, weinte still in mein Kissen, die Gedanken drehten sich im Kreis und hinderten mich daran, meinem innersten Wesenskern zuzuhören. Vielleicht hätte er mir schon damals Antwort geben können, aber so blieb die drängende Frage nach dem Sinn des Ganzen weiter unbeantwortet. Eines Morgens erzählte mir meine Freundin, dass mein Herz die halbe Nacht lang so schnell geschlagen hätte, als würde ich einen Marathon laufen. Einmal hätte ich mich im Schlaf sogar aufgesetzt und zu schreien begonnen. Mein Zustand hatte sie richtig erschreckt, und ihre stockend hervorgebrachten Sätze machten mir überdeutlich: Es musste etwas geschehen. Ich musste dringend etwas ändern, ich musste mein Leben neu beginnen, um die tiefen Wunden der Krebserkrankung heilen zu können. Und dies konnte ich nur, wenn ich alles, wovon ich gedacht hatte, es sei lebenswert für mich, hinter mir lassen und ganz neu anfangen würde. Ich musste hier raus. Am besten gleich! Schweren Herzens sagte ich Florian, dass ich zum Ende dieser Saison unsere gemeinsame Arbeit in unserem kleinen Restaurant beenden würde. Ich sah in den Augen meines besten Freundes, wie auch in ihm eine Welt zusammenbrach. In den vergangenen Jahren waren wir unzertrennlich gewesen, wir gehörten einfach zusammen. Alle, die uns kannten, wussten, dass wir von klein auf ein Team gewesen waren. Auf seine Weise verstand er aber sehr gut, wieso ich so handelte, denn er sah, wie ich damals an meinen eigenen Emotionen zerbrach. Statt dass unsere Freundschaft darunter litt, wie ich anfangs befürchtet hatte, schweißte uns das Ganze sogar noch enger zusammen.

Durch die Entscheidung, mich von all dem zu trennen, was mich in meiner damaligen Situation von außen plagte, fühlte ich mich freier, der Alltag drückte nicht mehr so sehr, und ich konnte wieder mehr Energie in mich selbst investieren. Der erste Schritt war getan. Sobald ich die Entscheidung, hier aufzuhören, gefällt hatte, fielen mir die Dinge zu, es kamen weitere Hinweise, dass ich selbst etwas tun muss, damit es mir besser geht. Dadurch zeigte sich eine innere Kraft, die mich motivierte, weiterzumachen, weiter zu gehen, mich aus diesem Gefühlschaos und von der Angst vor einem Rückfall zu befreien. Also ging ich auf die Suche nach Glück, nach Gesundheit und Ruhe, im Innen wie im Außen.

An einem Regentag während der letzten zwei Monate in meinem Restaurant zog es mich in einen Buchladen in Luzern, weil ich den eher ungewohnten Wunsch verspürte, mal wieder ein Buch zu lesen. Bis dahin hatte ich weder viel gelesen noch mich in Buchhandlungen aufgehalten, beides hatte ich immer als langweilig empfunden. Nun stöberte ich in den Regalen, und plötzlich fiel mir ein Buch über Ernährung und Krebs auf. Ich nahm es in die Hand, und da wusste ich schon, dass ich es kaufen musste. Erst jetzt traute ich mich, mich wirklich mit dieser Krankheit auseinanderzusetzen, ihr ins Auge zu sehen. IHM in die Augen zu sehen. Nach meiner ersten Erkrankung hatte ich ja einfach nur vergessen wollen. Das Buch faszinierte mich, und ich verschlang es in wenigen Tagen. Es blieb nicht bei dem einen, innerhalb kürzester Zeit hatte ich mehrere Bücher über Krebs und verschiedene Ernährungsweisen bei bestimmten Krankheiten gelesen. Am meisten interessierte mich jedoch der Zusammenhang zwischen mentaler Einstellung und Krankheit. Dieses Thema entwickelte sich schnell zu meinem neuen Hobby, und es machte mir richtig Spaß, mich da hinein zu vertiefen. Ich wollte mir keine Grenzen mehr setzen, meiner inneren Stimme, die danach schrie, gehört zu werden, endlich Aufmerksamkeit schenken, und so las ich mich durch den Rest des Sommers und las und las. Ich saugte das Wissen förmlich auf und betrachtete mich selbst als Versuchsobjekt – so wie ich es auch heute noch handhabe. Ich wurde also gleichzeitig zum Lehrer und Schüler, der das neue Wissen an sich selbst erprobte.

Kaum hatten sich mein inneres Gefühlschaos und die tief sitzende Angst ein wenig beruhigt, erkrankte meine Mutter aus heiterem Himmel an Eierstockkrebs. Innerhalb weniger Tage verschlechterte sich ihr gesundheitlicher Zustand, und es wurde bei ihr das Stadium 4+ diagnostiziert. Anders ausgedrückt: dem Tod geweiht, aus Sicht der westlichen Medizin unheilbar. Zum dritten Mal innerhalb von drei Jahren wurde unsere ganze Familie mit Krebs konfrontiert und musste sich ihm stellen. Ich fühlte mich, als hätte ein Messer mein Herz durchbohrt.

Das kann doch alles nicht wahr sein! Was geschieht hier nur? Krebs, Krebs, Krebs! Überall finde ich nur Krebs. In meinem Körper, in meinen Gedanken und nun springt er auf meine Mutter über. Ich halte das nicht mehr lange aus. Was soll ich machen? Am liebsten würde ich einfach nur verschwinden. Für IMMER!
Schweiz   Ende September 2014

Bei meiner Mutter wurde sofort eine Chemo eingeleitet, um das Wachstum schnellstmöglich einzudämmen. Von nun an begleitete ich meine Mutter Tag für Tag zu ihrer Chemo-Behandlung, dasselbe Krankenhaus, dieselben Ärzte ... Ein Jahr nachdem mir die Haare am ganzen Körper ausgefallen waren, verlor sie nun ihre Haare ... all die Erinnerungen, mit denen ich immer noch nicht umgehen konnte, wurden angestoßen. Und das machte mir Angst. Anfangs versuchte ich noch, meine Emotionen in Schach zu halten. Die Angst holte mich aber gnadenlos ein und übernahm erneut die Führung in meinem Leben. Es war zu viel, ich hielt es nicht mehr länger aus. Ich sah jetzt nur noch einen Lösungsweg: ein neues Leben, und zwar so weit weg wie nur möglich. Ich musste von hier verschwinden! JETZT!

BIS ANS ENDE
DER WELT UND DARÜBER
HINAUS

Die Entscheidung, die Schweiz endgültig zu verlassen, fiel mir sehr schwer, da ich wusste, dass ich damit meine Mutter alleine lassen würde. Alleine mit der Krankheit und all ihren Herausforderungen, die mir nur allzu gut bekannt waren. Eigentlich sollte ich doch für sie da sein – dachte zumindest ein Teil von mir. Aber ich konnte es nicht. Auch wenn ich gewollt hätte, wäre ich wahrscheinlich in dieser Zeit selbst daran zerbrochen und von den auf mich einströmenden Erinnerungen erwürgt worden. Ein kleiner Trost für mich war, dass meine Geschwister und mein Vater für sie da sein würden. Meine Mutter verstand, warum ich gehen musste (dass ich nicht mehr zurückkommen wollte, hatte ich ihr allerdings nicht gesagt), und ermutigte mich dazu. Ich durfte sie zurücklassen – ohne ein schlechtes Gewissen zu haben. Anfang Oktober 2014 verließ ich, von meiner Angst getrieben, meine Heimat. Mein Ziel war Neuseeland – aus meiner Sicht das andere Ende der Welt. Und genau da wollte ich hin. So weit weg wie nur möglich und am liebsten noch weiter. Könnten wir andere Planeten besiedeln, hätte ich mich wahrscheinlich freiwillig gemeldet, um diese Erde, unsere Zivilisation und alles, was ich mir aufgebaut hatte, hinter mir zu lassen und zu verschwinden. Weg, nur noch weg. Ich wollte einfach nur frei von Angst und Sorge sein. Dass ich nicht nur verreisen, sondern tatsächlich auswandern wollte, fühlte sich gut an. Auch dass ich es niemandem gesagt hatte, fühlte sich richtig an, denn meine Pläne offenzulegen hätte nur für weitere Unruhe gesorgt. Meine Mutter begleitete mich noch zum Flughafen in Zürich. Als ich mit ihr bei Starbucks saß, überkam mich ein ungewohntes Gefühl. Ich fühlte mich vollkommen leer, fast wie ausgesaugt und ohne Bodenhaftung, meine Zukunft war vollkommen ungewiss. Mit diesem Gefühl umarmte ich meine Mutter, gab ihr einen Kuss, verabschiedete mich und lief Richtung Gate. Es tat mir weh, sie zurückzulassen, aber das Gefühl, weggehen zu müssen, war so stark, dass ich es dennoch tat – zumal sie mir ja den Segen dazu gegeben hatte. Ich lächelte ihr ein letztes Mal zu und verschwand um die Ecke.

24 Stunden später landete ich mit meinen 30 Kilo Gepäck, komplett übermüdet und mit leichten Rückenschmerzen in Auckland. Nun war ich endlich im Land der langen weißen Wolken, wie die Maori es bezeichnen. Als ich in meinem Hotel im Zentrum Aucklands ankam, fühlte ich mich jedoch irgendwie nicht am richtigen Platz. Ich nahm an, dass dies in meiner Situation normal sei und ich »nur« ein wenig Angst vor dem Neuanfang hatte. Ich schien mit dieser Selbstaufmunterung recht zu behalten. Bereits am nächsten Tag ging es mir um einiges besser. Ich liebte es schon immer, Städte zu erkunden und Neues zu erleben. Dutzende von Kilometern legte ich zu Fuß durch die Straßen und Gassen von Auckland zurück. Ich beobachtete die Menschen und versuchte herauszufinden, wie sie ticken und wie sie sich von den Schweizern unterscheiden. Ich achtete, wie ich es mir angewöhnt hatte, weiterhin auf meine Ernährung, und es war es für mich richtig spannend, für mich passende Restaurants zu suchen. Ich wollte schließlich keine Fritten essen, sondern mich gesund ernähren. Schon nach wenigen Tagen durchstöberte ich unzählige Internet-

portale nach Wohnungen und Apartments und schaute mir etliche an. Eine Wohnung gefiel mir richtig gut, und ich hätte sie sogar haben können. Ich hatte den Vertrag bereits in den Händen und hätte nur noch unterschreiben müssen … Plötzlich breitete sich jedoch ein merkwürdiges Gefühl des Widerwillens in mir aus. Es war mir in diesem Moment nicht möglich, meine Unterschrift unter den Mietvertrag zu setzen. Ich konnte förmlich den Stift nicht heben. Und ging. »Und jetzt?«, fragte ich mich. Von einem Moment auf den anderen kam das tiefe Verlangen in mir auf, einfach für eine Weile allein zu sein. Ich mietete einen Camper Van und fuhr los, um die Nordinsel zu erkunden. Es war noch Vorsaison, und so begegnete ich kaum anderen Reisenden. Was perfekt für mich war. Denn ich fühlte mich nicht allein. Dadurch, dass ich mich voll und ganz von meinem Gespür, meinen Gefühlen und meiner inneren Stimme leiten ließ und meinen Verstand ausschaltete, wurde es mir nach und nach möglich, den Kontakt zu meinem tiefsten inneren Kern herzustellen und diese enorme Kraft, die dort verborgen liegt, für einen kurzen Augenblick zu spüren. Ich begann die Angst, vor der ich nun ja schon länger wegrannte, wirklich vor mir zu sehen und zu spüren. Ich übernahm die volle Verantwortung für mich selbst. Das war neu für mich.

Jeden Morgen stand ich vor Sonnenaufgang auf, übte am Strand Qigong aus dem Buch, das ich dabeihatte, meditierte, wie ich es von meinem Heiler in der Schweiz gelernt hatte, und brachte meinen Verstand zur Ruhe. Tagsüber las ich in dem Buch über Ayurveda, das mich in einer riesigen Buchhandlung an der Queen Street in Auckland angezogen hatte. Es faszinierte mich zutiefst, obwohl es eher ein Lehrbuch und in einer für mich sehr schwierigen Sprache geschrieben war. Doch irgendwie verstand ich das Konzept von Ayurveda[1]. Mir gefiel, dass es nicht nur um das Wissen über den Körper, sondern auch um das Wissen über das Leben ging. Ich erfuhr nicht nur einiges über die ayurvedische Medizin, sondern auch viel über mögliche psychische Zusammenhänge. Das Buch machte mich darauf aufmerksam, dass hinter einer Krankheit mehr steckt als das Symptom, das wir im Körper wahrnehmen. Es zeigte mir, dass die Ursachen meistens auf einer anderen Ebene zu finden sind, ähnlich wie der Heiler es mir auch schon erklärt hatte. Aus mir unerklärlichen Gründen war mir das Geschriebene sehr nahe, beinahe so, als würde ich tief im Herzen bereits alles wissen.

Vielleicht hatte ich ja damit begonnen, all die jahrelang unterdrückten Emotionen und Gefühle endlich ein Stück weit aus mir herauszulassen. Auf jeden Fall wechselte meine Stimmung damals mitunter mehrmals täglich. Mal war ich gut gelaunt und glücklich, dann wieder wütend, verängstigt und traurig. Auch kam die Angst, früh sterben zu müssen, immer wieder hoch. Ich hatte schon länger einen leicht vergrößerten Lymphknoten an der linken Leiste, der mir große Sorgen bereitete, denn es hätte sich dabei ja wieder um einen Tumor handeln können. Ganz egal, was ich hatte, seit meiner ersten Krebserkrankung schoss mir immer als Erstes der Gedanke »Krebs« durch den Kopf, wenn ich irgendwo an meinem Körper etwas Ungewöhnliches fand. Hinzu kam, dass dieser Knoten sich sehr oft bemerkbar machte – als wollte er mir eine Botschaft senden. Er kribbelte, juckte und schmerzte manchmal. Und wenn ich richtig aufgeregt war, konnte ich durch ihn sogar meinen eigenen Puls spüren. Eines Abends, als die Sonne am Horizont hinter einem Schleier von Wolken verschwand und den Himmel in ein unbeschreiblich schönes, orange schimmerndes Bild verwandelte, saß ich auf einer Klippe und war völlig in meine Gedanken versunken. Die Klippe war sicherlich mehr als 15 Meter hoch, unten ragten spitze Felsen Richtung Himmel aus dem Wasser. Wie jeden Abend, wenn die Dunkelheit hereinbrach, stieg eine Mischung aus Angst, Unsicherheit, Trauer und Wut in mir hoch. Die bedrückenden Gefühle, die mir manchmal fast die Luft zum

Atmen nahmen, waren diesmal stärker und intensiver als jemals zuvor, sie schienen die absolute Kontrolle über mich übernehmen zu wollen. Etwas in mir zwang mich, aufzustehen und langsam bis fast an den Rand der Klippe zu gehen. Ich schloss die Augen, spürte den leichten Wind in meinen Haaren – und konnte plötzlich alles nicht mehr ertragen. Tränen liefen meine Wangen hinunter, und mit geschlossenen Augen bewegte ich mich einen Schritt vor, sodass ich jetzt ganz am Rand der Klippe stand. Meine Zehen ragten schon leicht über den Abgrund, und ich wollte nichts anderes mehr tun, als mich ins Leere fallen zu lassen. In meinem Kopf hatte ich bereits mit dem Leben abgeschlossen, dem Universum gedankt und mich von der Welt verabschiedet, in meiner Vorstellung hatte ich den letzten Schritt schon getan und war von dieser Klippe in den Tod gestürzt. Doch als ich meinen rechten Fuß hob, um meinem Leben und dem Leid wirklich ein Ende zu setzen, stieß mich etwas wie von Geisterhand zurück. Geschockt riss ich die Augen auf und sah in Sekundenschnelle mein Leben an mir vorbeiziehen, schnell und kraftvoll, zerstörerisch, aber präzise. Da wusste ich: Die Zeit war noch nicht reif für mich. Ich ließ mich zu Boden fallen und brach erneut in Tränen aus. Schluchzend saß ich da, allein und verlassen. Eine lange Weile blieb ich dort so sitzen und ganz allmählich versank ich in einer tiefen innerlichen Ruhe. In dieser Stille spielte sich der ganze Tag noch einmal vor meinem inneren Auge ab, und auf einmal sah ich nicht nur meine Vergangenheit, sondern auch meine Zukunft breitete sich vor mir aus. Ich sah mein zukünftiges Selbst, lebendig, geborgen, gemeinsam mit anderen, auf einem Weg des Friedens. Voller Verwirrung wandte ich mich an das Universum und fragte es: »Warum, warum ich, was willst du von mir?« Ohne etwas gegessen zu haben, legte ich mich kurz darauf vor meinen Van auf den Boden, wickelte mich in meinen Schlafsack, schloss die Augen und fiel in einen tiefen, festen Schlaf.

Die Antwort auf meine Frage kam, schneller als gedacht, im Traum: Ich saß am Rand eines Wasserfalls, der von hoch oben hinabstürzte, Lianen und Bambus und andere exotische Pflanzen wuchsen rund um meinen Sitzplatz. Plötzlich wurde das Rauschen leiser, und ich hörte eine sanfte Stimme, die ganz liebevoll zu mir sprach: »Alles hat seine Richtigkeit. Eine große Aufgabe steht dir noch bevor. Der erste Schritt ist, zu entscheiden, was du mit deinen Erfahrungen machen wirst und ob du leben oder sterben willst. Wähle mit Bedacht. Alles, was du für deine Entscheidung benötigst, liegt in deinem Herzen. Folge diesem Gefühl, dem du bis hierher gefolgt bist, und du wirst wissen, was du zu tun hast.« Ich schrieb den Traum samt Botschaft auf, wie ich es seit geraumer Zeit mit all meinen Träumen nach dem Aufwachen tat, aber die Kraft, die in jedem von uns steckt, war mir damals in Neuseeland noch nicht wirklich bewusst. Deshalb schenkte ich diesem Traum nicht viel Aufmerksamkeit. Klar war mir allerdings, dass noch viel zu tun war und dass ich ein Geschenk bekommen hatte. Ich hatte wirklich von der Klippe springen wollen, doch etwas hatte mich daran gehindert. Und dieses Etwas war das Leben!

Eine deutliche Botschaft

Drei Wochen fuhr ich insgesamt mit meinem Van durch den grünen Norden Neuseelands mit seinen Bergen, Seen und Stränden, wo ich die wohl atemberaubendsten Sonnenuntergänge meines Lebens beobachtete. Dann war es Zeit, nach Auckland zurückzukehren. Ich wusste nach wie vor nicht, was ich nun tun sollte. Ich wusste nur, dass mich die Fragen »Was tue ich hier? Wofür lebe ich? Was hat mich nach Auckland gebracht? Was ist der Sinn meines Lebens?« umtrieben. Ich mietete mich in ein Hotel ein, wanderte erneut tagelang in der Stadt umher, ging nachts in Bars und Klubs und versuchte Leute kennenzulernen. Wenn ich hierbleiben wollte, wovon ein Teil von mir immer noch überzeugt war, musste ich ja unter Menschen kommen, sonst würde ich mich nie eingliedern können. Die Wende brachte ein weiterer Traum. An jenem sternklaren Abend saß ich noch ein wenig auf meinem Balkon und sah plötzlich eine Sternschnuppe. So wie ich es gewohnt war, wünschte ich mir etwas, nämlich, dass mein Leben wieder einen Sinn ergab. Dies war das Einzige, wonach ich mich damals aus tiefstem Herzen sehnte. Danach ging ich ins Bett. Mitten in der Nacht erwachte ich, merkte aber sehr schnell, dass ich mich in einem Traum befand. Denn ich konnte mich nicht bewegen, war wie gelähmt, und dennoch fühlte sich alles unglaublich leicht und schwerelos an. Es war, als würde ich von einer Dimension zur nächsten schweben. Ich spürte eine enorme Kraft, die mich und das Hotelzimmer erfüllte. Plötzlich erschien aus der Dunkelheit eine schwarze, formlose, schimmernde Gestalt, deren große, weiße Augen mich funkelnd und leuchtend wie der hellste Stern am Himmel anblickten. Ich spürte keine Angst oder Furcht, sondern war fasziniert von dem Anblick, der sich mir bot. Anfangs befand sich die Gestalt direkt an der Wand vor meinem Bett und schwebte langsam von links nach rechts. Nach kurzer Zeit näherte sie sich mir. Sie kam immer näher, bis sie ganz dicht vor meinem Gesicht war. Allmählich wurde mir doch etwas mulmig zumute, aber ich konnte mich noch immer nicht rühren. Auf einmal berührte mich das Wesen an all meinen Hunderten Lymphknoten, und ich konnte spüren, wie es ganz besonders den Knoten in meiner linken Leiste sanft streichelte. Ohne dass es laut sprach, hörte ich seine Worte, und diese ließen mich erstarren. Es sagte: »Alles ist gut, mein Kind, du musst keine Angst mehr haben. Es ist Zeit, dass du etwas unternimmst und dich deiner Aufgabe stellst. Folge dir selbst dahin, wo dich dein Herz hinführt. Wenn du aber weiterhin vor dir selbst flüchtest, deine Krankheit als einen Fluch ansiehst und der Welt die Schuld daran gibst, wirst du sterben.« Und das

Wesen verschwand, so, wie es aus dem Nichts hervorgekommen war, wieder in der Dunkelheit. Dann wachte ich, diesmal richtig, auf, und es war mir unmöglich, wieder einzuschlafen. Es war vielleicht zwei Uhr früh, ich wickelte mich in meine Decke, setzte mich erneut auf den Balkon und versank in meinen Gedanken. Dieser Traum, der sich für mich wie eine Fantasie und zugleich wie die pure Kraft der Realität und Wahrheit anfühlte, veränderte meine Sicht auf Leben und Tod. Er bewegte mich schließlich dazu, definitiv alles, was ich bis dahin in meinem Leben für wichtig gehalten hatte, zu vergessen und hinter mir zu lassen. Es zumindest zu versuchen. Eine neue Realität begann in dieser Nacht in mir Gestalt anzunehmen. Dieser Traum hat für mich bis heute mehr Gewicht als alles, was ich auch später noch erlebt und kennengelernt habe. Illusion oder Wahrheit? Egal. Für mich fühlte es sich auf jeden Fall in dieser Nacht nicht an wie ein Traum, aber auch nicht wie die Realität. Es war neu! Es war wirklich!

Ich frühstückte später in dem netten Café gleich um die Ecke, wo es das beste mit Käse gefüllte Omelett gab, das ich je gegessen hatte. Ich dachte immer noch über den Traum nach, und mir war völlig klar, dass er eine Botschaft an mich selbst war, die aus einer anderen Dimension meines Bewusstseins zu mir gekommen war. War er Teil meines Verarbeitungsprozesses? Oder war diese Nachricht wirklich eine Offenbarung des Universums an mich, sodass ich meinem Leben einen wahren Sinn verleihen konnte? Oder war dieser Traum eine Lektion, um etwas Wichtiges zu lernen? Statt zu analysieren, hörte ich – wie das Wesen es mir geraten hatte – auf meine Gefühle. Sie sagten mir ganz deutlich: Es war eine Nachricht an mich, um endlich zu erwachen und nicht länger vor mir selbst zu flüchten. Ich verstand, dass ich nicht »einfach so« bereits zweimal Krebs bekommen hatte, um dann mit 24 Jahren zu sterben. Mir wurde bewusst, dass ich mich selbst um mich kümmern musste und meine Vergangenheit neu betrachten sollte. An diesem herrlichen Frühlingstag in Auckland, als ich nach dem Frühstück am Pier entlanglief, um die großen Kreuzfahrtschiffe zu beobachten, entschied ich mich – ganz meinem inneren Gespür vertrauend –, möglichst bald wieder nach Hause zu fliegen. Ich wusste nun, dass ich mich komplett neu orientieren musste, um wirklich Frieden finden zu können. Vielleicht hat auch der Gedanke an meine schwer kranke Mutter mir die Entscheidung ein wenig erleichtert. Dennoch: Diese innere Klarheit nahm ich mit aus den vergangenen Wochen mit all ihren Erfahrungen.

DER RUF NACH HAUSE

Als ich von Neuseeland mit der Klarheit zurückkam, dass ich mich komplett neu orientieren musste, um wirklich Frieden finden zu können, wusste ich noch nicht, dass ich bald wieder verreisen würde. Letztlich verbrachte ich nur einen Monat zu Hause. In diesen Wochen wurde die innige Verbundenheit mit meiner Mutter noch tiefer. Wir lachten, kochten und verbrachten viel Zeit zusammen. Es fühlte sich so an, als brauchten wir uns mehr denn je. Außerdem meditierte ich sehr viel. Oftmals saß ich nachts mit einem Kissen und einer brennenden Kerze auf meinem Balkon, blickte ins Universum hinaus und bat diese unendliche Kraft, mir zu helfen. Mir war klar, dass ich mich reinigen musste, körperlich wie geistig. Doch wie macht man so was? Die Antwort brachte das zweite Buch über die Philosophie des Ayurveda, das ich in dieser Zeit las. Bei einem Spaziergang durch den Wald vor unserer Haustür wusste ich auf einmal, was ich zu tun hatte: Ich würde ein authentisches Ayurveda-Zentrum in Indien aufsuchen, auch um mehr über Ayurveda zu erfahren, da diese jahrtausendealte Philosophie mich mittlerweile zutiefst interessierte. Plötzlich war Indien ganz nah, und in mir kehrte Ruhe ein. Es war schon seltsam. Ich hatte bisher nie nach Indien reisen wollen, denn das, was ich darüber gehört hatte, hatte mich eher abgestoßen. Aber nun brachte mich irgendetwas (das Universum?) genau dorthin.

Ende November 2014 brach ich auf. Wieder fuhr meine Mutter mich zum Flughafen, wieder saßen wir bei Starbucks, wieder musste ich mich von ihr verabschieden. Ich fragte sie noch ein letztes Mal: »Ist es wirklich in Ordnung, wenn ich gehe und ich dich allein lasse?« Sie blickte mich liebevoll an und meinte nur: »Ja Yveli, es ist alles gut. Ich schaffe das schon. Ich hoffe, du findest, wonach du suchst.« Wie immer unterstützte sie mich auch diesmal und machte mir Mut, meinem Herzen zu folgen. Mit einer letzten Umarmung verabschiedeten wir uns, und ohne mich nochmals umzublicken, verschwand ich im Transitbereich des Flughafens. Im Grunde war es dieselbe Situation wie vor meinem Abflug nach Neuseeland. Aber im Gegensatz zu damals war ich diesmal nicht auf der Flucht vor mir selbst, sondern ich wusste ganz tief, dass ich nun wirklich den ersten echten Schritt auf meinem Heilungsweg machte. Mir war egal, dass viele Menschen in meinem Umfeld meine Beweggründe nicht verstanden. Denn ich musste weg, das spürte ich bis tief in jede einzelne Zelle hinein. Mein Glaube an etwas Größeres, den ich schon lange hatte, war für mich sehr unterstützend. Ich wusste tief in mir drin, dass es für mich mehr zu entdecken und erkennen gibt als das, was ich bis dahin erblicken konnte. Ich ließ dafür jedoch nicht nur meine Mutter zurück, sondern auch meine Familie, meine Freunde, mein Restaurant und meine Freundin, von der ich mich vor der Abreise endgültig getrennt hatte.

Ruhe, Zuversicht und eine große Freude erfüllten mich. Indien fühlte sich einfach richtig an. Alles war anders als bei den Reisen zuvor, alles war irgendwie offen, und ich hatte keinerlei Erwartungen. Ein unglaubliches Gefühl von Weite und Grenzenlosigkeit durchströmte mich. In Trivandrum, der Hauptstadt des indischen Bundesstaates Kerala, wurde ich bereits von einem Taxi des

Ayurveda-Zentrums erwartet. Einerseits war ich innerlich sehr gelassen, andererseits auch aufgeregt und überwältigt, als ich zum ersten Mal indischen Boden betrat. Auf eine merkwürdige Art und Weise fühlte ich mich sofort zu Hause. Ich gehorchte endlich meiner inneren Stimme, die tief aus meinem Herzen zu mir sprach und der ich bis in dieses Land gefolgt war.

Müde von der Reise und hungrig stand ich dann an der Rezeption des Zentrums. Auf der Veranda davor saß ein atemberaubend schönes Mädchen und las in einem Buch. Auf einmal blickte sie auf und lächelte mich an. Mir blieb kurz die Luft weg, und ich konnte meine Augen kaum von ihren lösen. Ihr Blick hatte mich mitten ins Herz getroffen. Trotz meiner Müdigkeit gelang es mir zurückzulächeln. Wow, was für ein Empfang! Die Rezeptionistin begleitete mich zu meinem Bungalow. Ich sprang schnell unter die Dusche, warf mich dann auf das weiche, frisch bezogene, mit Lotusblüten bedeckte Bett und schlief erst einmal ein paar Stunden tief und fest.

Kurz nach Mittag war ich wieder quicklebendig und ging in den Speisesaal zum Buffet, wo ich zunächst noch essen durfte, was ich wollte. Nach dem Mittagessen hatte ich die erste Konsultation bei dem ayurvedischen Arzt, der mich während meines Aufenthalts behandeln würde. Er war mir sofort sympathisch und wirkte auf mich wie ein zufriedener alter Mann, der Freude hat an dem, was er tut. Er lächelte mich warmherzig an und untersuchte mich dann gründlich. Nachdem er meinen Puls nach traditioneller Art gemessen hatte, sah er sich meinen ganzen Körper genauestens an, wobei er besonderes Augenmerk auf meine Zunge und meine Augen legte. Außerdem musste ich diverse Fragen über mein Leben, meine derzeitige Situation und meine Krankheitsgeschichte beantworten. Nach etwa einer Stunde war mein Programm für die Entgiftungs- und Reinigungstherapie, Panchakarma[1] genannt, für die kommenden 28 Tage zusammengestellt. Anschließend bekam ich eine zweistündige Ganzkörpermassage. Mit dem Panchakarma würden wir erst am nächsten Morgen beginnen.

Theoretisch wusste ich ja aus Büchern schon ein wenig, wie eine ayurvedische Kur abläuft. Nun war ich gespannt, wie es tatsächlich sein würde, und freute mich auf das Neue. Mein Tagesablauf war sehr strikt: Um 7.00 Uhr begann der Tag mit speziellen Atemübungen aus dem Yoga und mit Meditation. Von 8.00 bis 9.30 Uhr folgte Yoga-Unterricht. Danach gab es Frühstück – was ich während meines Aufenthalts essen durfte und was nicht, war genau festgelegt. Um 10.15 Uhr gab es eine weitere Meditationsstunde und Kundalini-Yoga, das die Chakras[2] im Körper stimulierte. Von 11.00 bis 14.00 hatte ich meine individuellen Anwendungen: Drei Therapeuten behandelten mich abwechselnd, täglich besuchte ich meinen Ayurveda-Arzt, um den vergangenen und den bevorstehenden Tag zu besprechen. Nachmittags wurde eine weitere (freiwillige) Yogastunde angeboten, an der ich meistens teilnahm, da ich inzwischen sehr großen Spaß an Yoga fand. Der Yoga half mir, mich auf mich selbst zu konzentrieren. Die restliche Zeit genoss ich die Ruhe und Stille in dem kleinen Vorgarten meines Bungalows. Die vielen Pflanzen um mich herum, die ruhige und gelassene Atmosphäre und die kraftvolle Energie, die dieser Platz ausstrahlte, beruhigten mich sehr. Vögel zwitscherten, die Sonne schien zwischen den Blättern hindurch, im Hintergrund war das Rauschen des Meeres zu hören. Ich war einfach am richtigen Ort. Ruhe kehrte, zumindest für Momente, in meine Gedanken ein. In diesem Vorgarten begann ich eines Nachmittags damit, dieses Buch zu schreiben. Etwas in mir wollte meinen Weg dokumentieren, ihn aufschreiben. Wo vorher nur Schmerz gewesen war, waren jetzt Zuversicht und ein inneres Wissen, das mit anderen Menschen geteilt werden wollte.

Als ich abends in den Speisesaal kam, saß dort das wunderschöne Mädchen, das mich morgens angelächelt hatte, mit seiner

Mutter am Nebentisch. Ihre Ausstrahlung hatte mich vom ersten Augenblick zutiefst fasziniert, und mein Herz klopfte bei ihrem Anblick wie verrückt. Ich wollte sie unbedingt kennenlernen und hatte schon beim Mittagessen bemerkt, dass auch sie immer wieder zu mir herübersah. Diesmal sprach ich sie an, ich konnte einfach nicht anders. Ich glaube, sie hatte bereits darauf gewartet. Ich konnte kaum den Satz beenden, da willigte sie schon ein, mit mir noch einen Tee zu trinken. Wir setzten uns auf eine Bank ganz nahe am Meer, blickten gemeinsam zu den Sternen und redeten und redeten, die halbe Nacht lang. Schon seit unserem ersten Blickwechsel bei meiner Ankunft fühlte ich mich ihr unglaublich nahe. Ihre langen, leicht welligen Haare dufteten nach Rosenblüten und Lavendel, ihre Gesichtszüge waren sanft, ihr Blick, der nach Freiheit zu schreien schien, fesselte mich. Sie sah wunderschön aus in ihrem weißen Abendkleid, ich fühlte mich fast wie in einem Märchen. Manvire erzählte mir, dass sie Inderin ist, mit ihrer Familie in Kanada lebt – und am nächsten Tag in ihre Heimat zurückfliegen würde. Das Universum meinte es jedoch gut mit uns und schenkte uns noch etwas mehr Zeit zusammen. Denn die Fluggesellschaft in Delhi streikte, und so konnte sie erst mit einem Tag Verspätung abreisen. Ihre Mutter nutzte die Zeit, um noch Verwandte zu besuchen, Manvire war also bis zur endgültigen Abreise alleine im Zentrum, und wir konnten »unbeaufsichtigt« tun, was wir wollten. Wir verbrachten den ganzen Tag gemeinsam, Hand in Hand, als würden wir uns seit Jahren kennen. Es kam mir vor wie eine Ewigkeit. An diesen zwei Tagen mit ihr vergaß ich alles, das Gefühlschaos, die Vergangenheit, ich war nur in diesem Moment, wirklich ganz im Hier und Jetzt. Manvire gab mir das Gefühl, nicht allein auf dieser Welt zu sein. Wir teilten viele Erfahrungen und Gedanken, ich fühlte mich verstanden und geborgen.

In dieser Nacht schliefen wir gemeinsam in ihrem Bungalow, einander im Arm haltend, Kopf an Kopf, als wären wir seit eh und je zusammen und noch nie voneinander getrennt gewesen. Wie Seelenverwandte. Noch nie in meinem Leben hatte ich eine solche Zuneigung zu einer Frau verspürt. Es ging nicht um Sex, sondern nur um das Zusammensein. Vorher habe ich mit Mädchen vor allem meine Sexualität ausgelebt, mit Manvire habe ich Liebe gelebt. Diese Liebe zueinander konnte keiner von uns richtig erklären, aber das war auch nicht wichtig. Am nächsten Morgen bei Dämmerung verließ Manvire das Ayurveda-Zentrum. Ich begleitete sie noch bis zum Tor, umarmte sie und ließ sie gehen. So plötzlich, wie sie in mein Leben getreten war, so rasch verschwand sie auch wieder daraus. Dennoch werde ich diese zwei Tage nie vergessen. Sie waren unendlich wertvoll für mich.

Nach Manvires Abreise tauchte ich immer mehr in meinen Kuralltag ein. Obwohl ich mich sehr wohlfühlte, plagte mich immer noch die Sorge, mit dem Abbruch der schulmedizinischen Behandlung das Falsche getan zu haben. Die tief in mir verankerte Angst vor dem Tod übernahm jede einzelne Nacht die Kontrolle über mich. Während der ersten Woche wurden meine Ängste sogar stärker, tagsüber hatte ich wahnsinnig starke Kopfschmerzen und das Gefühl, mein Kopf würde jeden Augenblick auseinanderreißen. Nachts kamen sie ebenfalls, mal stärker, mal schwächer. Langsam dämmerte mir, dass ich nicht nur ein physisches Problem hatte, sondern ein noch viel größeres, tief verborgen in meinem Inneren. Da ich alleine nicht weiterwusste, erzählte ich Anfang der zweiten Woche meinem Arzt von diesen schubweise auftretenden rasenden Kopfschmerzen – und von meinen Albträumen, die mich jede Nacht heimsuchten und in Angst leben ließen. Doch er meinte nur: »Alte Wunden brauchen Zeit, um geheilt zu werden.« Ich begriff, dass der Krebs nur die Spitze eines Eisbergs war. Es gab offenbar noch viel mehr, was bearbeitet werden musste. Mein ganzes bisheriges Leben wollte angeschaut werden, vieles war noch unverdaut und musste von mir noch bewältigt werden. Und das brauchte Zeit. Außerdem gestand ich mir ein, dass ich oft mir selbst gegenüber nicht ehrlich (gewesen) war, und realisierte, dass es wichtig war, nach den Gründen dafür zu schauen.

Mit einem der drei Yogalehrer, er war fast dreimal so alt wie ich, verstand ich mich besonders gut. Nachdem ich mit meinem Arzt über meine Kopfschmerzen und die Angst gesprochen hatte, bat ich ihn eines Morgens nach dem Unterricht um ein Gespräch. Er willigte sofort ein, und so erzählte ich nun auch ihm von meinen Krebserkrankungen, meiner Familie und den vielen Ängsten und erdrückenden Gedanken, die mich plagten und verfolgten. Einfach von allem. Er hörte mir aufmerksam zu und bat mich dann mit seiner sanften, warmen Stimme, mich hinzulegen, die Augen zu schließen und ruhig und langsam tief in meinen Bauch zu atmen. Eine ganze Weile lag ich so da, versuchte mich nur auf meine Atmung zu konzentrieren und spürte mit der Zeit warme Energieströme, die durch meinen ganzen Körper flossen. Währenddessen berührte der Yogalehrer mich sanft an meiner Stirn, genauer gesagt, dem dritten Auge, meiner Brust in Höhe meines Herzens, an meinem Bauch, dem Rücken und meinem Hinterkopf. Ich genoss die Berührungen sehr, es kam mir vor, als würde dabei Licht in mich eindringen. Nachdem er mich behandelt hatte, unterhielten wir uns noch eine Weile über Yoga und Pranayama, und er zeigte mir Achtsamkeitsmeditationen[3] und spezielle Übungen für die Chakras, sogenannte Chakra Sadhanas[4], die ich dazu nutzen konnte, meine Energie im Körper zu erhöhen. In diesem Gespräch sagte mir auch jemand zum ersten Mal, dass ich meinen Gedanken nicht hilflos ausgeliefert bin. »Mein Kind, es ist nichts Schlimmes, Gedanken zu haben oder Angst zu empfinden«, erklärte er mir. »Doch darfst du eines nie vergessen: Gedanken sind nichts weiter als Gedanken. Sie kommen, wenn wir es zulassen, und gehen, wenn wir darum bitten. Die Angst ist keine wirkliche Furcht, sondern ein unkontrollierter Gedanke, der sich rücksichtslos deines Geistes bemächtigt hat. Sie alle kommen in unser Bewusstsein, meist von uns gedacht, ohne Grund, doch genauso wie sie kommen, dürfen wir sie auch wieder gehen lassen. Gedanken können dir nur schaden, wenn du es zulässt.«

Seine Worte waren wie eine Offenbarung für mich. Ich verstand auf einmal, dass man Gedanken nicht zwingend festhalten muss und ihnen Macht gibt, wenn man es tut. Die Entscheidung lag also anscheinend bei mir, und diese Vorstellung faszinierte mich sehr. Natürlich verschwanden meine Gedanken nicht von jetzt auf gleich. Aber nach und nach zeigte eine Übung, die er mir dazu gegeben hatte, Wirkung. Wie von ihm empfohlen, stellte ich mir jedes Mal, wenn wieder negative, dunkle Gedanken an mir zerrten, rechts von mir einen Papierkorb vor, in dem ein Feuer brannte. Dann nahm ich all die Gedanken, die ich nicht haben wollte, an, erhellte sie mit Liebe und Licht und warf sie anschließend sorglos in diesen Korb. Durch die transformierende Macht des Feuers, hatte mir der Yogi erklärt, würden sie einfach verschwinden, so wie sie gekommen waren. Je öfter ich meine quälenden Gedanken ins Feuer warf und mich selbst noch dazu mit Licht umhüllte, wie er es mir außerdem geraten hatte, desto leichter fiel mir mein Alltag. Ich hätte vorher nie gedacht, dass eine so einfache Übung so viel bewirken kann. Selbst meine Kopfschmerzen verschwanden nach den Übungen für eine Weile. Ab diesem Tag begann ich im Schnellkurs zu lernen, weil ich tief in mir einen Drang danach verspürte, dem Ganzen endlich auf den Grund zu gehen.

Ich hätte nicht gedacht, dass ich jemals nach Indien kommen würde. Vor allem nicht in ein Ayurveda-Zentrum. Nun bin ich aber hier, und es fühlt sich richtig an. Dies ist MEINE Reise, und sie wird mein Leben verändern. Das kann ich irgendwie spüren. Seit ich mich dafür entschieden habe, spüre ich mehr Ruhe und ein Gefühl von Sicherheit in mir. Ich will

mich selbst finden, verstehen, wer ich bin und was ich mit
meinem Leben anfangen soll. Ich bin meines alten Lebens
müde, des Kochens und des Stark-Seins. Ich möchte nicht
mehr einen Status erreichen müssen. Ich bin müde und will
nicht mehr dahin zurück. Ich will einfach nur glücklich und
zufrieden sein. Das ist alles, was ich wirklich will.

Ayurveda-Zentrum   *Dezember 2014*

In dem Ayurveda-Zentrum traf ich noch viele unglaublich nette
Menschen. Mittags und abends saßen wir im Speisesaal an einem
großen Tisch zusammen, ich war mit meinen 24 Jahren der Jüngs-
te von unserer Runde, der Älteste war 80 Jahre alt. Von Naturheil-
praktikern, Akupunkteuren und Psychotherapeuten bis hin zu
Life-Coaches, Autoren, Malern und Apothekerinnen war alles dabei. Was mich total faszinierte, war, dass wir nicht über Belang-
losigkeiten redeten, sondern uns über das richtige Leben aus-
tauschten, über unsere Erfahrungen, unsere Gefühle, es war so
ganz anders als das, was ich von Kneipengesprächen kannte. Wir
waren fast schon eine kleine Familie, die stundenlang am Tisch
zusammensaß. Jeder akzeptierte den anderen so, wie er eben wirklich war. Keiner urteilte über den Tischnachbarn, und so konnten
wir wunderbare Gespräche führen. Zu unserer »Familie« gehörte
auch Karl. Er war damals 78 Jahre alt und hatte ein, in meinen
Augen, unglaubliches Leben gelebt: Er war früher Mitglied vieler
geheimer Orden, unter andern der Rosenkreuzer, gewesen, hatte
Bücher über das Universum, den Tod und Mantras der Kraft[5]
geschrieben und lange Zeit bei Schamanen im brasilianischen
Regenwald verbracht und sich von ihnen unterweisen lassen. Für
mich war es unglaublich spannend, seinen Geschichten zu folgen.
Ich versuchte, möglichst viel Zeit mit ihm zu verbringen, und er
wurde ein wichtiger Begleiter für mich in diesen vier Wochen, die
wir gemeinsam im Ayurveda-Zentrum waren. Besonders fesselten

mich seine Erzählungen über seine Zeit bei den Schamanen und seine Erfahrungen mit Ayahuasca. Durch ihn kam ich mit Schamanismus in Berührung und wurde neugierig, er hat mich »gwundrig« gemacht, wie wir in der Schweiz sagen. Am liebsten wäre ich gleich nach Südamerika gereist, um mich in die Hände solcher Schamanen zu begeben und selbst Erfahrungen mit bewusstseinserweiternden Pflanzen zu machen. Doch diese Idee unterstützte Karl überhaupt nicht. Im Gegenteil! »Du bist noch nicht bereit für ein solches Erlebnis«, meinte er. »Wenn die Zeit reif ist, wird der Geist der Pflanzen dich von allein finden.« Nicht gerade die Antwort, die ich hören wollte. Geduld war damals noch nicht die von mir am besten entwickelte Tugend. Aber ja, ich hörte auf ihn und vergaß dieses Ayahuasca schon sehr bald wieder.

Während der vier Wochen im Ayurveda-Zentrum hatte ich neben den Behandlungen, den regelmäßigen Yogaübungen und den Gesprächen mit Karl und anderen Tischnachbarn viel Zeit für mich. Ich beschäftigte mich immer mehr mit meinem Inneren, übergab drückende Gedanken dem Feuer und lernte in dieser Zeit vieles über mich. Ich begann immer mehr aufzublühen, mein Herz wurde immer weiter, ich konnte endlich wieder Liebe spüren. Auch mir selbst gegenüber. Jahre hatte ich damit verbracht, unglücklich zu sein, und es war mir nicht einmal aufgefallen. Erst seit ich meiner inneren Stimme folgte, wurde mir klar, was ich die ganze Zeit über vergessen hatte: mir selbst Zuneigung und Liebe zu schenken. Glücklicherweise bekam ich diese neue Chance und nutzte sie von ganzem Herzen.

Alles muss so sein

Immer mehr ergaben die Ereignisse aus der Vergangenheit, der damit in Zusammenhang stehende Krebs und diese Reise nach Indien, einen Sinn für mich. Mir wurde bewusst, dass der Krebs, der

Wunsch, in Neuseeland von der Klippe zu springen und meine Träume voller Botschaften mich genau hierhin geführt hatten. Die letzten Tage im Ayurveda-Zentrum rückten näher, und ich fing an, darüber nachzudenken, wohin ich anschließend gehen wollte. Als spontaner Mensch, der seine Meinung innerhalb von wenigen Sekunden ändern kann und dann voller Überzeugung auf das Neue zugeht, fällt es mir bis heute schwer, für längere Zeit im Voraus zu planen. Aber irgendeinen Plan brauchte ich ja erst einmal. Eine Möglichkeit war, Freunde, die über Silvester in Thailand sein würden, zu treffen. Ich spielte ernsthaft mit dem Gedanken nach Thailand zu fliegen, und war mir fast schon sicher, dass ich dies auch tun würde. Kurz bevor ich mich endgültig entscheiden musste, fragte ich aus einem inneren Gefühl heraus Karl um Rat. Während wir, wie schon häufiger, nebeneinander auf der Veranda vor seinem Bungalow saßen, erzählte ich ihm erstmals meine ganze Lebensgeschichte und dass ich nicht sicher war, wie es weitergehen sollte. Er hörte mir aufmerksam zu, urteilte nicht, was mir guttat, und sagte nach einer Weile: »Du brauchst viel Ruhe, um deine tiefen Wunden zu heilen. Hektik und Stress musst du unbedingt vermeiden. Höre auf dein Herz. Folge deiner inneren Stimme und lasse dich von äußeren Einflüssen nicht irreleiten. Kannst du das?« Das waren genau die Worte, die ich in jenem Moment brauchte. Ich wusste aus dem Bauch heraus, dass ich meine Reise in Indien fortsetzen und nicht nach Thailand fliegen sollte, um dort mit meinen Freunden Party zu machen. Zum Abschied gab er mir das Rohmanuskript seines letzten Buchs *Mantras der Kraft*, das er gerade geschrieben hatte, und sagte: »Ich bin mir sicher, dieses Buch wird dir weiterhelfen.« Und er hatte recht. Es eröffnete mir Schritte in eine wieder andere, neue Welt und wurde sehr wichtig für mich – mittlerweile habe ich es ein paarmal gelesen. Überhaupt hatte ich angefangen, viel zu lesen, über alles Mögliche, zum Beispiel über Reiki, ein Thema, das mich ebenfalls faszinierte.

Ich hörte also auf meinen Bauch und beschloss, in Indien zu bleiben. Aber wo genau? Am nächsten Morgen saß ich am Meer und studierte die Landkarten-App auf meinem Smartphone. Die Stadt Kochi sprang mir ins Auge, und innerhalb von Sekunden entschied ich mich, dorthin zu reisen, und buchte kurz entschlossen ein Hotelzimmer. Ich wusste nichts über diese Stadt, hatte keine Ahnung, was mich dort erwarten würde, trotzdem war ich mir ganz sicher, dass ich die richtige Wahl getroffen hatte. Drei Tage vor meiner Abreise fing ich auf einmal an, meine Entscheidung zu überdenken. Wieso eigentlich Kochi? Was wollte ich denn dort? Vielleicht sollte ich doch eher nach Varkala, ebenfalls an der Küste gelegen, das sich in einer an der Rezeption ausliegenden Broschüre so ansprechend präsentierte? Da kam mir aber das Sprichwort in den Sinn:»Der erste Gedanke ist immer der richtige.« Also beließ ich es bei Kochi und vergaß Varkala – für den Moment zumindest.

Das zentrumeigene Taxi fuhr mich am Abreisetag zum Hauptbahnhof in Trivandrum, und auch wenn ich zuvor bereits beinahe ein Jahr in Asien verbracht hatte, war dieses Erlebnis wieder völlig neu für mich. Indien war so ganz anders als Thailand oder Vietnam. Der Bahnhof war komplett überfüllt. Überall Menschen, Rauch stieg von den Zügen hinauf zur Decke, und an jeder Ecke hörte ich nur »Chai Tea! Chai Tea!«. Es roch streng nach einem Gemisch aus Curry, abgestandener Luft und Schweiß. Nach vier Wochen purer Erholung, Seelenfrieden und Ruhe war ich von der Hektik und den Menschenmassen fast überfordert. Ich musste mich erst einmal zurechtfinden und nach langem Suchen fand ich schließlich den richtigen Zug, der in Richtung Ernakulam, der großen Vorstadt der Hafenstadt Kochi, fuhr. Endlich im Zug entspannte ich mich und nach kurzer Zeit genoss ich dieses Abenteuer. Denn genauso fühlte es sich an. Ich liebte es. Ich war anscheinend der einzige weiße Tourist in diesem Zug, um mich herum nur Inder, die sich neben mich setzten und mich mit allen möglichen Fragen bombardierten:»Woher bist du? Was tust du hier? Wohin fährst du? Warum Indien? Gefällt es dir hier? Wie viel verdienst du in deinem Land?« Die fünf Stunden Fahrt nach Ernakulam vergingen wie im Flug, mir war keine Sekunde langweilig. Die Landschaft, die vor dem Zugfenster vorbeizog, war einzigartig und neu und ebenfalls ganz anders, als ich sie von Asien bis jetzt kannte. Kokosnusspalmen, so weit das Auge reichte. Aber auch viele arme Menschen, deren Häuser nahe der Bahnlinie lagen, fielen mir ins Auge. Die Häuser sahen heruntergekommen aus, die Erde auf den Äckern war dürr und trocken, die Armut dieser Menschen berührte mich.

Von Ernakulam, einer quirligen Großstadt mit mehr als drei Millionen Einwohnern, fuhr ich mit einer Rikscha in die 30 Minuten entfernte Hafenstadt Kochi. Hier war ich am richtigen Ort, dass konnte ich sofort spüren. Es war hektisch, heiß und schmutzig, trotzdem hatte die Stadt Charakter. Neue Orte kennenzulernen war und ist für mich immer einer der spannendsten Momente, wenn ich auf Reisen bin. Das war in Kochi nicht anders. Die Hafenstadt war im 16. Jahrhundert ein wichtiger Handelsstützpunkt im damaligen Portugiesisch-Indien, was sich heute noch in der Architektur widerspiegelt – die Gebäude sind mittlerweile in einem heruntergekommenen Zustand, der den damaligen Prunk in meinen Augen aber erst richtig zur Geltung brachte. Ich lief durch die Gassen, und da ich Bargeld brauchte, blieb ich vor einem Geldautomaten stehen. Dort stand bereits ein Engländer, der ebenfalls einen Geldautomaten suchte. Weil der Automat, vor dem wir uns befanden, außer Betrieb war, kamen wir ins Gespräch, und John und ich zogen gemeinsam los, um einen anderen zu suchen. Kurz darauf standen wir vor dem zweiten Automaten, der – zu meinem»Glück«, wie sich später herausstellte – auch nicht funktionierte. Auch eine Bank, die sich in der Nähe befand, war nicht imstande, uns an diesem Tag Geld auszuzahlen. John, der schon seit einigen Tagen in der Stadt war, zeigte mir noch ein tolles Art-Café und verabschiedete sich dann. Durstig, mit knurrendem Magen und nur ein paar Rupien in der Tasche betrat ich das Kashi, was übersetzt so viel wie »inneres, göttliches Licht« bedeutet. Ein Omen, ebenso wie die defekten Geldautomaten.

Das Kashi war einerseits ein Restaurant mit europäischem Touch und zugleich eine Kunstgalerie. Vorne waren gerade abstrakte Bilder ausgestellt, aber auch das dahinterliegende kleine, farbenprächtige Restaurant war voller Kunst – und Pflanzen. Für mich sah es dort aus wie im Garten Eden und es gefiel mir auf Anhieb. In der hintersten Ecke fand ich einen freien Tisch, an den ich mich setzte. Ich bestellte mir einen Chai-Marsala-Tee, mein Lieblingsgetränk in Indien, und einen großen Salat mit Kartoffeln. Während ich auf mein Essen wartete – was durchaus dauern konnte, da Zeit in Indien eine ganz andere Bedeutung hat als bei uns im Westen –, vertiefte ich mich in das Buch über Krebs, das ich dabeihatte. Als mir auf einmal jemand auf die Schulter klopfte, zuckte ich zusammen. Vor mir stand ein groß gewachsener Inder, vielleicht Mitte 40, der wissen wollte, ob ich zufälligerweise ein Ladekabel für ein iPhone-5 dabeihätte. Ich sah ihm in die Augen und war völlig verwirrt, weil ich dort etwas erblickte, was ich noch nie zuvor gesehen hatte: eine Tiefe, die so fesselnd war, dass sie gleichermaßen beängstigend auf mich wirkte. Stockend antwortete ich ihm: »Ähh … tut mir leid, ich habe keines bei mir.« Daraufhin lächelte er und verließ das Restaurant. Ich blickte ihm nach und wie ferngesteuert griff ich nach meinem Rucksack, öffnete die Außentasche, und da war es: das iPhone-Ladekabel. Ich war völlig perplex, da ich mir zu hundert Prozent sicher gewesen war, dass ich es in meinem Hotelzimmer ausgepackt hatte, um iPad und iPod aufzuladen. Ohne weiter nachzudenken, sprang ich auf, rannte hinaus und rief dem Inder nach. »Ich habe es gefunden!« Er drehte sich um und begleitete mich wortlos zu meinem Tisch zurück. Höflich fragte er dann, ob es in Ordnung sei, wenn er sich kurz zu mir setzte. Wir machten eine Weile Small Talk, bis er plötzlich anfing, mir tiefgründige Fragen zu stellen. Dabei blickte er mit seinen intensiven Augen direkt in meine, so als würde er damit beginnen, mich von innen heraus zu lesen. Ich weiß nicht so genau, wieso ich ihm meine ganze Lebensgeschichte erzählte. Ich spürte nur, dass da etwas Besonderes war und ich mich bei ihm, so merkwürdig es vielleicht klingt, zu Hause fühlte.

Alles kam aus mir heraus in diesem kleinen Restaurant, all meine Ängste, meine Traurigkeit, mein Frust und meine Wut. Er hörte mir die ganze Zeit konzentriert zu, unterbrach mich aber, als ich tiefer auf meine Ängste eingehen wollte. »Hast du Angst vor dem Tod?«, fragte er mich und fügte etwas lauter hinzu: »Jeder Körper muss irgendwann sterben. Doch dies ist kein Grund, in Angst zu leben. Du hast Angst, weil du dich selbst nicht liebst und nicht akzeptierst, wer du wirklich bist. Fang an dich selbst zu lieben!« Oh. Und dann fragte er noch: »Weißt du überhaupt, was wahre Liebe ist?« Die Antwort blieb mir im Halse stecken, während mir eine Träne über die Wange lief. Autsch! Das saß und berührte etwas ganz tief in mir. »Du musst lernen, dich selbst zu lieben, das ist das Wichtigste überhaupt. Ohne diese Grundlage ist es nicht möglich, jemals jemand anderen zu lieben und diese Liebe zu teilen. Du kannst niemanden lieben, solange du dich selbst verachtest«, fügte er noch sehr bestimmt hinzu.

Schon bei unserem ersten Zusammentreffen zeichnete sich ab, welche Rolle Paul in meinem weiteren Leben spielen sollte. Ich hörte ihm nämlich zu, weil ich irgendwie sehr schnell realisierte, dass dieser Inder, der zwar Christ ist, aber eigentlich den Hinduismus lebt, ein wichtiger Lehrer, Vermittler, ja spiritueller Reiseführer auf meinem Heilungsweg sein würde.

Irgendwann später lehnte er sich zurück und meinte:»Ah ... Ich muss dich unbedingt jemandem vorstellen.« Ohne darüber nachzudenken, willigte ich ein. Ich spürte ein tiefes Vertrauen zu diesem merkwürdigen Inder, der mir gerade erzählt hatte, dass ich mich nicht lieben und kennen würde. Und doch schien es mir so, als würde er mich besser kennen als die meisten anderen Menschen in meinem Leben zuvor.

Der»Jemand«, dem ich vorgestellt werden sollte, entpuppte sich als Frau mittleren Alters, die wir in einem nahe gelegenen Hotel trafen.»Dieser junge Mann braucht dich!«, begrüßte Paul die Frau und verabschiedete sich dann mit den Worten, dass er im Café auf der anderen Straßenseite auf mich warten würde. Die Frau, die ich sofort sympathisch fand, stellte sich als Linda vor, ich sagte, ich sei Timo – im Ausland benutze ich meistens meinen zweiten Vornamen, der für viele leichter verständlich ist als Yves. Linda trug um ihren Hals eine große indische Gebetskette, ihre Augen funkelten, die grüne Iris leuchtete geradezu. Sie blickte mir ins Gesicht, musterte meinen Körper und wollte wissen, ob Paul mir gesagt hätte, was sie tue. Ich hob die Schultern und antwortete ihr:»Ich habe keine Ahnung, wer Sie sind, was Sie tun, und ehrlich gesagt, weiß ich selbst nicht genau, was ich hier tue. Ich weiß nur, dass Paul mich unbedingt zu Ihnen bringen wollte.« Sie lächelte und sagte, dass sie eine Reiki-Meisterin[6] und Yoga- und Meditationslehrerin sei. Sie fragte mich nach meinem Leben, ich erzählte zum zweiten Mal an diesem Abend meine Geschichte, und mittendrin kam meine Angst wieder hoch und versuchte die Kontrolle über mich zu erlangen. Linda bemerkte das sofort und fing an, mich mit ihren Techniken zu beruhigen. Als sie damit begann, um mich herumzulaufen und mit ihren Händen über meinem Kopf herumzuwirbeln, wurde ich zunächst noch angespannter. In Büchern mochte das ja alles sehr interessant klingen mit dem energetischen Heilen und all diesen Techniken, die man aus alten Zeiten kennt. Aber in natura wirkte es erst einmal befremdlich. Als Linda dann auch noch ihre Hände auf meinen Nacken legte, wurden mein Misstrauen und meine Skepsis immer größer. Doch ich hatte mir ja vorgenommen, offen zu sein, Dinge geschehen zu lassen, meinem Herzen, meiner Intuition zu folgen. Also schloss ich die Augen, eigentlich nur für einen Moment, und sofort breiteten sich Wärme und Stille in mir aus. Ich muss wohl eine ganze Weile so dagesessen haben. Ich konnte spüren, wie durch Lindas Hände leichte energetische Impulse in meinen Körper flossen. Unglaublich, dachte ich mir. Nachdem ich meine Augen langsam wieder geöffnet hatte, fing mein ganzer Körper an zu kribbeln, so ähnlich wie ich es bei meiner ersten geführten Meditation bei dem Heiler in der Schweiz erlebt hatte. Mein Mut und mein Vertrauen waren erneut mit einer eindrücklichen Erfahrung belohnt worden, die mich der Tiefe des Lebens einen Schritt näher brachte.

Auch Linda gab mir Sätze mit auf den Weg, die mich im Innersten berührten. Sie sagte: »Timo, es gibt viel zu tun für dich. Du musst keine Angst mehr haben. Auf dich wird geachtet. Die Zeit, diese Erde zu verlassen, ist noch nicht reif für dich. Du hast eine große Aufgabe.« Ich wollte natürlich mehr erfahren, doch sie blockte ab und meinte nur: »Ich brauche jetzt Ruhe, Timo.« Zum Abschied drückte sie mir ihre Visitenkarte in die Hand: »Wenn es das Universum so will, werden wir uns wiedersehen. Ansonsten wünsche ich dir viel Kraft für das Kommende, du wirst sie brauchen.« Und dann stand ich, noch etwas verwirrt, vor dem Hotel und bekam gleich den nächsten Zettel in die Hand gedrückt. Paul hatte darauf seine Handynummer geschrieben. »Hey Timo, ich muss weg, melde dich, falls du Hilfe benötigst.« Mit diesen Worten verabschiedete auch er sich von mir und fuhr in einem riesigen schwarzen Pick-up davon.

Mit Hunderten ungeklärter Fragen stand ich allein auf der Straße und lief einfach erst einmal los. Ich lief und lief, ohne darüber nachzudenken, wohin mich meine Schritte führten. Mit jedem Schritt wurde ich ruhiger, eine große Stille breitete sich langsam in mir aus. Irgendwann fand ich wieder Zugang zu meinen Gedanken. Ich ging zurück zu meinem Hotel und schrieb alles Erlebte in mein Tagebuch, das mich seit ein paar Jahren begleitete. In dieser Nacht schlief ich zum ersten Mal seit Monaten ohne Albträume durch.

Am nächsten Morgen sprühte ich vor Kraft und Lebensfreude. Es fühlte sich an, als wäre ich neugeboren worden. Geistig war ich total entspannt, innerlich völlig ruhig. Nach meiner morgendlichen Meditation, mittlerweile eine geliebte Routine, ging ich in die Innenstadt, um zu frühstücken. Als ich an dem Hotel vorbeilief, in dem ich am Abend zuvor Linda kennengelernt hatte, setzte ich mich spontan in dessen Innenhof und bestellte einen Chai-Tee. Als ich gerade den ersten Schluck trinken wollte, sah ich Linda die Wendeltreppe neben mir herunterkommen. Erstaunt schauten wir uns an. Sie schien ziemlich in Eile, dennoch blieb sie einen Moment stehen und sagte:»Ich musste in der vergangenen Nacht ständig an dich denken, Timo. Mir wurde klar, dass ich dich nochmals sehen musste. Ich wusste aber nicht, wie ich dich erreichen soll! Du hast mir keine Nummer oder E-Mail-Adresse dagelassen. Und jetzt bist du da, direkt vor mir, und ich kann dir mitteilen, was ich dir zu sagen habe.« Sie drückte mir einen Zettel in die Hand, auf dem der Name der Stadt und des Hotels stand, in dem sie ab morgen sein würde, und sagte:»Es wäre gut, wenn wir nochmals die Gelegenheit hätten, gewisse Themen miteinander zu besprechen.« Dann ging sie, drehte sich noch ein letztes Mal um und fügte hinzu:»Wie wunderschön doch das Schicksal sein kann, nicht wahr?!«

Ich schaute auf den Zettel, und dort stand Varkala, also der Name jener Stadt, in die ich ursprünglich reisen wollte, bevor ich mich dann für Kochi entschieden hatte. Ich war einerseits verblüfft, zumal ich nicht damit gerechnet hatte Linda noch mal wiederzusehen. Andererseits wunderte mich so langsam nichts mehr. Was sollte das schon wieder? War es Zufall oder wirklich Schicksal? Wenn ich es herausfinden wollte, gab es nur einen Weg: Ich musste Linda wiedersehen. Skepsis hin oder her. Noch am selben Tag kaufte ich mir ein Zugticket, stornierte mein Hotelzimmer und machte mich am nächsten Morgen in aller Frühe auf den Weg nach Varkala. Im Zug konnte ich nicht aufhören, über Zufall und Schicksal nachzudenken. War alles bis zum heutigen Tag wirklich nur Zufall gewesen? Was wäre, wenn es nicht so war? Konnte es sein, dass ich jahrelang in einer Lüge gelebt hatte? Würde ich zu einem Querdenker werden, der grundsätzliche Dinge infrage stellt, wenn ich hier weiterforschte?

Zufall: Es fühlt sich so an, als würde Hoffnung in mir aufkeimen. Ein Gefühl, als ob alles seine Richtigkeit hätte. So intensiv wie jetzt habe ich das noch nie zuvor gespürt. Ist es möglich, dass der Zufall auch der Schlüssel zu meinem Schicksal ist, um mit diesem Schlüssel die Türen zu öffnen, die ich selbst verschlossen habe? Es heißt doch wortwörtlich: Es fällt mir etwas zu. Doch stimmt das? Fällt uns nicht jeden Tag, jede Stunde, jede Minute, ja sogar in jeder einzelnen Sekunde etwas zu? Ist es nicht die Entscheidung tief in uns drin, die dem Zufall die Bedeutung gibt? Hmm … Wenn ich also alle Möglichkeiten, die mir an einem Tag über den Weg laufen, richtig nutzen würde, wäre es dann möglich, dem Leben eine ganz andere Bedeutung zu verleihen? Ich bin ehrlich zu mir: Das Leben in dieser Pseudogesellschaft gibt mir nicht die Zufriedenheit, die ich suche. Liegt es daran, dass ich den Moment, der immer und immer wieder von Neuem beginnt, falsch wahrnehme? Ist es nicht so, dass in meinem bisherigen Leben viele der tollsten Situationen aus Zufällen entsprungen sind, da ich in diesem Moment dem Ereignis eine wirkliche Bedeutung verlieh? Besteht das Leben aus Zufällen, oder fallen mir die Dinge so zu, damit ich das durchlebe, was für meine Entwicklung relevant ist? Ich weiß es nicht.

Ich weiß nur, dass ich nun in meine Vergangenheit zurückreisen und mir weitere Fragen stellen muss: Warum kam ich nach Kochi? Einfach, weil ich zuvor im Ayurveda-Zentrum war. Wieso landete ich im Ayurveda-Zentrum? Weil ich in Neuseeland das ayurvedische Buch in der Buchhandlung gefunden hatte. Aus welchem Grund reiste ich nach Neuseeland? Weil ich vor meiner eigenen Angst solche Angst hatte, dass ich die Flucht ergriff. Wieso hatte ich Angst und wovor war ich auf der Flucht? Die Antwort ist klar: Ich hatte Krebs. Aber wieso hatte ich eigentlich Krebs? Kann es wirklich wahr sein, was ich jetzt denke? War der Krebs mein Schicksal, das sich aus Zufällen zusammenfügte, damit ich heute hier in diesem Zug auf dem Weg nach Varkala sitze? War der Krebs mein Sprungbrett, um meinem Leben endlich einen wahrhaftigen Sinn zu verleihen? Wenn ja, wieso will ein Teil meines Selbst dem Ganzen einen tieferen Sinn verleihen? Werde ich jetzt völlig schizophren? Habe ich ein zweites Ich, das eigenständig funktioniert? Okay, wenn ich jetzt darüber nachdenke und meinen Gedanken freien Lauf lasse, dann muss ich mir eingestehen, dass fast alles, was ich bisher tat, mir nie den Frieden und die Zufriedenheit gebracht hat, die ich suchte. Sehr interessant!

Na gut … Ich hatte also zweimal Krebs, um vielleicht eine Lektion zu lernen. Doch um welche Lektion handelte es sich? Wenn ich diese Analyse auf die letzten Wochen anwende, muss ich feststellen, dass ich eigentlich nach Thailand wollte und Kochi zu Beginn gar nicht in meinem ursprünglichen »Plan« vorhanden war. Trotzdem bin ich in Kochi gelandet, *einer Stadt, von der ich zuvor noch nie etwas gehört hatte. Zufall? Wenn ich genauer darüber nachdenke, musste schon verdammt viel geschehen, dass ich genau zur richtigen Zeit am richtigen Ort war. Nur so traf ich Paul, der mich wiederum zu Linda führte. Und wegen Linda sitze ich nun in diesem Zug. Irgendwie merkwürdig. Es hätte doch so leicht etwas dazwischenkommen können. Oder doch nicht? Könnte es sein, dass ich aufgrund meiner Gelassenheit mehr meinen Gefühlen folgen konnte? Waren es meine Gefühle, die mich hierhergebracht haben? Wie kann ich beweisen, dass diese merkwürdigen Zufälle sich zu meinem Schicksal zusammenfügen und die Gefühle dabei eine wesentliche Rolle spielen?*

Gestern war ich am Geldautomaten, der aber nicht funktionierte. Hätte er funktioniert, wäre ich nie mit John ins Gespräch gekommen und er hätte mir nicht das Art-Café gezeigt, in dem Paul mich fand. Wäre dies alles nicht geschehen, hätte ich Paul nicht kennengelernt. Und hätte Paul einen vollen Handy-Akku gehabt, wäre er nicht zu mir gekommen, um mich nach einem Ladegerät zu fragen. Wieso hatte Paul keinen vollen Akku, obwohl er gerade erst aus dem Haus gegangen war? Normalerweise lädt man doch das Handy zu Hause auf, wenn man sieht, dass der Akku schwach ist. Sind dies alles nur Zufälle oder steckt dahinter ein Plan, den ich nicht durchschauen kann? Ein göttlicher Plan? Ein universeller Plan? Was?

Ganz genau betrachtet, sitze ich wegen all dieser Zufälle in diesem Zug und schreibe meine Gedanken in mein Tagebuch. Schon witzig, was man alles rausfinden kann, wenn man damit beginnt, das eigene Leben infrage zu stellen. Steckt also hinter dem Leben ein ganz bestimmtes Muster, eine höhere Kraft, die im passenden Moment alles so formatiert, dass es sich am Ende so zusammenfügt, wie es sein sollte? Doch wer

sagt, wie es sein sollte? Sendet unser Bewusstsein eine Nachricht aus, die darauf programmiert ist, das zu finden, wonach wir suchen? Bin ich selbst der Schlüssel, der darüber entscheidet, wie und was aus Zufällen hervorgeht? Wer bin ich überhaupt? Warum? Ich erkenne mich selbst nicht wieder. Was ich aber erkenne, ist eine angenehmere Seite von mir selbst. Eine Art, eine Denkweise und eine Klarheit, die es vorher nicht gab.
Zugfahrt von Kochi nach Varkala   29. Dezember 2014

Ich bin bereit

Als ich, inzwischen voller Vorfreude auf Linda, in Varkala ankam, war es wegen Silvester ziemlich schwierig, spontan ein Zimmer zu bekommen. Mit Müh und Not, nach etwa zweistündiger Suche, unterbrochen von einigen Chai-Tee-Pausen, fand ich letztlich einen Bungalow in der Nähe der Strandpromenade. Wobei Bungalow sehr übertrieben ist. Es war eher eine modrig riechende, schmutzige Hütte. Ich nahm sie trotzdem, denn auf Reisen war ich schon immer recht anpassungsfähig und ich brauchte ein Bett. Ich rief Linda an, und wir trafen uns noch am selben Nachmittag. Im Rückblick war diese Begegnung der Beginn unserer Freundschaft, die bis heute andauert.

In den darauffolgenden zwei Wochen verbrachten wir sehr viel Zeit miteinander, und ich entdeckte Seiten an mir, von denen ich nichts gewusst hatte. Jeden Morgen begann unser Tag mit Yoga, Pranayama und Meditation. Ich hatte meine eigene Yogalehrerin – so etwas hätte ich zuvor nie erwartet. Stundenlang sprachen wir sehr offen über das Thema Angst, mein Leben und die Verbindung zu den Ursprüngen meiner Angst vor dem Sterben. Auch die Kraft der Liebe, wie das Wünschen funktioniert, das Prinzip der Anziehung und wie Wunder wirken, waren Themen, mit denen sie mich konfrontierte. Und natürlich erzählte sie mir sehr viel über Reiki und universelle Energie. Einmal erklärte mir Linda, dass auch Menschen wie ein Akku immer wieder mit Prana, Chi, Energie oder wie immer man es nennen mag, aufgeladen werden müssen, um im Alltag funktionieren zu können. Der Energiespeicher könne durch Nahrung, Naturerlebnisse, Meditation, Yoga, Sport oder auch Schlaf aufgeladen werden. All dies gebe uns Kraft und Energie, um zu leben. Aber noch viel wichtiger sei es, zu wissen, dass der Mensch auch Energie von anderen Menschen holen oder an sie abgeben kann – weil wir grundsätzlich aus Lichtwellen bestünden. Jeder Mensch habe die Fähigkeit, von anderen Menschen, also von »lebenden Akkus«, Energie aufzunehmen, manchmal würde auch ein Rauben daraus. Denn Menschen, die einen schwächeren »Akku« haben, suchten oft instinktiv und unbewusst eine andere Quelle, die energetisch stärker ist, um dort neue Kraft zu schöpfen. Nur ein Mensch, der sich seiner vollkommen bewusst sei, spüre diese Kraft und könne willentlich damit umgehen.

Auf einem unserer Strandspaziergänge wollte Linda mir etwas vorführen, das mir deutlich zeigen würde, wovon sie sprach. Mit einem Augenzwinkern forderte sie mich auf, gut aufzupassen und zu beobachten, was geschah. Sie hielt meine Hand, verstummte und schloss ihre Augen. Viele Menschen gingen an diesem herrlichen Sonnentag ebenso wie wir am Strand spazieren. Bald fiel mir auf, dass alle, die uns entgegenkamen, uns ganz komisch anstarrten. Mit gebanntem Blick, fast wie hypnotisiert. Selbst wenn ich einen Blick erwiderte, dann wegschaute und erneut den Kontakt suchte, starrten uns die Augen weiter an. Überrascht und etwas erschrocken fragte ich Linda, was hier los sei. Sie erwiderte: »Da, wo der Honig ist, folgen auch die Bienen. Nicht alles ist so, wie es scheint, mein Lieber.« Das Prinzip, dass eine starke Energie eine schwächere wie ein Magnet anzieht, schien tatsächlich zu wirken. Für mich war es sehr spannend, diese »Vorführung von Kräften« zu beobachten, ich hatte so etwas noch nie erlebt. Und damit hatte ich erneut vieles, worüber ich nachdenken konnte.

An Silvester zeigte mir Linda, wie viel Macht unsere Gedanken wirklich haben und wie wir sie nutzen können, um unsere eigene Realität zu manifestieren. Konkret: Sie weihte mich in die Kunst des Wünschens ein. Am besten würde man ein Wunschritual am Tag vor Vollmond ausführen, damit die lunaren Kräfte es unterstützen können. Natürlich könne ich nicht die Beschaffenheit der Erde verändern, erklärte sie mir. Aber die Energieströme, die von mir ausgehen und zu mir zurückströmen, könnte ich sehr wohl beeinflussen. Ich müsse etwas nur stark genug wollen und mich ganz darauf konzentrieren. Das Einzige, was nötig sei, um alles so zu verändern, wie ich es möchte, wäre, die Bitte klar zu formulieren, sie tief im Herzen zu verankern und mit Liebe zu füllen. Ich blickte sie an und verstand nicht wirklich, was sie mir da erzählte. Ich konnte es mit meinem Intellekt nicht greifen, dennoch fühlte es sich auf einer anderen Ebene richtig an für mich. Schon als Kind hatte ich mich oft gefragt, ob es nicht mehr gibt, als wir wahrnehmen, ob es nicht möglich ist, das Unmögliche zu erleben. Je älter ich wurde, desto mehr fiel ich allerdings in dieses »normale« Leben hinein und wollte so sein, wie die Gesellschaft es von mir erwartete. Nun sollte es, allem Anschein nach, anders werden. An diesem Abend übergab ich meine Wünsche zum ersten Mal bewusst dem Universum – damit sie sich gelegentlich, im »zufällig« passenden Moment, manifestierten. Wie Linda es mir erklärt hatte, stimmte ich mich durch eine kleine Meditation ein, konzentrierte mich auf mein Tun, schrieb die Wünsche nieder, sprach die Worte laut aus und verbrannte dann den Zettel. Damals, an der Schwelle zum Jahr 2015, wünschte ich mir nichts mehr, als inneren Frieden zu finden. Auf dem Zettel stand: »Ich danke dir, Universum, dass DU alles in mein Bewusstsein bringst, um aller

Möglichkeiten in meinem Leben gewahr zu werden, die mir dabei helfen mögen, dieses Leben zu genießen und meinen Zweck zu erfüllen. Ich bitte um wahren Frieden für alle Lebewesen in diesem Universum und für mich selbst. Im höchsten Willen zum Guten übergebe ich dir, Universum, diesen Wunsch. Danke und möge alles, was daraus resultiert, für mich einfach zu erkennen sein.« Dieses Wunschritual habe ich dann noch in vielen weiteren Vollmondnächten wiederholt.

Wünsche entstehen in unseren Gedanken, weil wir irgendwo in unserem tiefsten Inneren wissen, dass wir nicht das tun, wofür wir bestimmt sind oder was wir wirklich wollen. Ansonsten würden ja diese Wünsche gar nicht erst entstehen. Irgendetwas in uns drin versucht uns durch einen Wunsch, der in uns aufkommt, zu sagen, dass wir uns auf einer für uns unpassenden Linie bewegen und uns neue Wege suchen müssen, um das zu erreichen, was wir wirklich wollen. Macht das nicht Sinn?

Varkala   *1. Januar 2015*

Mit Linda und Paul waren zwei Menschen in mein Leben getreten, die von Dingen sprachen, von denen ich zuvor nur in Märchen und Geschichten gehört hatte. Noch stand ich dem Ganzen zwiespältig gegenüber. »Werde ich jetzt zu einem Esoteriker, einem Querdenker und Verschwörer?«, fragte ich mich zweifelnd. Ehrlich gesagt, stand dahinter die Angst, was die Leute zu Hause von mir denken würden. Eine Stimme in mir erinnerte mich auch immer wieder daran, dass ich auch einfach Party machen könnte, anstatt mir dieses obskure Zeug anzuhören. Gleichzeitig wusste ich, dass ich in ein neues Feld von Möglichkeiten eingetaucht war, und es fühlte sich gut an für mich. Außerdem, und das war mir inzwischen wirklich klar, hatte ich nichts mehr zu verlieren. Denn daheim gab es (außer meiner Familie) nichts mehr, was mich glücklich machte. Also ging ich diesen neuen Weg weiter. Allem Zwiespalt zum Trotz.

Innerhalb kürzester Zeit konnte ich einen Teil meiner Angst, dass der Krebs zurückkommt und ich früh sterben muss, etwas beiseitelegen und mich so akzeptieren, wie ich wirklich war. Ich konnte ablegen, was mich jahrelang geplagt und daran gehindert hatte, ich selbst zu sein. Die Angst vor dem Tod wurde etwas schwächer, und der Glaube und die Hingabe an etwas Stärkeres in mir wurden zunehmend intensiver. Ich verstand immer mehr, was ich in vielen Büchern bereits gelesen hatte: **annehmen und loslassen**. Darum geht es.

Am Tag vor ihrer Abreise aus Varkala bat ich Linda, mit mir gemeinsam einen passenden Yogalehrer zu suchen, denn obwohl mir die Stadt eigentlich viel zu touristisch war, hielt mich irgendetwas hier fest und brachte mich dazu, noch länger zu bleiben – und ich wollte weiter Yoga machen, ich hatte ja gerade erst hier in Indien angefangen, mich damit zu beschäftigen, und wollte mehr wissen, mehr erfahren, tiefer eintauchen. Auch mein neuer Yogalehrer kam auf einem eher ungewöhnlichen Weg zu mir. Linda und ich saßen gerade bei unserem täglichen Nachmittagstee auf der Dachterrasse eines tibetischen Lokals, als ein junger, traditionell gekleideter Inder die Treppe hochkam. Er bewegte sich ganz leichtfüßig, fast schwebend, in unsere Richtung und setzte sich neben unserem Tisch auf eine Bank. Es sah für mich so aus, als würde er auf etwas warten. Auf einmal stand Linda auf, ging zu ihm und fing an mit ihm zu reden. Und siehe da, er war Yogalehrer und lud uns zu seinem Yoga-Unterricht ein. Dann verließ er das Lokal wieder, ohne etwas getrunken oder gegessen zu haben. Linda blickte mich an und sagte nur: »So, Timo, da hast du deinen Yogalehrer. Versuche nicht mit deinem Kopf zu verstehen, wie und warum genau in diesem Moment ein Yogalehrer aufgetaucht ist.

Du bist noch nicht so weit. Nimm es einfach so, wie es ist, und sei dankbar, gefunden zu haben, wonach du gesucht hast.«

Am nächsten Morgen brachte ich Linda zum Bahnhof, und wir vereinbarten, in Kontakt zu bleiben. Ob wir uns je wiedersehen würden, war jedoch völlig offen. Später an diesem Tag besuchte ich die Yogaklasse des jungen Yogis, der mich in dem Lokal gefunden hatte. Er unterrichtete jeden Morgen und Abend auf dem Dach seines Hauses, oft untermalt von eindrucksvollen Sonnenauf- und Sonnenuntergängen.»Ich wusste, du würdest kommen«, begrüßte er mich lächelnd. Nachts hielt er Feuerrituale auf seinem Dach ab, zu denen er mich und seine anderen Schüler einlud. Der Boden war dann voller Blumen, in der Mitte befand sich eine Feuerstelle, umringt von Kerzen und Steinen, die im Mondschein schimmerten. Wir meditierten, sangen und machten gemeinsam Musik, Abend für Abend. Dies waren wunderschöne Momente für mich, voller Freude und Glückseligkeit.

Nach dem morgendlichen Yoga-Unterricht setzte ich mich immer in ein kleines Café oberhalb der Klippen von Varkala, trank einen Fruchtsaft und genoss mein Frühstück. Kraft und Lebensfreude durchströmten mich jedes Mal. Ich hatte immer ein Buch dabei, las darin und machte mir dazu Notizen – ich lernte ja gerade wahnsinnig viel über mich, das Leben, universelle Zusammenhänge und wollte alles aufschreiben, festhalten. An einem Morgen saß eine junge, asiatisch aussehende Frau am Nebentisch. Ich fand sie sehr hübsch und musste sie immer wieder anschauen. Ungewollt belauschte ich das Telefonat, das sie gerade führte, und schnappte das Wort Reiki auf. Wieder so ein Zufall? Kaum hatte sie das Telefonat beendet, sprach ich sie darauf an. Ich wollte nämlich unbedingt jemanden finden, der mir mehr darüber beibringen konnte. Ishaa vermittelte mir tatsächlich den Kontakt zu einer Reiki-Lehrerin, die sie kannte – die allerdings, wie sich später herausstellte, nicht die richtige für mich war. Weil Ishaa, deren Name in Sanskrit so viel wie Herrin oder Gott bedeutet, mir sympathisch war und mich etwas an ihr neugierig machte, fragte ich sie, ob sie Lust hätte, mit mir noch etwas zu unternehmen. Den Rest des Tages verbrachten wir gemeinsam mit ihren Freunden.

Am nächsten Abend traf ich Ishaa alleine wieder. Wir lagen bis spät in die Nacht am Strand, den Blick auf die Sterne gerichtet, und redeten über unser Leben, das Leben überhaupt. Ab da waren wir bis zu meiner Abreise jeden Tag zusammen. Ich genoss die gemeinsame Zeit, fühlte mich wohl mit ihr, konnte immer mehr Zuneigung und Zärtlichkeit zulassen, und unsere Gespräche wurden tiefer und tiefer. Einmal schilderte Ishaa mir ihre Erfahrungen mit Gott. Ich war einfach nur still, hörte ihr zu und ließ meinen eigenen Gedanken über Gott und das Universum freien Lauf. So offenherzig über meinen Glauben zu sprechen war für mich doch noch etwas ungewohnt. Sie erzählte mir, dass sie sich, wenn sie in einer tiefen Meditation sei, selbst mit Gott vereinen würde, selbst Gott sei. Ein andermal erzählte sie mir, dass sie ihre vergangenen Leben manchmal sehen könne. Sie nahm meine Hand, drückte sie an ihr Herz und sagte: »Timo, wir kennen uns schon sehr lange. Es ist kein Zufall, dass wir uns hier getroffen haben. Erinnerst du dich daran?« »Äh, nein«, antwortete ich ihr. Unbeirrt fuhr sie fort: »In einem deiner früheren Leben warst du ein mächtiger Mann im alten Ägypten. Du hast dich der schwarzen Magie bemächtigt und dich der dunklen Seite zugewandt. Ich war eine deiner Anhängerinnen und folgte dir und deinen Lehren überallhin. – Und in einem anderen Leben, in der Zeit des Mittelalters, warst du ein Mönch, der sich mit Magie und magischen Experimenten beschäftigt hat, und ich war auch damals in deiner Nähe. Timo, du hast eine Kraft in dir, von der du noch nicht weißt, was für ein Geschenk sie ist. Irgendwann in deinem Leben wirst du schon verstehen, wovon ich spreche. Aber sei immer vorsichtig, wofür du sie einsetzt, wenn sie dir bewusst wird. Es gibt immer zwei Seiten der

Macht. Wähle weise.« Ich war mehr als perplex und verstand im Grunde mal wieder nichts. Klar, ich hatte von solchen Geschichten über frühere Leben schon gehört. Aber erstmals erzählte mir jemand davon und sagte dann auch noch, dass sie mich von daher kannte. Es machte mir Angst, und ein Teil von mir wollte so schnell wie möglich weg. Aber ein anderer Teil von mir wollte unbedingt mehr darüber erfahren. Ich fand das alles zwar schräg und komisch, aber eben auch spannend und irgendwie cool – und so blieb ich neben ihr sitzen.

Gibt es ein Leben nach dem Tod? Werden wir wiedergeboren? Wieso sollte Ishaa mir Lügen erzählen? Was hätte sie davon? Was mache ich eigentlich hier? Ich befasse mich mit Dingen, von denen ich zuvor nie wirklich glaubte, dass sie existieren. Ich erkenne mich selbst nicht wieder. Dennoch fühle ich mich wohler als jemals zuvor in meiner Haut. Schon merkwürdig. Es gibt für mich im Grunde nur zwei Optionen. Ich verschwinde von hier und befasse mich nicht länger mit solch verrückten Dingen oder ich begebe mich in dieses für mich seichte Gewässer, in dem ich durchaus stecken bleiben könnte. Hmm ... Eigentlich gibt es für mich gar kein Zurück mehr. Zu Hause erwartet mich nichts, außer erneut mit der Angst vor dem Tod konfrontiert zu werden. So gut wie in den vergangenen Wochen fühlte ich mich schon seit Jahren nicht mehr. Ich werde also noch ein bisschen länger hierbleiben und versuchen, mehr zu erfahren. Ich muss ja niemandem von dem erzählen, was ich hier so treibe. Und daran glauben muss ich auch nicht. Aber es kann wahrscheinlich nicht schaden, meinen Geist hierfür offenzuhalten. Ich hoffe es zumindest!
Varkala   *Anfang Januar 2015*

Ich war noch in Varkala, als Linda mich anrief und mich bat, zu ihr nach Kochi zu kommen, wo sie für einen Tag sein würde. Ich ginge ihr nicht aus dem Kopf und es sei ihr ganz wichtig, mich nochmals zu sehen, um herauszufinden, was es mit unserer Verbundenheit auf sich habe. Dies habe ihr auch ein Yogi geraten, den sie gerade in Sri Lanka getroffen und mit dem sie über mich gesprochen habe. Außerdem wolle sie mich in Reiki einweihen, da dies wichtig für mich sei. Ich freute mich total, sie wiederzusehen. Für mich war es das Beste, was mir zu dem Zeitpunkt passieren konnte, und genau das, was ich gerade brauchte. Gleichzeitig hieß dies, Ishaa goodbye zu sagen. Ein wenig traurig verabschiedete ich mich von ihr am Bahnhof und gab ihr einen Kuss. Ein Abschied für immer, vermutlich. Das Signal ertönte, Rauch stieg aus dem Schornstein der Lokomotive, und ich sprang auf einen der Waggons.

Zum zweiten Mal fuhr ich mit dem Zug nach Ernakulam. Diesmal war er vollgestopft mit indischen Männern jedes Alters. Alle waren dicht aneinandergepresst, die meisten von ihnen schwarz gekleidet, einige trugen keine Hemden, und ihre Oberkörper und Gesichter waren mit weißen und gelben Mustern bemalt. Irgendwo inmitten des Getümmels fand ich auf herumliegenden Reissäcken einen »Sitzplatz«. Ich fragte einen der Reisenden, warum denn dieser Zug so unglaublich voll sei, und erfuhr, dass die Männer auf dem Weg zu einer hinduistischen Feier in Ernakulam waren. Es war trotz der Enge eine lustige und kurzweilige Zugfahrt, fünf Stunden unterhielt ich mich mit einer Gruppe von jungen Männern über unser Leben, ich wurde mit Kostproben der keralischen Küche überhäuft und lernte von ihnen einiges über den Hinduismus, der mir bis dahin ziemlich fremd war. In Ernakulam angekommen, fuhr ich gleich zu Pauls Guesthouse in Fort Kochi, er hatte ja gesagt, ich sei immer willkommen. Als ich vor dem »Tantraa Homestay« stand, traute ich meinen Augen nicht – mal wieder. Es war genau das Guesthouse, in das ich mich vor meinem ersten Aufenthalt in Kochi hatte einbuchen wollen, das aber schon voll gewesen war. So oder so war es wohl mein Schicksal, Paul, diesem charismatischen Inder mit seinen fesselnden Augen und kahl geschorenem Schädel, zu begegnen.

Abends traf ich wie vereinbart Linda in ihrem Hotel, etwas außerhalb der Stadt, zur Reiki-Einweihung. Sie erklärte mir, dass ich dadurch Zugang zur universellen Energie bekommen würde, um später selbst damit arbeiten zu können, und zeigte mir zwei sehr alte Symbole, die sie dabei unterstützen würden. Ich musste mich auf einen Stuhl setzen, die Augen schließen und gleichmäßig ruhig und tief atmen. Dabei sollte ich meinen Geist, so gut es ging, ruhig halten, um nicht von irgendwelchen Gedanken abgelenkt zu sein.

Meinen Geist zu kontrollieren war in diesem Moment nicht gerade einfach für mich. Mir schien dies alles sehr speziell. Trotzdem gelang es mir, meine inneren Widerstände zu überwinden, und ich wurde ruhiger und ruhiger. Eine Stunde oder vielleicht mehr saß ich auf diesem Stuhl, während Linda mich ab und zu berührte, mir leicht über den Kopf strich und Zeichen auf meinen Rücken schrieb. Nach einer Weile fühlte es sich so an, als würde mein Körper gar nicht mehr existieren. Nur mein Geist schien hellwach zu sein. Was ich aber spürte, war eine innere Hitze, die mich gegen Ende innerlich fast verbrennen ließ. Ich schwitzte nicht, meine Haut war kühl, aber mein Bauchraum glühte, und ich sah viele helle, schimmernde Farben vor mir. Als Linda mich wieder ins Hier und Jetzt zurückholte, war ich völlig ruhig, entspannt und spürte durch diese innere Wärme eine enorme Kraft in mir … Ich fühlte mich erholt und kerngesund, ja voller Vitalität sprudelnd, wie ich es zuvor noch nie empfunden hatte. Ein ganz spezielles Erlebnis, das aber noch nicht zu Ende war.

Auf einmal sagte Linda:»Wir sind nicht allein, Timo. Hier ist jemand, der mit dir sprechen möchte.« Noch während sie das sagte, spürte ich diese unglaubliche Leere, die sich im Raum ausbreitete. Ich blickte zu ihr und nahm wahr, dass sie einen ganz merkwürdigen Blick hatte, der mich völlig zu durchleuchten schien und mich ein wenig ängstigte. Dann begann sie in einer ganz anderen Tonlage – tiefer und rauer als sonst – zu sprechen:»Timo, jemand, der längst nicht mehr auf der Erde weilt, aber durch das Leid der Erde zur Erlösung fand, ist hier und bereit, mit dir zu sprechen. Du kannst ihn alles fragen, was du wissen möchtest.« Als ich das hörte, reagierte ich spontan mit einem Chaos aus unterschiedlichsten Gefühlen. Ich war skeptisch, verunsichert, fassungslos, ja, schockiert, auf jeden Fall aber verwirrter als jemals zuvor. Mir gefiel gar nicht, was sich gerade abspielte, und ich fühlte mich auch, ehrlich gesagt, im ersten Moment verarscht. Es erschien mir so unwirklich, als würde Linda ein Spiel mit mir treiben. Doch im nächsten Augenblick erinnerte ich mich an den merkwürdigen Traum mit der dunklen Gestalt in Neuseeland. Und so war es mir möglich, erneut nicht vorschnell zu urteilen, Ruhe zu bewahren und mich vertrauensvoll auf das Geschehen einzulassen.

Natürlich kam mir so schnell keine Frage in den Sinn, und so begann dieses»Wesen« oder wer auch immer durch Linda zu mir zu sprechen:»Eine große Aufgabe wird auf dich zukommen. Vieles ist für dich zu tun, doch verstehen wirst du es erst später. Zeit ist vorhanden, und Angst brauchst du keine zu haben. Du musst dir keine Sorgen machen. Der Krebs ist vergangen, aber er gehört zu dir, so wie du an ihn gebunden bist. All dies ist ein Teil von dir und war notwendig, um das zu lernen, was du zu lernen hattest, damit du heute hier sein kannst. Diese Erfahrungen waren nötig, um dich auf den für dich bestimmten Weg vorzubereiten. Es ist wichtig für dich, denen zu helfen, die sich nicht selbst helfen können. Zu verbinden, was vereint sein muss. Alles, wozu du hier bist,

ist, zu helfen. Nicht mehr und nicht weniger. Alles wird sich im richtigen Moment, zu gegebener Zeit, in der passenden Situation für dich ergeben. Sei geduldig, wachsam und für alles bereit, was auf dich zukommen mag.«

Hier war sie wieder, diese große Aufgabe, von der ich schon in Neuseeland »geträumt« und von der Linda bereits bei unserem ersten Treffen gesprochen hatte. Wie »es« ganz richtig gesagt hatte, verstand ich noch nicht, was damit konkret gemeint war, aber die Botschaft wurde langsam immer deutlicher. Noch etwas teilte mir das »Wesen« mit, bevor es wieder verschwand. »Eines noch sollst du wissen: Du bist nicht für das Schicksal deiner Mutter verantwortlich. Du kannst nicht ändern, was so oder so geschehen wird. Dies liegt nicht in deiner Macht. Es liegt in den Händen anderer. Ihre Zeit hier auf Erden wird enden, und dies schon bald. So wie jeder einmal diese Welt verlassen muss.«

Anscheinend sei das »Wesen« schon die ganze Zeit während meiner Einweihung anwesend gewesen, meinte Linda. Die Hitze, die ich verspürt hatte, sei nicht von ihr gekommen, das Wesen selbst habe seine »Hände« auf mich gelegt und mir Informationen gegeben, die nur für mich bestimmt waren. Für mich war diese Situation alles andere als einfach zu verstehen, trotzdem wollte ich nichts hinterfragen. Denn auf eine sehr spezielle Weise kam mir all dies stimmig vor. Nach einer Weile, in der wir noch still zusammensaßen, verabschiedeten wir uns mit einer Umarmung, und Linda gab mir einen Kuss auf die Stirn. Ein Taxi fuhr mich zurück nach Kochi.

Es war bereits spät in der Nacht, als ich vor dem Homestay erwachte. Während der Fahrt war ich in einen tiefen Schlaf gefallen. Müde und mit wackeligen Beinen ließ ich mich in mein Bett fallen. Dieses ganze Erlebnis war für mich so alles durchdringend und unfassbar. Denn die Worte, die durch Linda hindurch tief in mich eingedrungen waren, waren nicht von dieser Welt gewesen.

Es war fast so, als habe ich paralysiert auf diesem Stuhl hocken müssen, genau zu diesem Zeitpunkt, um exakt diese Botschaft zu erhalten. Tief und fest schlief ich bis zum Morgengrauen, ohne ein einziges Mal aufzuwachen.

Angekommen – Chedi Spring Valley

Am nächsten Morgen rief ich Paul an, um mich mit ihm zu verabreden. Er war gerade nicht in Kochi, sondern auf seiner Ananasfarm und lud mich ein, ihn dort zu besuchen. Ich packte erneut meine Siebensachen, verabschiedete mich von Babu, dem Pächter des Guesthouses, und ging zur Busstation. Meine erste Busfahrt in Indien. Nach einer halben Ewigkeit fand ich den richtigen Bus in Richtung Chalakudy, drei Stunden nordöstlich von Ernakulam gelegen. Die Fahrt war sehr witzig, da ich der einzige weiße Mensch in diesem heruntergekommenen Gefährt war. Ich war mir schon da sicher, dass nicht sehr viele Touristen in das Dorf, in das ich wollte, reisen würden. Und ich hatte recht. In Chalakudy war weit und breit kein Tourist zu sehen, nur Inder, die mir neugierige Blicke zuwarfen. Von dort aus nahm ich eine Riksha zu Pauls Farm. Rund 40 Minuten fuhren wir durch andere Dörfer und einen immer dichter werdenden Wald, bis wir in eine kleine Nebenstraße einbogen, die parallel zu einem Fluss verlief und zur Farm führte. Wir durchquerten ein großes Tor und fuhren etwa 100 Meter auf einer holprigen Straße einen kleinen Hügel hinauf. Rechts und links sah ich Tausende Ananaspflanzen, die, wie ich später erfuhr, biologisch angebaut wurden. Und dann war ich da.

Paul erwartete mich auf der Veranda seines Hauses mit dem auffällig rot gestrichenen Boden und winkte mir freudig zu. Er trug diesmal nur einen orangefarbenen Lunghi, den traditionellen Wickelrock für Männer, um die Hüfte. Wir umarmten uns und blickten uns lächelnd in die Augen. »Du bist ein anderer Mensch als der, den ich vor ein paar Wochen kennengelernt habe«, begrüßte er mich. »Deine Augen strahlen voller Kraft. Deine Energie ist stark, und dein Lächeln ist wahrhaftig.« Sein herzliches Willkommen berührte mich tief, und ich fühlte mich sofort wie zu Hause. Ich hatte das Gefühl, endlich alles richtig gemacht zu haben. Zum Ankommen gab es heißen Chai-Tee und eine frisch gepflückte, aufgeschnittene Ananas.

Für mich war Chedi Spring Valley, wie die Farm hieß, ein Paradies. Chedi bedeutet »ein von Quellwasser umgebener Energiepunkt inmitten der Berge«, und genauso fühlte es sich auch an. Das Farmhaus war groß, der gepflasterte Vorplatz von tropischen Bäumen umgeben. Unter einem hohen Neembaum befand sich eine kleine Sitzecke aus Bambus, in der Paul und ich später nächtelang miteinander philosophierten. Neben dem Haus wuchsen etliche ayurvedische Heilpflanzen wie Tulsi, Guduchi und ein Lakshmi-Taru-Baum, der auch Paradiesbaum genannt wird und dessen Blätter erstaunlich erfolgreich im Kampf gegen Krebs eingesetzt werden. Zur Farm gehörten noch zwei weitere neuere Gebäude mit Zimmern und einer separaten Küche sowie ein kleiner Kuhstall, in dem zwei Kühe lebten: ein junges Kalb und eine Milchkuh, die uns täglich mit frischer Milch versorgte, aus der auch Joghurt hergestellt wurde. Die Umgebung war genau das, was ich jetzt brauchte. Ein magischer Ort voller Ruhe und Energie – ich genoss es sehr, dort sein zu können, und gab mich ganz der Kraft der Natur hin. Außerdem faszinierte mich die keralische Küche. CheyChey, wie Paul die Köchin nannte und was so viel wie »große Schwester« bedeutet, kochte die besten Currys, die ich je gegessen habe.

Am ersten Morgen nach meiner Ankunft kurz nach Sonnenaufgang nahm Paul mich mit zum Fluss, den ich schon von der Rikscha aus gesehen hatte und an dessen Ufer viele Heilpflanzen wuchsen. July, die Farmhündin, mit der ich noch viel Zeit verbringen sollte, begleitete uns bis zum Eingangstor der Farm. Am Fluss angekommen, konnten wir auf den flachen, aus dem Wasser ragenden Steinen bis in seine Mitte balancieren. Einige der Steinplatten ragten so weit heraus, dass wir uns sogar darauf sonnen konnten. Der Gesang des Wassers wirkte auf mich jedes Mal, wenn ich dort war, sehr beruhigend. An diesem Morgen wusste ich noch nicht, wie viel ich von dem Fluss noch lernen würde. Paul empfahl mir, so oft wie möglich im Fluss zu baden, denn sein Wasser habe eine ganz besondere Kraft der Reinigung und der Vitalisierung.

Im Laufe der Monate, in denen ich in Chedi Spring Valley lebte, wurde der Fluss zu meinem besten Freund. Ich wusch in ihm meine Kleidung, reinigte meinen Körper und meditierte täglich auf den Steinen, die von der Sonne erwärmt wurden. Paul und ich saßen außerdem oft kurz vor Sonnenuntergang unten am Ufer, und er erzählte mir Geschichten über die hinduistische Philosophie und über Tantra[7]. Ich hörte ihm zu, tauchte in wieder andere Welten ein und lernte viel, zum Beispiel, dass Tantra viel mehr ist als das, was im Westen üblicherweise darunter verstanden wird. Doch nicht nur Paul eröffnete mir eine neue Gedankenwelt, sondern auch Rajan Sir, der ebenfalls auf der Farm lebte und auf sie achtete, wenn Paul nicht da war. Er war überaus nett und wusste viel über Yoga, besonders über den indischen Philosophen Shankaracharya.[8] Er lehrte mich, meinen Körper und meinen Geist auf eine einfache, aber sehr effektive Art und Weise energetisch aufzuladen, so wie es die alten und weisen Yogis seit Jahrtausenden taten. Diese spezielle Technik – die unbedingt von einem erfahrenen Lehrer vermittelt werden muss, da sonst Erblindungsgefahr besteht – konnte man, kurz bevor die Sonne aufging und kurz bevor sie sich am Horizont verabschiedete, anwenden und üben. Gemeinsam saßen wir eines frühen Morgens am Fluss auf einem Stein und blickten mit weit geöffneten Augen direkt in die gerade aufgehende Sonne. Möglichst ohne zu blinzeln, da dies die

Konzentration unterbreche, so Rajan Sir. Konzentriert auf meinen tiefen Atem und auf die Sonne ausgerichtet, füllte ich meinen Körper mit ihrer Energie. »Die Sonne ist die tragende Kraft, die außerhalb dieser Erde auf uns wirkt und die Welt am Leben hält, wärmt und energetisch auflädt«, erklärte er mir. »Unsere Augen sind viel mehr, als nur dazu gedacht, sehen zu können. Sie sind auch ein kraftvolles Zentrum, das mit der richtigen Technik als ein Werkzeug für uns selbst genutzt werden kann. Mit deinen Augen nimmst du die Kraft der Sonne und des Lebens in dich auf.« Das leuchtete mir ein, und ich übte fast täglich abends bei Sonnenuntergang diese Praktik.

Sehr schnell schloss ich mein Leben dem Rhythmus der Natur und dem Erwachen der Tiere des Waldes an. Meist saß ich, noch bevor die ersten Vögel zu zwitschern begannen, unter sternenklarem Himmel auf der Wiese gleich neben dem Haus. Ich begann jeden Tag in Stille und Meditation und machte anschließend meine Atemübungen und Yoga-Asanas[9]. Nun konnte ich die Übungen, die mir Linda gezeigt hatte und mit deren Hilfe ich meinen Körper heilen konnte, täglich ausführen. Ich hatte endlich Zeit und Ruhe, mich wirklich mit meiner inneren und äußeren Heilung zu beschäftigen. Es gab nichts anderes für mich zu tun. Mit der Zeit begann ich diese Farm und alles, was sie umgab, aus tiefstem Herzen zu lieben. Die Natur wurde auf ihre eigene Weise meine Lehrerin. Ich konnte spüren, wie ich mich ihr immer näher fühlte. Die ersten Schritte um fünf Uhr morgens, wenn ich meine nackten Füße in das von Tau bedeckte Gras senkte, zum Himmel blickte und die Hände vor meinem Herzen faltete, während ich die Welt begrüßte, mit dem Universum sprach und einen tiefen Atemzug nahm, sind für mich unvergesslich. Ich wurde mit der Zeit immer empfänglicher und offener für die Sprache der Mutter Natur. Zum ersten Mal in meinem Leben konnte ich spüren, wie ihre Kraft durch meine Füße in meinen Körper einfloss. Liebe und Dankbarkeit durchströmten mich, intensiver als jemals zuvor. Ich durfte nun endlich die ersten Früchte meiner täglichen Praxis ernten.

Nachdem ich Paul und Linda kennengelernt hatte und sie beide mir dabei geholfen hatten, die Angst, die mich trieb, besser zu verstehen und anzunehmen, verschwanden mit der Zeit meine vielen Albträume. In der Zeit, die ich auf der Farm verbrachte, verwandelten sich meine Träume immer mehr in Eingebungen, die mir auf meiner Suche nach mir selbst behilflich waren und meine Entwicklung unterstützten. Ich fing an, mehr und mehr an mich selbst zu glauben. Eines Nachts hatte ich einen der bis heute bedeutendsten Träume in meinem Leben. Vergleichbar mit dem Traum, den ich in Neuseeland hatte, in dem die dunkle »Gestalt« auftauchte. Ich befand mich in diesem Traum auf einmal auf einem steinernen Pfad, der von großen, kraftvollen, leuchtend grünen Bäumen umgeben war. Um mich herum standen viele meiner Freunde. Wir unterhielten uns, und es sah aus, als würden wir uns alle bestens amüsieren. Ich selbst stand inmitten der Menge und fühlte mich richtig wohl dabei. Plötzlich berührte mich eine Hand an meiner rechten Schulter, ganz sanft und liebevoll. Ich drehte mich um, und ein kleiner alter Mann mit Glatze und weißen, leuchtenden Augen in einem wunderschönen, verrunzelten Gesicht stand vor mir. Lächelnd blickte er mich an. Die Zeit stand still, alles andere verschwand in einem Nichts, und helles Licht strahlte durch die grünen Blätter der Bäume auf uns herab. In der einen Hand hielt der Mann einen langen, gewölbten Holzstab. Eine ausgebleichte, braunorange Robe umhüllte seinen Körper. An den Füßen trug er sehr alte, wahrscheinlich aus Leder hergestellte Sandalen, die an vergangene Zeiten erinnerten. Er sprach mit einer mir vertrauten Stimme, ohne seine Lippen dazu zu bewegen, und dennoch waren seine Worte unmissverständlich. Er nahm mich an der Hand, drückte sie ein wenig fester, so, als wolle er sichergehen, dass ich ihm auch wirklich zuhöre, und sagte:

»Komm mit mir, mein Sohn, ich werde dich führen. Die Zeit ist vorbei, in der du dich dem widmest, was du zuvor getan hast. Ich werde dein Lehrer sein. Du hast viel Arbeit vor dir.« Hand in Hand liefen wir anschließend einen langen mit runden, weißen Steinen gepflasterten Pfad entlang bis zum Ende des Lichts.

Dann erwachte ich aus diesem Traum. Ich war hellwach und konnte fühlen, wie real das alles für mich war. Sogar seine Hand auf meiner Schulter konnte ich noch spüren. Es fühlte sich gut an, wie Balsam für meine Seele, ein Zeichen, dass ich auf dem richtigen Weg bin. Als ich Paul von meinem Traum erzählte, konnte ich sehen, wie erfreut er war. Er meinte, dies sei ein sehr gutes Zeichen. »Dein Lehrer hat dich gefunden und wird zur richtigen Zeit an einem gegebenen Ort erneut auftauchen.« Er riet mir noch, nicht nach dem alten Mann aus dem Traum Ausschau zu halten. »Dein Lehrer kann auch in Form einer anderen Person oder Gestalt wieder auftauchen. Wenn es so weit ist, wirst du dies schon erkennen.«

Ein paar Nächte später hatte ich erneut einen sehr real wirkenden Traum: Ich war auf einem schmalen Weg unterwegs, der zwischen Steinen und Geröll hinauf auf einen Berg führte. Mir folgte eine Schar von Menschen, Menschen aus verschiedenen Kulturen und Völkern. Als ich fast ganz oben auf dem Berg war, wurde es plötzlich ganz still, und eine große Ruhe breitete sich um mich herum aus. Ich blieb stehen und verweilte eine Zeit lang in diesem Zustand zwischen Wachen und Träumen, Tiefschlaf und dem transzendierten Zustand, der alles umfasst. Dann lief ich ein paar Schritte weiter und sah einen kleinen Mann mit Glatze mit dem Rücken zu mir auf einem Stein sitzen. Als ich hinter ihm stand und er sich umdrehte, blickten mich große, kugelrunde braune Augen an, seine Augenbrauen zogen sich leicht zusammen. Nervös, ja fast hysterisch, blickte er um sich. In seiner rechten Hand hielt er ein zerfetztes Stück Pergamentpapier, und als er es umdrehte, sah ich ein Bild von mir selbst darauf. Ich trug andere

Kleidung, hatte längeres Haar, aber ich war es eindeutig. Er sagte: »Dieser junge Mann trägt eine große Verantwortung. Seine Aufgabe ist groß, aber er weiß es noch nicht.« Ängstlich drückte er das Bild an sich und verschwand auf einmal. Gleich danach erwachte ich in meinem Bett und konnte wie nach den anderen beiden Träumen nicht wieder einschlafen. Also stand ich auf und setzte mich auf die Veranda, wo ich bis Tagesanbruch blieb und nachdachte. Von welcher Aufgabe, von der zuletzt ja auch das »Wesen« bei der Reiki-Einweihung gesprochen hatte, redete dieser Mann? War es meine Aufgabe, einen Weg zu finden, mich selbst zu befreien, um dann den Menschen darüber zu berichten?

Auch von diesem Traum erzählte ich Paul am nächsten Morgen. Er schwieg lange und verschwand später für einige Stunden mit dem Motorrad. Im Laufe des Tages kam er zu mir zurück und meinte nur: »Der Traum, den du gehabt hast, ist wahr, Timo. Du bist aber noch nicht bereit zu verstehen, welche Vollkommenheit sich dahinter verbirgt. Dein Leben, so wie du es kennst, wird bald vorbei sein, und ein neues, größeres Kapitel wird sich vor dir zeigen.«

Es war schwierig zu begreifen, was eigentlich geschah, denn ich konnte mittlerweile wirklich eine unmissverständliche Veränderung in mir spüren. Einerseits war ich noch immer skeptisch, andererseits gab mir mein Herz längst das Gefühl, dass alles seine Richtigkeit hatte. Manchmal fühlte ich mich, als gäbe es in mir drin zwei Personen, die jeweils in eine ganz andere Richtung liefen. Die eine war vom Verstand gesteuert, die andere folgte dem Herzen – und die wurde immer bestimmender. Weil alles, was ich erfuhr und tat, sich besser und wahrer anfühlte als alles, was ich bis dahin in meinem Leben je erfahren hatte.

Paul gab mir immer wieder Sach- und Fachbücher über Tantra und die Weisheiten verschiedener Yogis zu lesen, und ich konnte fast nicht genug davon bekommen. Dank Paul und durch die vielen Bücher, die ich las, wurde mir klar, dass ich zuerst einmal meinen Kopf frei bekommen musste, um ihn dann wieder mit dem Richtigen zu füllen. Paul versuchte mir auf seine eigene Weise zu erklären, dass es im Yoga nicht darum geht, Wissen zu erlangen. Sondern darum, das Leben an sich, in allen möglichen Facetten, zu erfahren, um daraus eine Erkenntnis zu gewinnen, was letztlich zu innerer Freiheit führen würde. Paul, der für mich inzwischen Freund, Bruder, Vermittler und spiritueller Reiseführer in einem geworden war, betonte in unseren Gesprächen immer wieder, dass mein Krebs eine Erfahrung war, die für mein zukünftiges Leben von großer Bedeutung sein würde. Und auf eine seltsame Art und Weise hatte ich dieses Gefühl selbst auch immer mehr.

Er wiederholte ebenfalls immer wieder, wie wichtig es sei, die Natur zu beobachten, denn diese könne einem am meisten beibringen. Die Wurzeln eines Baumes, der groß und stark werden will, müssen zuerst tief in die Mutter Erde hineinwachsen, damit der Baum bei einem Sturm nicht umfällt. Ihm war es sehr wichtig, dass ich dies wirklich verinnerlichte. Jedes Mal, wenn ich zu eifrig, zu ungeduldig war und ihn mit Fragen überhäufte, wiederholte er: »Die Wurzeln müssen erst stark sein, sonst wirst du beim kleinsten Wind fallen.« Dieser Satz begleitet mich bis heute fast jeden Tag. Es steckt so viel Wahrheit darin.

In meiner Zeit auf der Farm verbrachte ich sehr viele Stunden am Fluss, der immer mehr zu einem Teil von mir wurde. Der Fluss lehrte mich, mich selbst zu erkennen. Täglich beobachtete ich das Wasser. Es floss an mir vorbei, strömte weiter, aber dennoch war es immer da. Ich verstand den Zyklus des Lebens nun besser. Das Leben ist wie Wasser. Stark und schwach, hart und weich zugleich. Wasser repräsentiert den ewigen Wandel des Lebens. Auch wenn es zu entschwinden scheint, ist es immer da. Wasser ist Leben. Und um zu leben, müssen wir, so viel verstand ich nun, alle Formen des Lebens akzeptieren lernen. So wie Wasser es hinnimmt, wenn ein Fels im Wege steht, aber sich dennoch einen anderen Weg sucht, um weiterfließen zu können. Genauso muss es auch im Leben sein. Es muss fließen, um rein zu sein.

Eines Abends kamen zwei alte Freunde von Paul unerwartet zu Besuch. Beide waren hinduistische Priester. Paul und die beiden Gäste unterhielten sich in Malayalam, der Landessprache von Kerala – ich verstand zwar kein Wort, fragte mich aber schon, was sie hier zu so später Stunde wohl wollten. Nach einer Weile bat mich Paul, mit ihm und den beiden Priestern die üblichen Feuer rund um das Anwesen zu entfachen, wie wir es jeden Abend machten. Es war bereits eine Art Ritual für uns. Wir taten dies, weil der Rauch die Energie reinigt und zugleich die Moskitos von uns fernhielt, von denen es eine Menge gab. Während wir gemeinsam heruntergefallene Blätter, Holz und Laub vom Boden sammelten, blieb der eine Priester immer in meiner Nähe. Er lächelte mich an und nahm von Zeit zu Zeit meine Hand, die er fest drückte.

Nachdem die Feuer entfacht waren, saßen wir zusammen unter dem großen Baum und dieser Priester ließ seinen Blick nicht von mir. Ich spürte, dass er mit dem anderen Priester über mich sprach, was mir zu Beginn sehr unangenehm war. Irgendwann begann der Priester direkt zu mir zu sprechen, und Paul übersetzte für mich. Er fragte mich:»Was hast du? Ich sehe viele Narben in deinen Augen.« Paul antwortete für mich und erzählte ihm, was bei mir alles geschehen war. Währenddessen rückte der Priester näher, nahm erneut meine Hand in seine und sah mich durchdringend an. Er murmelte etwas vor sich hin, ich glaube, es war in Sanskrit, und wandte dann seinen Blick zum Himmel. Mir war, als würde er zu mir sprechen, obwohl sich sein Mund nicht wirklich öffnete. Und das Seltsame war: Ich konnte ihn auf einer ganz tiefen Ebene verstehen. Ich hatte das Gefühl, als würde er mich in meinem tiefsten innersten Kern sanft berühren. Mir liefen die Tränen über die Wangen, und ich spürte, welch emotionaler Druck sich langsam von mir löste. Dann sagte er laut: »Du musst wirklich keine Angst mehr haben. Der Krebs ist nicht mehr dein Problem. Er ist zwar da, hat aber keine Macht mehr über dich. Du bist stark. Du musst Sorge für dich tragen und deine Kräfte gut einteilen. Du hast eine sehr frühe Entwicklung einiger deiner Chakras durchlebt, und die Energie deiner unteren vier Chakras fließt gut in dir. Dies ist selten zu sehen. Dennoch hast du noch viel zu lernen und bist dir dessen, was in dir ruht, nicht bewusst.« Dann sprach auch er über meine Mutter. »Die Verbindung zu deiner Mutter ist sehr stark. Du musst dich bestmöglich um sie kümmern. Du darfst aber nie vergessen, dass jegliche Entscheidungen, die deine Mutter trifft, nicht die deinen sind.« Er fügte noch hinzu, dass Europa ein wichtiger Ort für mich sei und Menschen sich zu gegebener Zeit für das interessieren würden, was ich ihnen zu sagen habe. »Viel zu lernen wird immer Bestandteil deiner Reise sein, so wie du von Zeit zu Zeit nach Indien zurückkehren wirst«, waren seine letzten Worte an mich. Dann war anscheinend alles gesagt. Die beiden Priester standen auf, verabschiedeten sich von Paul und mir und verschwanden in der Dunkelheit. Erneut war der richtige Mensch im richtigen Augenblick zu mir gekommen. Denn dieses Erlebnis ermutigte mich, auf diesem Weg weiterzugehen und nicht zurück in mein altes Leben zu fallen.

In einer Vollmondnacht ein paar Wochen später wünschte ich mir vom Universum, Linda bald wiederzusehen. Ich wollte immer noch mehr über Reiki wissen und außerdem sprach sie eine Sprache, die ich wirklich verstand, weil sie sich weniger mystisch ausdrückte, als Paul es manchmal tat. Ein paar Tage später rief Linda uns an und sagte, dass sie uns demnächst für einige Zeit auf der Farm besuchen würde. Ich bekam Gänsehaut, als ich das hörte. Konnte dies wirklich wahr sein? War das jetzt einfach ein außerordentlicher Zufall oder hat mein Wunsch wirklich etwas bewirkt? Kann es wirklich sein, dass alles, was wir wollen, nur einen Quantensprung von uns entfernt ist, so wie ich es schon unzählige Male in Büchern gelesen hatte? Besteht wirklich die Möglichkeit selbst Impulse in die Welt zu setzen, die sich dann manifestieren? Ich dachte lange darüber nach, schrieb ganze Seiten darüber in mein Tagebuch und versuchte mir hierauf eine plausible Antwort zu geben. Was mir natürlich nicht gelang.

Seit einigen Wochen bin ich nun hier. Ich kann fühlen, dass ich mich weniger mit dem Krebs identifiziere als vor einigen Monaten. Es scheint so, als hätte mich all das, was ich in der Vergangenheit erlebt habe, hierhergeführt. Alles ist anders, nichts ist mehr wie früher. Ich befinde mich auch auf einem neuen Weg. Noch vor nicht allzu langer Zeit dachte ich, mein Leben würde nach Plan verlaufen. Und nun lebe ich ein Leben gänzlich ohne Plan, ohne wirkliche Struktur und weit entfernt von meiner Komfortzone. Und ich fühle mich besser als jemals zuvor. Ich sitze hier unter zwei Bäumen auf einer Bank aus Bambus und frage mich wirklich ernsthaft, ob hinter alldem etwas Größeres steckt.

Noch vor wenigen Monaten hätte ich nie geglaubt, dass ich jemals meine Wünsche auf einen Papierfetzen schreiben, diesen dann verbrennen und ans Universum übergeben würde. Geschweige denn, hätte ich daran geglaubt, dass ich wirklich mit meinem Bewusstsein etwas verändern kann. Doch anscheinend passiert hier etwas, was ich nicht oder noch nicht begreifen oder verstehen kann. Ich kann es nicht einordnen. Ich kann nur etwas klar beobachten. Im Moment fallen mir die Dinge einfach zu. Genau so, wie ich es gerade benötige. Ist das also wirklich der Zufall? Ist der Zufall eine potenzielle Möglichkeit, die ich mir in der Gegenwart erschaffen kann? Interessanter Gedanke.

Chedi Spring Valley   *Ende Februar 2015*

Kaum war Linda da, hatten wir straffe Tagespläne. Sie brachte mir alles über Reiki bei, was sie wusste, und weihte mich immer tiefer in diese Lehren ein. Jeden Tag von früh bis spät, Woche für Woche, durfte ich von ihr Neues über die Magie des Lebens und alles, was dies beinhaltet, erfahren. Dieses Wissen war für mich wie ein Krug voller Wasser für einen durstigen Menschen. Ich saugte es förmlich auf. Gleichzeitig prüfte ich all das Neue mit meinen Gefühlen und schuf mir so mein eigenes Bild der Wirklichkeit. Wir unterhielten uns aber nicht nur über Yoga, Chakras oder die Kraft der Kundalini, sondern auch über die Anziehungskraft von Mensch zu Mensch, die hermetischen Gesetze[10], die Kraft des Willens und wie man diesen effektiv im Leben integriert. Linda half mir dabei, mich während meiner Meditationspraxis immer tiefer zu versenken, und leitete mich durch die verschiedenen Ebenen meines Geistes. Sie zeigte mir, wie ich Zugang zu meinen Zellen finde, um mit ihnen kommunizieren zu können. Es war nicht einfach, mich nicht von meinen Gedanken ablenken zu lassen und fokussiert zu bleiben. Aber ich konnte immer wieder kleine Fortschritte machen, die mir dabei halfen, mehr und mehr meine vergangene Krebserkrankung zu akzeptieren und mit ihr eins zu werden. Durch Lindas Unterweisungen verstand ich, dass Krebs nichts Getrenntes von mir ist, sondern zu mir gehört, und dass ich ihn lieben lernen sollte. Solange Trennung in mir herrsche, könne es keine Heilung geben, erklärte sie mir. Ich musste also lernen, ohne Angst vor dem Krebs zu leben und ihn als Teil von mir und etwas Größerem anzuerkennen. Mit der Zeit konnte ich spüren, wie ich immer tiefer in mich hineinfand, meinem innersten Kern näherkam. Es war unglaublich, welchen Effekt die täglichen Yoga- und Reikiübungen auf meine Entwicklung hatten. Durch Lichtmeditationen, in denen ich lernte, mein inneres Licht mit dem Licht des ganzen Universums zu vereinen, war es mir möglich, meinen physischen und astralen Körper[11] mit Liebe, Licht und tiefer Heilung zu erfüllen. Manchmal stellte ich mir vor, wie die universelle Kraft durch mich hindurchfloss und mich reinigte. Ich sprach gleichzeitig mit meinen Zellen und gab ihnen den Auftrag, sich selbst von Krebs zu heilen. Bei vielen meiner Meditationen konzentrierte ich mich mithilfe von Atemübungen darauf, mich selbst durch die Kraft der Gedanken zu heilen. Und ich bin überzeugt davon, dies hat mir enorm geholfen.

Als ich Linda irgendwann erzählte, dass ich mir in einer Vollmondnacht gewünscht hatte, sie wiederzusehen, war sie etwas überrascht. Sie warnte mich und sagte mir mit ernster Stimme: »Timo, du weißt noch nicht, wie viel Potenzial wirklich in dir und in uns allen steckt. Entscheide weise, was du wirklich willst, und vor allem sei vorsichtig mit dem, was du dir wünschst.«

Neben dieser für mich immer wichtiger werdenden Innenschau und der Beschäftigung mit spirituellen Themen gab es natürlich auch noch unseren »normalen« Alltag. Manchmal schnappte ich mir unser Motorrad und holte von einem Nachbarn ein leckeres frisches Kokosöl, das er selbst herstellte und mit dem ich sowohl kochte als auch meinen ganzen Körper einrieb. Paul und ich gingen zusammen essen, und einmal nahm er mich mit in sein wirkliches Zuhause, zu seiner Mutter in Ernakulam. Es war eine Ehre für mich als erster weißer Freund, Gast in seinem Haus zu sein und seine Mutter kennenzulernen. Sie sprach zwar kein Wort Englisch, war aber sehr freundlich, und wir verstanden uns auch ohne Worte. Wir verbrachten einige Tage in Ernakulam und Kochi, er zeigt mir die Stadt und stellte mich seinen Freunden vor. Ich fühlte mich sehr wohl unter ihnen, obwohl es nicht gerade meine Lieblingsbeschäftigung ist, mitten in einer indischen Metropole am Straßenrand zu sitzen, die Abgase ungefilterter Motorradauspuffanlagen einzuatmen und dabei Tee zu trinken. Ich lernte die keralische Küche noch besser kennen und liebte sie. Gekochte Linsen mit einem Hauch von Zimt und der Schärfe von

Ingwer versehen oder gebratener Paneer mit Marsala und Butter ließen meine Geschmacksnerven explodieren. Was mir aber am besten an all dem guten Essen gefiel, war, dass ich kein Besteck benutzen musste. Dadurch entwickelte ich eine tiefere Verbindung zu dem, was ich aß. In all den Monaten, in denen ich mich auf der Reise zu mir selbst befand, hatten die kleinen Dinge wie das Essen auf einmal eine viel größere Bedeutung für mich. Ich entwickelte ein Gefühl für das, was auf dem Teller war. Ich wurde dankbarer und erkannte, dass ich mir der Wichtigkeit unserer Nahrung bis dahin überhaupt nicht bewusst gewesen war.

Feuer und Kräuter

Einmal im Jahr, immer dann, wenn die Sterne und der Mond eine spezielle Stellung haben, findet in der Nähe von Chedi Spring Valley ein tantrisches Ritual statt. Es wird in einer kleinen Hütte im Wald nahe einem Fluss durchgeführt und von Pauls Freund Pakanar geleitet. Ein wunderbarer Mensch, dessen Lächeln aus tiefstem Herzen kam und die Menschen mit Liebe überschüttete. Paul nahm mich diesmal mit zu diesem Ritual, das mehrere Stunden dauerte und von Tanz, Musik und Opfergaben begleitet wurde. Obwohl ich an solch einem Ritual noch nie teilgenommen hatte, kam es mir irgendwie vertraut vor, als würde ich dies alles nicht zum ersten Mal miterleben. Noch in derselben Nacht sagte Paul zu mir: »Du musst nicht noch einmal ganz unten den Weg des Yoga begehen. Du hast ihn schon einmal beschritten. Yoga ist in diesem Leben nicht das, was es meiner Ansicht nach für dich zu erreichen gibt. Die Lehren des Yoga sind tief in dir drin, Timo. Dies ist auch der Grund, wieso du so schnelle Fortschritte machst und dir vieles sehr bekannt vorkommt. Du bist auf deinem letzten Weg, Timo. Deiner letzten Inkarnation. Du wirst dies alles schon sehr bald verstehen.«

Als ich mich gegen Ende des Rituals auf den Boden setzte und mich auf mein Ajna-Chakra, den Energiepunkt zwischen den Augenbrauen, konzentrierte, wurden auch um mich herum alle still. Während dieser Stille, die nur ein paar Momente währte, fühlte ich eine enorm starke Kraft durch mich hindurchfließen. Ich bekam Gänsehaut, und alle meine Zellen begannen zu vibrieren. Es fühlte sich so an, als würde mein Energiespeicher sich neu aufladen. Ich ließ es einfach geschehen. Ich war zufrieden und glücklich und dankbar. Für mich waren es damals genau diese spirituellen Riten und Themen, die ich benötigte, um mehr Ruhe zu finden. Sie gaben mir in dem Moment, wo ich es am meisten benötigte, Halt und Kraft. Es tat mir einfach gut. Und das ist eigentlich auch alles, was wirklich von Bedeutung ist. Dem Herzen folgen ist eine Kernbotschaft, die mich der Yoga lehrte.

Da Paul und ich wussten, dass Heilung nicht rein auf der mentalen Ebene erfolgen konnte, sondern ich auch auf körperlicher Ebene zusätzlich zur richtigen Ernährung noch etwas tun musste, brachte er mich zu einem Medizinmann. Er lebte nicht weit entfernt von Chedi Spring Valley. Wir fuhren auf Pauls Motorrad auf einer halbwegs gut gepflasterten Straße rund 20 Minuten weiter in Richtung Berge und stoppten vor einem alten Haus mit einem großen Vorgarten. Hinter dem Haus hing über dem Feuer ein großer Kupfertopf, der mich stark an den Zauberkessel von Miraculix, dem Druiden, in *Asterix und Obelix* erinnerte. In dem Topf brodelte ein Sud aus verschiedensten Kräutern. Durch ein Rohr wurde der aufsteigende Dampf in eine Kammer geleitet, sodass eine Art Dampfbad entstand. Der Medizinmann forderte mich auf, mich nackt in das Dampfbad zu begeben, und erklärte mir, dass der Kräuterdampf Giftstoffe aus meiner Haut ziehen und meine Zellen und Nerven stimulieren würde, damit wieder Harmonie in meinem Körper entstehen könne. Ich mochte den Geruch sehr, er wirkte absolut beruhigend auf mich. Nach dem Dampfbad untersuchte er mich genau und kontrollierte dabei auch meine Zunge, meinen Puls sowie mein ganzes lymphatisches und energetisches System – eine Prozedur, die mir schon von den Ärzten im Ayurveda-Zentrum vertraut war. Allerdings machte er eine Art Ritual, bevor er mich untersuchte. Paul erklärte mir später, dass er, wie alle Schamanen, nicht nur auf der Ebene des physischen und energetischen Körpers arbeite, sondern Zugang zur geistigen und feinstofflichen Welt habe und auf alle Ebenen der Heilung[12] zugreife. Deshalb habe er sich auch mit diesen Kräften und somit mit meinem innersten Kern verbunden. Der Medizinmann, dem wir nichts über meine Vorerkrankungen erzählt hatten, lächelte mich an, als er mit der Untersuchung fertig war. Ich müsse mir keine großen Sorgen machen, im Großen und Ganzen sei alles in Ordnung. Als ich dann doch noch sagte, dass ich bereits zweimal an Krebs erkrankt sei, bekräftigte er nochmals: »Du musst dir wirklich keine Sorgen machen.« Er gab mir zum Schluss einen Behälter mit einem Pulver und ein kleines Fläschchen Öl, um den Darm zu stärken, und erklärte mir, wie beides anzuwenden sei.

Diese erste Begegnung mit einem Medizinmann – er gehört zu einem der alten Stämme, die bis heute in den Wäldern Indiens leben – war unglaublich spannend. Mein Interesse an Schamanismus und Naturheilkunde, das Karl mit seinen Geschichten bereits in mir geweckt hatte, vergrößerte sich schlagartig. Auch dass er alle Pflanzen, Wurzeln, Kräuter und Blätter, die er für die Behandlung seiner Patienten benötigte, selbst im Wald sammelte, fand ich hochinteressant. Am liebsten hätte ich mich für die nächsten Jahre bei ihm eingenistet, um von ihm zu lernen.

Ein Buch mit großer Wirkung

Eines der Bücher, die Paul mir zum Lesen gab – ich war da schon etliche Monate bei ihm –, war *Lehrjahre bei einem Meister im*

Himalaya, die Autobiografie des Yogis Sri M[13]. Das Buch hat mich tief beeindruckt und ist bis heute eines der besten Bücher, das ich je gelesen habe. Schon nach den ersten Seiten war ich völlig von Sri Ms Lebensgeschichte gefesselt. Ich konnte fast nicht mehr aufhören zu lesen. Immer wieder bekam ich Gänsehaut am ganzen Körper, und an etlichen Stellen liefen Tränen über meine Wangen. Die Geschichte des Yogis aus Kerala, wo ich mich ja gerade befand, berührte mein Herz und ließ mich auf eine seltsame Art und Weise spüren, dass ich tatsächlich aus einem bestimmten Grund und nicht zufällig hier war. Ohne mich an irgendetwas zu erinnern, spürte ich eine größere Sehnsucht als je zuvor. Obwohl ich nichts über den Himalaya wusste, sah ich Bilder in meinem Kopf von Höhlen, Felsformationen und abgeschiedenen Wegen, die sogar nachts in meinen Träumen erschienen. Ich wäre am liebsten gleich aufgebrochen und zu diesen Bergen gewandert.

Das Buch veränderte meine ganze Sichtweise auf das Leben, mir wurde klar, dass wir es sind, die unserem Leben eine Bedeutung geben. Es machte für mich Sinn, dass ich Krebs hatte, damit ich weiterwachsen und meine begrenzte Welt verlassen konnte. Das Buch machte mir Mut. Auch Mut, mich dem Leben ganz hinzugeben. Das, was das Buch mit mir machte, war einfach großartig und bewegte mich bis in die tiefsten Schichten meines Seins. Kaum hatte ich es zu Ende gelesen, rief Paul aus Ernakulam an, wo er sich geschäftlich befand, und sagte: »Timo, du musst sofort hierherkommen! Sri M ist hier, hält Vorträge und spricht zu den Menschen.« Ich war total perplex, setzte mich, ohne nachzudenken, auf unser Motorrad und fuhr zu ihm in die Stadt. Sri M sollte als Erstes im Gebäude des lokalen Fernsehsenders einen Vortrag vor geladenen Gästen halten. Das Gebäude und der Eingang wurden von Polizisten bewacht. Überall waren Absperrungen. Unerklärlicherweise war ich der Einzige, der nicht von der Polizei aufgehalten wurde, als ich mit dem Motorrad ankam. Nicht einmal am Haupteingang wurde ich von den Polizisten zurückgedrängt. Dies fühlte sich – wieder einmal – alles sehr merkwürdig an. Ohne eine Einladungskarte zu haben, stand ich unversehens mitten in der Halle. Ich wollte gerade die Treppe hinaufgehen, als mir ein Menschenpulk entgegenkam. Ah, Sri M war wohl nicht mehr weit. Ich wartete still am Fuße der Treppe, und da war er auch schon. Er kam immer näher, blickte mich an und sagte, während er meinen Kopf berührte: »Du warst schnell, mein Junge, du warst schnell.« Das war alles. Wie konnte er wissen, dass ich so in Eile zu ihm gekommen war, obwohl ich ihn erst vor einigen Tagen in seinem Buch kennengelernt hatte?

Nachdem ich Paul wie verabredet getroffen hatte, fuhren wir gemeinsam zu dem Base Camp, wo Sri M sich öffentlich zeigen wollte. Ernakulam war eine Station auf dem »Walk of Hope«, den Sri M vor Kurzem gestartet hatte. Als symbolischen Weg der Hoffnung. Von Tamilnadu, dem südlichsten Staat Indiens, wollte er zu Fuß ganz in den Norden zum Himalaya wandern und unterwegs immer wieder öffentlich zu Menschen sprechen. So wie jetzt. Als ich das Base Camp betrat, war ich ganz ruhig und gelassen und spürte wieder diesen Frieden in mir, nach dem ich mich so lange gesehnt hatte. Um mich herum schien sich alles verlangsamt zu haben, so als würde die Zeit fast stillstehen. Völlig ruhig und zufrieden wartete ich darauf, Sri M nochmals zu sehen. Nach längerer Wartezeit betrat er die Eingangshalle. Sofort erhob ich mich und lief zu ihm hinüber, einfach um seine Nähe zu spüren, die ich schon, während ich sein Buch las, ganz tief im Herzen empfunden hatte. Erneut kam er auf mich zu, nachdem er mich erblickt hatte. Am liebsten hätte ich ihm auf der Stelle alles von mir erzählt, um seinen Rat zu erhalten. Aber bevor ich auch nur ein Wort sagen konnte, meinte er: »Alles wird gut, mein Kind.« Ich war sehr überrascht, wir lächelten uns an, die Zeit stand für

Momente still, dann verabschiedete er sich, indem er seine Hand auf meinen Kopf legte. Die Liebe, die er dabei ausstrahlte, bewegte mich noch lange zutiefst.

Schon merkwürdig, dass ich oft in meinem Leben lieber meinem Verstand folge, Dinge tue, die ich eigentlich gar nicht tun will, die mir im Endeffekt wenig bringen und mich nur als Gefangenen der Zeit dastehen lassen, anstatt einfach meinem Herzen zu folgen. Hätte ich überhaupt jemals Krebs bekommen, wenn ich von Anfang an nur das gemacht hätte, was sich für mich wahrhaftig stimmig anfühlt? Wie oft bin ich wirklich in meinem Leben der Stimme meines Herzens gefolgt? Seitdem ich es öfter tue, geht es mir besser. Vergöttern wir unseren Verstand demnach viel zu sehr? Ich muss einfach weiterhin auf diese Stimme, dieses Gefühl achten. Ich bin sicher, dass ich eine Antwort auf all meine Fragen finden werde.

Chedi Spring Valley   *Ende März 2015*

Immer wieder diese Aufgabe

Jetzt war ich bereits vier Monate in Indien und musste, um mein Visum verlängern zu können, für mindestens zwei Wochen das Land verlassen. Ich entschied mich, nach Sri Lanka zu reisen, was sich sozusagen gleich um die Ecke befand. Als ich aus dem Flugzeug stieg und einen Bus nach Kandy, einer Tempelstadt in den Bergen, nahm, merkte ich, wie schön es war, endlich wieder einmal ganz allein für mich zu sein. Während der ersten drei Tage versank ich in völliger Stille, wollte mit niemandem sprechen, sondern einfach die Ruhe genießen. Ich suchte mir schöne, ruhige Plätze rund um Kandy, verweilte dort über Stunden und übte Yoga auf meiner Matte. Dort, ganz hoch oben auf den Bergspitzen, fühlte ich mich am wohlsten und konnte meinen Gedanken freien Lauf lassen. Es schien mir, als fände ich dort unendlichen Raum und Platz für alles, was in meinem Kopf so vor sich ging.

Ich hatte in den Monaten auf der Farm ja bereits viel meditiert und Yoga praktiziert und dadurch immer mehr zu mir selbst und zu innerer Ruhe gefunden. Mittlerweile war mir klar geworden, dass ich meine Energie jahrelang zu sehr nach außen gerichtet hatte und immer hektisch im Tun geblieben war. Dadurch war ein großes Ungleichgewicht entstanden und die Sehnsucht nach Ruhe immer größer geworden. In Sri Lanka nahm ich mir noch mal viel Zeit für mich selbst, um das Vergangene, die Krebserkrankungen, alle Begegnungen, alles, was ich bis dahin erlebt hatte, zu überdenken und mir ein wahres Bild darüber zu machen. Ich verstand immer besser das ungeschriebene Gesetz der Anziehung, von dem Linda gesprochen hatte und das hinter allem steht. Ich erhaschte einen flüchtigen Blick auf die Unendlichkeit und auf das, was alles für uns bereitsteht, wenn wir willig sind, unserem Herzen zu folgen.

Eines Nachmittags, ich fuhr mit dem gemieteten Motorrad gerade in ein Tal, das sich zwischen Bergen und Teeplantagen entlangzog, sah ich am Horizont auf einem Berg einen kleinen Stupa. Magisch von diesem buddhistischen Tempel angezogen, fuhr ich darauf zu. Ein schmaler Weg führte hoch zur Bergspitze. Der Pfad war alles andere als gut befahrbar, und ich musste einige Male das Motorrad anschieben, um weiterzukommen. Als ich endlich oben ankam, schien gerade die Sonne durch das große, offen stehende Tor des Stupa. Langsam ging ich hindurch und war überwältigt von der Schönheit dieses Tempels. Weit und breit war kein Mensch zu sehen. Ich setzte mich schließlich neben dem Tempel ins Gras, die Sonne schien auf mein Gesicht, ich schloss die Augen und verschmolz gänzlich mit meiner Umgebung – eines der schönsten Erlebnisse in meinem ganzen Leben. Ich sah grüne, gelbe, rote und blaue Farben an mir vorbeiziehen, und meine Vorstellungen von dieser Erde verschwanden im Schleier des goldenen Lichtes, zu dem alle Farben sich vereinten. Kein einziger Gedanke suchte mich heim, ich spürte einfach nur Ruhe in mir selbst und trat in die vollkommene Stille und Leere ein. Wie lange ich dasaß, weiß ich nicht mehr. Irgendwann, als ich meine Augen wieder öffnete, sah ich einen buddhistischen Mönch, der sich einige Meter entfernt neben mich gesetzt hatte. Ich blickte ihn an, legte als Gruß meine Hand auf mein Herz und lächelte ihm zu. Er nickte mit dem Kopf, lächelte dabei sanft und schloss seine Augen. Ich blieb noch eine ganze Weile auf dem samtweichen Gras vor dem Stupa sitzen und blickte in die Weite. »Wie schön doch das Leben ist«, schoss es mir durch den Kopf. »So oft in meiner Vergangenheit habe ich mich mit belanglosen Dingen herumgeschlagen, mich über Menschen geärgert, obwohl gar kein Grund dafür vorhanden war. Und vor allem keiner, der mir irgendetwas gebracht hätte. Mit wie viel Blödsinn wir doch unsere kostbare Zeit verschwenden!« Zugleich war ich einfach nur dankbar für mein Leben und die Zeit, die mir erneut geschenkt wurde. Als ich mich später von dem Mönch verabschiedete, nahm er meine ausgestreckte Hand in seine beiden Hände, blickte mir tief in die Augen und gab mir seinen Segen, bevor ich auf mein Motorrad stieg und die steile Bergstraße nach unten donnerte.

An einem anderen Tag traf ich mich vor einem Café in Kandy mit dem Yogi, von dem mir Linda erzählt hatte. Erosha war ein großer, dunkler Mann mit langen, schwarzen Haaren und wahrlich glänzenden Augen, der seit mehr als zehn Jahren in einem Ashram hoch oben in den Bergen lebte. Er strahlte vor Zufriedenheit und Liebe. Wir plauderten lange miteinander, tranken Tee, und auf einmal fragte er mich, wieso meine Augen so viel Schmerz ausstrahlten. Also erzählte ich ihm meine ganze Geschichte, von Anfang bis Ende. Er hörte mir aufmerksam zu und sagte später beim Abschied: »Vielleicht treffen wir uns wieder, ich wünsche dir alles Gute.« Ich war etwas enttäuscht, ich hätte gerne mehr von ihm erfahren und mich von ihm unterrichten lassen. Aber es sollte allem Anschein nach nicht so sein. Den Rest des Tages lief ich in Kandy umher, suchte mir ein nettes Restaurant und wollte anschließend noch einen Abendspaziergang rund um den großen See machen. Die Nacht brach bereits über das Tal herein, und der Mond schimmerte leicht auf dem glasklaren Wasser des Sees. Da sah ich auf einmal Erosha auf einer Bank sitzend meditieren. Ganz leise legte ich meinen Rucksack ab und setzte mich neben ihn. Nach einiger Zeit öffnete er seine Augen und sagte: »Ich wusste, dass ich dich hier nochmals treffen werde.« Wir unterhielten uns erneut über Yoga, und auch er sprach wieder von dieser Aufgabe, die anscheinend auf mich wartet: »Ich bin mir sicher, dass du eine große Aufgabe hast und du deine Geschichte erzählen musst.« Erosha war jedoch der Erste, der mir ganz direkt sagte, dass ich noch viel zu lernen hätte, bevor ich den Menschen helfen könne: »Du hast noch viel vor dir, junger Mann.« Er blickte mich mit seinen intensiven Augen an, legte die Arme um mich, drückte mich an sich und verabschiedete sich von mir. Geschmeidig erhob er sich und ging, die Arme hinter dem Rücken verschränkt, dem Mond entgegen.

Mit allem verbunden

Drei Wochen später war ich wieder zurück in Indien auf Chedi Spring Valley. Eines Abends nahm mich Paul zu einem der größten Tempel-Festivals in ganz Kerala mit. Für mich war es das erste Mal, dass ich etwas so Überwältigendes zu sehen bekam. Ich hätte mir vorher nicht vorstellen können, wie ungemein eindrucksvoll ein solches hinduistisches Fest in einer Tempelanlage sein kann. Unzählige Menschen waren dort versammelt, und das ganze Fest mit seinen einzigartigen Zeremonien, Götterbeschwörungen und Ritualen dauerte eine Woche lang. Vor dem großen, prachtvoll geschmückten Eingangstor zur Tempelanlage standen indische Musikanten in traditioneller hinduistischer Bekleidung. Sie spielten mit sogenannten Kombus, einem volkstümlichen und religiösen Instrument, das aussieht wie ein langes, aus Bronze hergestelltes gekrümmtes Horn. Begleitet wurde es auf dem Fest von Trommeln und Gesang. Diese Kombination von Klang und Sprache löste in mir eine heftige Emotion aus. Tränen rannen über meine Wangen, die ich nicht mehr kontrollieren konnte. Jede einzelne Zelle meines Körpers vibrierte, Gänsehaut breitete sich von den Zehen bis zur Scheitelspitze aus. Ich hatte erneut das Gefühl, als hätte ich dies alles schon einmal erlebt. Ich kannte alles, was ich hier sah, bereits. Es waren Erinnerungen an Gefühle, die durch den Klang dieser Musik stimuliert wurden. Ich erinnerte mich zwar nicht an Ereignisse aus anderen Leben oder Parallelwelten, wusste aber intuitiv, dass mehr vorhanden sein musste, als ich sah. Ich spürte es einfach, ausgelöst durch die Musik an diesem Abend, die tief in mich eingedrungen war. Es war, als sei ich endlich erwacht, denn nun konnte ich erkennen, wie unwichtig Zeit und Raum doch wirklich sind. Oder wie nutzlos das Klammern an Vergangenes oder die alleinige Konzentration auf die Zukunft ist. Das Einzige, was zählt, ist, im gegenwärtigen Augenblick zu sein, und dies immer und überall. Mir wurde klar, wie viele Menschen sich doch selbst auf dem eigenen Lebensweg beschränken und diesen oft, so wie ich selbst zuvor, in einen Leidensweg verwandeln. Ich begriff, worauf ich zukünftig achten musste: einzig auf das Hier und Jetzt!

Nachdem ich, zumindest für den Moment, jegliche Grenzen von Möglichem und Unmöglichem über Bord geworfen hatte, träumte ich einmal mehr etwas sehr Merkwürdiges. Es war für mich der letzte Beweis dafür, dass es keine solchen Grenzen gibt. Ich träumte von einer langjährigen Freundin aus der Schweiz, die vor Kurzem ihr erstes Kind geboren hatte. Ich flog durch eine Art Zeitraster und sah sie auf einmal mit ihrem Freund und dem Kind im Krankenhaus. Das Kind lag verletzt auf einem Bett, ihr Freund und sie saßen daneben und hielten sich an den Händen. Als ich mitten in der Nacht aufwachte, schrieb ich ihr sofort eine Whats-App, ich wollte unbedingt wissen, ob alles in Ordnung sei. Einen Tag später antwortete sie mir: »Wir sind gerade vom Krankenhaus nach Hause gekommen, da die Kleine sich am Arm verletzt hatte.« Ich musste ein paarmal tief durchatmen, als ich die Nachricht las. Ich war überrascht, aber gleichzeitig auch wieder nicht. Ich konnte es mir, wie so vieles, mit meinem Verstand nicht erklären, aber ich fühlte, dass alles möglich ist. Auch dass mir eine enge Freundin, die Tausende Kilometer entfernt ist, im Traum erscheint, wenn sie in Not ist.

Alles anders als geplant

Ein paar Wochen später war es dann so weit: Endlich würde ich meine Mutter wiedersehen. Sie wollte mich in Indien besuchen kommen. Genauso wie ich, stand nun auch sie an einem Wendepunkt. Sie benötigte Abstand von allem und Ruhe. Mein erstes Ziel war es, ihr den Ort zu zeigen, der sich für mich so magisch anfühlte und seit Monaten mein Rastplatz war. Für meine Mutter war es ein guter Ort, um langsam in diesem farbenprächtigen Land der wohl extremsten Gegensätze anzukommen. Wie ich vor einigen Monaten fühlte auch sie sich auf Chedi Spring Valley sofort wie zu Hause und verstand sich wunderbar mit den Menschen auf der Farm. Für mich war es ein wunderschönes Gefühl, meine Mutter, die sich ebenfalls mit dem Krebs auseinandersetzen musste, wieder in meiner Nähe zu wissen. Diese Krankheit verband uns mehr, als ich es mir hätte vorstellen können, und dies wurde mir nun immer bewusster. Wir beide sahen das Leben nicht mehr als etwas Selbstverständliches an. Wir begannen damit, jeden Tag zu zelebrieren, genossen jede Sekunde, die wir gemeinsam verbringen konnten, und diese Art den Tag zu leben, wie er nun mal gerade so daherkam, gefiel meiner Mutter und mir ganz gut. Ich konnte wieder ein Leuchten in ihren Augen sehen, wenn ich sie morgens beim Frühstück beobachtete, wie sie in die frisch gepflückte Mango biss, ihr der Saft über das Kinn und die Hände lief und sie dabei zufrieden vor sich hin lächelte. Dies war alles, was ich mir für meine Mutter wünschte. Ihr Strahlen machte mich glücklich. Nach einigen für sie erholsamen Wochen verließen meine Mutter und ich Chedi Spring Valley, um noch mehr von Indien zu erkunden. Ich sagte schweren Herzens goodbye zu Paul, der mir versicherte: »Dies wird immer dein Zuhause sein, mein Freund. Wir werden uns wiedersehen, da bin ich mir sicher.«

Da ich das Gefühl hatte, dass meiner Mutter die Zeit davonlaufen würde, und weil ich sie nicht verlieren wollte, hatte ich schon während ihrer Zeit auf der Farm angefangen zu recherchieren, wo man schwer kranken Krebspatienten helfen kann. Schließlich galt sie ja schulmedizinisch als unheilbar. Ich wollte unbedingt irgendwie und irgendwo eine Lösung für sie finden. Als Erstes besuchten wir gemeinsam eines der bekanntesten ayurvedischen Krankenhäuser, in dem Krebspatienten in Indien behandelt werden. Ich war zwar sehr von diesem Ort überzeugt, doch irgendetwas hielt uns davon ab, dort zu bleiben. Wir hatten beide ein Gefühl, das uns sagte, wir müssten weiterreisen und uns nach etwas anderem umsehen. Paul hatte uns noch einen Geheimtipp mit auf den Weg gegeben, nämlich den Namen eines Dorfes, wo wir Lakshmi Taru[14], ein spezielles Krebsheilmittel aus dem Samen des Lakshmi-Taru-Baums bekommen könnten – ein Baum, der auch in Chedi steht und aus dessen Blättern ich mir täglich einen Tee gebrüht hatte. Wir reisten also in dieses kleine Dörfchen. Ein Ort, mitten im Nirgendwo. Dort stießen wir auf ein Haus, das einer alten, christlichen Kirche glich. In ihm lebten alte Menschen, die von christlichen Nonnen betreut wurden. Die Wände waren in hellem, mattem Blau gestrichen, die Fenster und Türrahmen weiß umrandet. Vor dem Haus hatten sich ungefähr 15 Menschen um einen Mann versammelt. Als wir uns dazugesellten, wurden wir mit fragenden Blicken begrüßt. Der Mann in der Mitte entpuppte sich als der ayurvedische Arzt, der hier Krebspatienten behandelte und Heilpflanzen an kranke Menschen verteilte, die sich eine konventionelle Krebstherapie nicht leisten konnten. Aus welchen Gründen auch immer: Als wir dort waren, war die ganze Medizin gerade aufgebraucht, eine neue Lieferung sollte erst in ein paar Wochen kommen. Der Arzt bedauerte sehr, uns nicht helfen zu können, als Trost gaben uns die Nonnen einen Beutel voller getrockneter Lakshmiblätter, sodass wir uns zumindest die nächsten zwei Wochen täglich einen Tee daraus brühen konnten.

Erneut war unser Timing »zufällig« nicht so, wie wir es uns vorgestellt hatten. Wir beschlossen, weiter durch Indien zu reisen, um vielleicht das zu finden, wonach wir suchten. Ich wollte einfach nicht aufgeben und meiner Mutter unbedingt helfen – obwohl mir in Indien ja schon mehrfach gesagt worden war, dass dies nicht meine Aufgabe sei, ja, dass ich meine Mutter ihren eigenen Weg gehen lassen müsse. Das wollte und konnte ich aber einfach nicht. Auch wenn ich tief in mir spürte, dass sie alle recht hatten, wollte ich nicht darauf hören. Ich liebte meine Mutter. Ich wollte ihr helfen, ihr eine unvergessliche Zeit bereiten, sie nicht verlieren. So nahm ich, als wir unterwegs waren, weiterhin mit verschiedenen ayurvedischen Ärzten per E-Mail Kontakt auf, sogar mit einem der früheren Leibärzte des Dalai Lama. Ich suchte nach Informationen und einer passenden Lösung, damit meine Mutter eine Chance auf eine ganzheitliche Therapie bekäme. Aber alles, was ich probierte, um ihr zu helfen, klappte nicht – vermutlich sollte es so sein. Also reisten wir einfach zwei weitere Monate durch Indien, die für sie, wie sie mir später erzählte, zu den schönsten ihres Lebens zählten.

In meiner Mutter hatte ich nun meine engste Vertraute wieder um mich. Ich erzählte ihr, dass ich irgendwie fühlen könne, wie meine Lymphknoten mit mir sprachen, und dass mein Körper noch nicht im Gleichgewicht sei. Mein Gefühl sagte mir, dass ich für meinen Körper noch einiges mehr tun müsse, um ihn wirklich zu heilen. Außerdem hatte ich, wie ich ihr gestand, schon eine ganze Weile einen vergrößerten Lymphknoten in der Leiste, der darauf hinweisen könnte, dass der Krebs wieder da sei. Und dass mir das ziemlich Angst machte. Nach langen Gesprächen überredete meine Mutter mich dazu, meinen Körper nochmals schulmedizinisch untersuchen zu lassen. Ich glaube, sie hatte ein wenig Angst vor dem, was vielleicht noch in mir war. Dies bedeutete aber für mich einmal mehr, alle meine Pläne über den Haufen zu werfen. Was ich ehrlich gesagt gar nicht mochte. Eigentlich hatte ich vor, irgendwie zum Himalaya zu gelangen, um dort irgendwo im Gebirge in einer abgelegenen Höhle meinen Meister zu finden.

Was geschieht hier gerade? Warum soll ich jetzt auf einmal nach Hause fahren? Was ist es, was mich wieder heimbringen möchte? Welche Kraft steckt hinter alldem? Was verbirgt sich mir? Kann es etwas mit dem Buch »Die Erde ist eine Scheibe und Chemotherapie heilt Krebs« zu tun haben? Seit ich dieses Buch studiert habe, habe ich das Gefühl, erst am Anfang meiner körperlichen Heilung zu sein. Ich weiß, dass ich auf der mentalen Ebene nun schon sehr große Fortschritte gemacht habe, doch mein Körper sehnt sich, glaube ich zumindest, nach mehr. Es war schon seltsam, wie ich dieses Buch erhielt. Bevor ich damals nach Neuseeland reiste, wies mich die Freundin von Sandro auf dieses Buch hin. Ich kaufte es mir, reiste damit ans Ende der Welt und öffnete es nie. Tag für Tag nahm ich es aus meinem Rucksack, legte es neben meinen Kleiderstapel, betrachtete den Titel und die Schutzhülle, die noch immer das ganze Buch umhüllte. Irgendetwas hinderte mich, es zu lesen. Doch was war es? Dann hatte ich diesen Traum mit dem Wesen an meinem Bett und reiste zurück in die Schweiz. Das Buch im Rucksack, noch immer verpackt. Ungelesen.

Dann rief Indien durch ein ayurvedisches Buch nach mir. Ich folgte diesem inneren Ruf. Monatelang schleppte ich das zwei Kilogramm schwere Buch weiter mit mir herum. Erst nachdem ich vieles über mich selbst erfahren, täglich, und das über Monate hinweg, mich mit meinem Geist und Unterbewusstsein, meinen Ängsten vorm Tod etc. beschäftigt hatte, fühlte ich mich stark genug, dieses Buch zu öffnen. Und dann las ich es sogar zweimal durch. Ich erfuhr alles, was ein Krebspatient wirklich über diese Erkrankung wissen muss,

Nun sitze ich hier am Ufer des heiligen Ganges und frage mich, was hat dieses Buch mit meiner Rückkehr zu tun? Warum geben mir meine Lymphknoten, seit ich mit dem Buch angefangen habe, das Gefühl, dass ich noch vieles zu tun habe? Soll ich wirklich in die Schweiz zurück? Soll ich mich noch mal untersuchen lassen? Ich habe etwas Angst davor. Ich trau mich irgendwie nicht. Dennoch scheint dies der Weg zu sein, den ich offenbar zu gehen habe. Was sagt mir mein Gefühl? Ich glaube allmählich, dass dies alles keine Zufälle sind und dass meine ganze Vergangenheit und meine Freunde, die ich habe, nicht einfach zufällig sind. Ich glaube, da steckt mehr dahinter.

Vielleicht schließe ich die Augen, kehre in mich, um Klarheit zu erlangen.

Rishikesh, am Ufer des Ganges,   Frühsommer 2015

KOMMT ER
NOCH MAL WIEDER?

Statt im Himalaya befand ich mich nun wieder in meinem Dorf in der Schweiz. Nachdem ich mich mehr als ein Jahr geweigert hatte, unterzog ich mich erneut einem Ganzkörper-Check im Krankenhaus: PET-CT-Röntgenaufnahmen, Bluttest und ein MRT von meinem Kopf. Auf dem PET-CT war zu sehen, dass zwei kleine Lymphknoten in meiner linken Leiste »aktiv« waren. Dies konnte natürlich alles Mögliche bedeuten. »Aktiv« bedeutet entweder, dass der Lymphknoten stark arbeitet, da dieser entzündet ist, oder dass sich zum Beispiel ein bösartiger Tumor entwickelt hat. Die Ärzte boten an, die vergrößerten Lymphknoten zu entfernen, um untersuchen zu können, ob es wieder Krebs ist. Für mich war dies aber überhaupt keine Option. Auch weil ich mittlerweile viel mehr über Krebs und die Behandlungsmöglichkeiten wusste und für mich keine Rolle spielte, was es war. Denn in diesem Moment wurde mir klar: Ich musste meinen Körper in ein neues und noch nie da gewesenes Gleichgewicht bringen. Aber nicht durch eine OP oder eine Therapie, wie früher die Chemo oder Strahlentherapie. Ein Gleichgewicht, nach dem er sich wahrscheinlich schon lange sehnte.

Ich bemerkte sehr schnell, dass in meinem Umfeld nicht alle verstanden, wieso ich diesen Knoten nicht entfernen ließ. Mir war das aber egal, und ich ließ mich dadurch auch nicht von meiner Entscheidung abbringen. Der Onkologin erklärte ich, dass ich bestens wissen würde, was ich tue, und ich mich schon melden würde, falls ich weitere Fragen hätte. Ich fühlte mich stärker als je zuvor. Irgendetwas wusste in mir, dass es meine letzte Gelegenheit war, auf den Zug aufzuspringen, der mich zu einer ganzheitlichen Heilung mitnehmen würde. Ich übergab diesmal die Verantwortung nicht jemand anderem, der mich heilen sollte, sondern begann, selbst Verantwortung zu übernehmen. Auch für meinen Körper. Nun offenbarte sich der Sinn dieses dicken Wälzers über Krebs, den ich so lange in meinem Rucksack herumgeschleppt hatte. Denn darin war unter anderem die Rede von einem Zentrum in Deutschland, dem »3E-Zentrum«, in dem allen Anschein nach Krebspatienten anders therapiert wurden, als ich es bisher kannte. Dorthin wollte ich nun, um mich auch auf der physischen Ebene noch mehr mit meiner vergangenen Krebserkrankung auseinanderzusetzen. Ich wusste irgendwie, dass dieser Lymphknoten, der da auf dem CT auffiel, nichts Bösartiges war. Ich wusste aber auch, dass ich genau in dieses bestimmte Krebszentrum musste, um meinen Körper ins Gleichgewicht zu bringen.

Dort angekommen, lernte ich vieles über Ernährung und Entgiftung sowie die ganzheitliche Reinigung des Körpers. Meine Mutter begleitete mich nach Deutschland, und wir durchliefen gemeinsam das fünfwöchige Reinigungsprogramm. Ihr tat dieser Aufenthalt unglaublich gut. Ihre Augen strahlten, sie genoss die Atmosphäre und die Zeit dort sehr. Vielleicht musste es so sein, dass wir in Indien nichts Passendes fanden. Für mich war der Aufenthalt in diesem Zentrum ein sehr wichtiger Schritt. Ich lernte, wie ich im normalen Alltag mit dieser Krankheit umgehen und vor allem wie ich meinen Körper physisch unterstützen kann. Ich realisierte, dass Heilsein im Grunde ein Zustand ist, der ständig erlebt werden kann. Es war nur wichtig, immer mehr den Zugang zu diesem unendlichen Potenzial zu finden, in dem Gesundheit auf uns wartet. Ich musste mich also »nur« dieser immer präsenten Heilung öffnen.

In Indien hatte ich aus erster Hand, sozusagen an der Quelle, erfahren und gelernt, was es bedeutet und bewirken kann, Herr seiner Gedanken zu sein. Ich lernte dort, die Angst nicht länger als meinen Feind zu sehen, sondern als Hilfsmittel zu nutzen. Das Spannende für mich war, dass ich in Deutschland in diesem ganzheitlich ausgerichteten Zentrum vieles von dem, was mir in Indien mit auf den Weg gegeben wurde, erneut zu hören bekam. Noch viel interessanter war aber, dass man hier die ganze Thematik von einer wissenschaftlichen Seite anging. So entstand in meinem Inneren eine perfekte Fusion von Wissenschaft und Philosophie, die mich befähigte, das alte Wissen des Ostens mit den wissenschaftlichen Erkenntnissen des Westens zu vereinen. Ich sah nun schwarz auf weiß, dass vieles von dem, was ich in Indien gelernt habe, messbar ist. Dieser Aha-Effekt war unglaublich wichtig für meinen weiteren Weg. Er gab mir noch mehr Kraft und Mut, in der bereits eingeschlagenen Richtung weiterzumachen.

Nach der Rückkehr in die Schweiz war es für mich nicht mehr wichtig zu wissen, was es nun mit diesem Lymphknoten auf sich hatte. Ich ging nicht zurück ins Krankenhaus, um ihn untersuchen zu lassen. Ich hatte so ein starkes Vertrauen zu mir und dem größeren Sinn, den ich hinter allem sah, dass ich wusste, ich bin gesund. Für mich ist dieser Lymphknoten bis heute eine Art Fühler, der sich, wann immer ich wieder zu stark mit meinen Gedanken am »falschen« Ort bin, durch Kribbeln meldet und mir sagt: »Hey, wach auf!«

Es ist schon schön zu sehen, wie auf einmal alles in meinem Leben einen Sinn ergibt. Hätte ich das Krebsbuch von Lothar Hirneise Chemotherapie heilt Krebs und die Erde ist eine

Scheibe *nie in meine Hände bekommen und monatelang unausgepackt mit mir herumgeschleppt, wäre ich nie mit meiner Mutter hier gelandet, an dem Ort, der für uns beide so wichtig war. Wäre die Freundin von Sandro nicht gewesen, hätte ich dieses Buch nie gelesen. Und hätte meine Mutter nie Krebs bekommen, dann wäre ich wohl heute noch irgendwo in Indien. Schon spannend, wenn man im Leben und vor allem in der eigenen Vergangenheit einen wahrhaftigen Sinn erkennt.*
Krebszentrum Deutschland   *Sommer 2015*

Ich glaube, ich weiß jetzt, wie

Nach der Kur in Deutschland war ich voller Energie, Kraft und Lebensfreude in die Schweiz zurückgekehrt. Ich sprudelte geradezu über vor Ideen und Zukunftsvisionen und stand schneller als gedacht wieder inmitten meines alten Lebens. Iwan führte mit Florian »unser« kleines Restaurant, aus dem ich vor einem knappen Jahr ausgestiegen war, ich hatte Zeit, den Sommer am See zu genießen, Pläne zu schmieden. Als einer der Köche Urlaub hatte und Not am Mann war, half ich natürlich für ein paar Tage in der Küche aus. Schließlich kannte ich den Laden in- und auswendig und war froh, mal wieder etwas anderes zu tun, als mich von früh bis spät mit meinem physischen und psychischen Ich zu befassen. Dann stürzte einer »unserer« Mitarbeiter bei einem Gleitschirmflug so schwer, dass er nicht mehr arbeiten konnte – und ich war rascher wieder in meiner alten Rolle, als es mir eigentlich lieb war. Immerhin war ich so schlau, einen Deal mit Iwan und Florian auszuhandeln. Denn ich wollte auf keinen Fall wieder in den alten Trott fallen und 14 bis 15 Stunden täglich arbeiten. Und so verbrachte ich einen weiteren Sommer in dem Restaurant, aus dem ich eigentlich schon ausgestiegen war.

Schon bald begriff ich, dass auch meine zeitweilige Rückkehr an den Restauranteherd einem tieferen Sinn folgte. Denn eines Morgens, während wir in den Vorbereitungen für den Mittagsservice steckten, fragte mich Iwan, ob ich Lust hätte, mit ihm über den Winter mit einem Camper durch Australien oder Tasmanien zu reisen. Natürlich! Schon bald schmiedeten wir Pläne, was wir alles in »Down Under« anstellen könnten. Aber nur von Ort A nach Ort B zu reisen, hatten wir irgendwie keine Lust. Da kam uns die Idee, auf dieser Reise ein Kochbuch zu schreiben – sozusagen über vegetarisches On-the-Road-Cooking. Seit Indien ernährte ich mich vegetarisch, und wir hatten uns beide schon länger mit Ernährung auseinandergesetzt, das könnte jetzt Ausdruck finden. Das Ergebnis war unser erstes Kochbuch *Zwei Pfannen on the Road*[1].

Bevor ich die Reise antrat, gab es noch ein paar Dinge, die ich gut planen musste. Ich hatte ja nun erfahren, wie wichtig eine gesunde Ernährung ist. Vor allem für Menschen, die schwer krank sind oder es waren. Wie würde ich meinen neuen Lebensstil auf der geplanten mehrmonatigen Reise weiterführen können? Wie würde ich täglich an die Produkte kommen, die ich benötigte, um mein System auf Trab zu halten? Wo bekam ich den Sauerkrautsaft her, der so wichtig ist, um die linksdrehenden Milchsäuren aus dem Körper zu schaffen? Wie sollte ich in einem Camper ein Basenbad nehmen, damit der pH-Wert meines Gewebes im optimalen Bereich bleibt? Und was war mit dem Kaffeeeinlauf, den ich zwei- bis dreimal in der Woche machte, damit die Durchblutung und somit die Entgiftung der Leber gefördert wird? Wie würde ich das Leinöl-Quark-Frühstücksmüsli machen, das essenziell ist, wenn man nach Dr. Budwigs Öl-Eiweiß-Kost für Krebskranke lebt? Bekam ich in Australien überhaupt Magerquark und nicht homogenisierte Milch? Wie würde ich wissen, ob das Leinöl in Australien dieselbe Qualität hat wie das, welches ich zu Hause verwende? Bekam ich überall Biogemüse, sodass ich meinen Organismus nicht noch zusätzlich mit Schadstoffen, Schwermetallen, Pilzen und Pestiziden belaste? Was war mit den Tees und Nahrungsergänzungsmitteln, die ich täglich zu mir nahm?

Nachdem mir all diese Fragen und noch viele mehr durch den Kopf geschossen waren, war ich zuerst gar nicht mehr so sicher, ob ich diese Reise tatsächlich antreten sollte. Ich überlegte hin und her, und auf einmal wurde mir klar, dass ich mir an diesem Punkt keine Grenzen setzen durfte. Nicht auf etwas verzichten, bloß weil der Aufwand zu groß erschien und mich forderte. Ein Teil meines Weges war, zu lernen, wie ich alles zusammenbringen kann, ohne Einschränkungen in meinem Leben zu haben. Ich setzte mich hin, machte einen Plan – und flog nach der Sommersaison mit Iwan nach Perth, um von da aus unsere Reise zu starten. In Perth war ich einige Tage damit beschäftigt, alles, was ich für meinen Alltag benötigte, zu organisieren. Ich muss lachen, wenn ich heute darauf zurückblicke. Wir fuhren von einem Reformhaus zum nächsten, suchten das beste Leinöl in Perth und klapperten unzählige Bioläden ab, um den richtigen Sauerkrautsaft für mich zu finden. Magerquark zu bekommen war gar nicht so einfach. Aber auch hier waren wir nach langer Suche schließlich erfolgreich, und ich kaufte von allem genügend Vorrat ein. Sicherheitshalber, denn wir wussten nicht, ob wir auf der Reise nach Darwin noch weitere Reformhäuser finden würden. Wenn mal etwas nicht ganz so klappte, wie ich es mir vorgestellt hatte, improvisierte ich. Und das ging auch.

Sprechen mit den Zellen

Nach fast drei Monaten, in denen ich mich einfach mal wieder etwas anderem gewidmet hatte als meinem spirituellen Leben, kamen wir mit all unseren Rezepten für das geplante Kochbuch von Australien nach Hause. Ich entschied mich, wieder in meinem alten Restaurant einzusteigen und dort die Küche zu übernehmen. Ehrlich gesagt, wusste ich nicht, was ich sonst hätte tun sollen. So konnte ich zumindest das, was ich über gesunde Ernährung gelernt hatte, mit anderen Menschen teilen. Ich war gesund und fühlte mich wohl, doch das Universum hatte offenbar andere Pläne für mich.

Ich folgte dem Impuls, noch tiefer in die ganze Thematik von Krankheit und Gesundheit, Körper, Geist und Seele einzutauchen, und fing an, mich über Ayahuasca, diese Pflanze, von der mir Karl im Ayurveda-Zentrum erzählt hatte, zu informieren. Vielleicht hatte der Geist der Pflanzen mich jetzt von allein gefunden, weil die Zeit reif dafür war. Auf jeden Fall war der innere Drang, mich noch viel tiefer mit mir und meiner Krebskrankheit auseinanderzusetzen, sehr groß. Etwas sagte mir, dass ich noch nicht am Ende meiner Reise angelangt war. Speziell die Studien an der Universität von Sao Paulo über die therapeutische Verwendung von Ayahuasca bei Krebspatienten interessierten mich und waren besonders spannend. Ich war zwar bereits geistig und körperlich sehr stark geworden, nun hatte ich jedoch die Möglichkeit, einen weiteren Schritt zu gehen.

Von einer Freundin erfuhr ich, dass es auch in der Schweiz einige Menschen gibt, die lange Zeit bei den Shipibo-Indianern in Peru gelebt haben und schamanische Zeremonien mit Ayahuasca durchführen. Ich nahm Kontakt mit ihnen auf und wurde nach einigen Vorgesprächen eingeladen, an einer Zeremonie teilzunehmen. Kurz rang ich mit der Frage, ob ich diesen Schritt wirklich tun sollte. Alles, was ich nun wusste, deutete darauf hin, dass die Erfahrung sehr intensiv werden würde. Aber mir wurde rasch klar, dass ich nur weiterkommen konnte, wenn ich meine eigenen Grenzen sprengen würde. Ich erhoffte mir, hinter das mir Ersichtliche blicken zu können, und vertraute den Führern, die hierzulande derartige Zeremonien begleiten – wohl wissend, dass

Experimente mit bewusstseinserweiternden Drogen nicht ohne sind. Durch den von Ayahuasca hervorgerufenen veränderten Zustand des Bewusstseins ist es möglich, verdeckte Facetten des eigenen Geistes, angestaute Emotionen und im Inneren verwobene Urängste zu beobachten. Dadurch gelingt es, alte neurologische Programmierungen zu löschen und neue zu erschaffen. Früher eher gehütetes Wissen ist mittlerweile allgemein bekannt, dass alle indigenen Völker die Kraft der Pflanzen benutzen, um ein tieferes Verständnis über die Welt in und außerhalb von sich selbst zu erlangen und um tiefer in den universellen Geist, die Matrix, in die unser Leben verwoben ist, hineinzublicken.

Ayahuasca ist ein Sud aus zwei oder mehreren Pflanzen, der von Schamanen auch dazu verwendet wird, verschiedenste Krankheiten zu therapieren und zu heilen. Während der Zeremonie verbindet sich der Schamane mit demjenigen, der geheilt werden soll, und versucht ihm mithilfe des Geistes der Pflanzen auf verschiedenen Ebenen zu heilen.

Während der Zeremonie, an der ich in der Schweiz teilnahm, saß ich im Halbkreis mit den anderen Teilnehmenden auf einem Kissen auf dem Boden. Neben mir stand ein »Kotzeimer«, falls mit schlecht werden würde (was üblicherweise der Fall ist). Nach einer Weile bekam ich ein kleines Glas, das mit dem Ayahuasca-Trank gefüllt war. Die Menge war genau auf mich abgestimmt, die junge Frau, die die Zeremonie leitete, wusste offenbar intuitiv, wer wie viel von dem Trank benötigte. Das Gebräu schmeckte wirklich scheußlich, und ich musste mich beherrschen, um nicht alles gleich wieder auszuspucken. Als alle ihren Trank eingenommen hatten, wurde es still.

Ich lehnte mich gemütlich an die Wand hinter mir und wartete gespannt darauf, was geschehen würde. Angst hatte ich erstaunlicherweise keine. Auf einmal fing die junge Frau zu singen an, und in diesem Moment begann sich etwas in meinem Bewusstsein zu verändern. Mir eröffnete sich ein Bild der Welt und des Universums, das ich bis dahin nicht kannte und von dem ich nicht annähernd geglaubt hatte, dass es so etwas gibt. Jeder meiner Atemzüge fühlte sich so an, als würde ich das ganze Universum ein- und dann wieder ausatmen. Nicht nur das: Ich hatte auch das Gefühl, dass jede meiner Poren im Körper selbst zu atmen begann. Ich sah die farbigen Muster und Zeichnungen vor mir, die mich mehr inspirierten als irgendetwas zuvor. Ich durchdrang die verschiedensten Schichten des Universums, mir war, als könnte ich jeden Stern erreichen und sogar in die Materie oder eben Nichtmaterie, die dahintersteckt, eintauchen. Ich spürte, dass mein Körper zum größten Teil aus Wasser besteht. Nichts an mir hatte mehr Festigkeit, alles war wie Wasser, und ich konnte einzig und allein seinem Fließen in meinem Inneren folgen. Ich war nicht mehr wirklich fähig, meinen Körper zu bewegen. Schwerelos trieb ich in dieser wunderschönen Matrix des Universums umher. Nichts schien mir mehr unmöglich zu sein. Der Gedanke an Krankheit existierte nicht mehr in meinem Bewusstsein. Ich fühlte mich einfach mit allem verbunden. Eins mit allem, denn alles schien eins zu sein.

Nach einer Weile gewöhnte ich mich immer mehr an diesen Zustand und begann mit der eigentlichen Arbeit, wegen der ich überhaupt hier war: Ich wollte verstehen, warum ich Krebs hatte, und wissen, ob noch irgendetwas davon in meinem Körper wucherte. Ich war auf einmal fähig, mein Bewusstsein in jede Körperregion, in meine Venen und Arterien, zu den einzelnen Organen und letztlich in die einzelnen Zellen zu leiten. Ich war fokussiert wie nie zuvor, und in dem Moment hätte mich nichts davon abhalten können. Ich fühlte mich wie in einem Tunnel, dessen Weg nur in eine Richtung führte: tief in jede Zelle hinein. Nachdem ich mich immer mehr mit meinem Körperinneren bekannt gemacht hatte, fing ich an, mich bewusst mit meinem Lymphsystem zu unterhalten. Ich fragte es, was los sei und was es gerade benötigte.

Das Einzige, was als Antwort kam, war der Impuls, mehr Sauerstoff ins System zu bringen. Also brachte ich mit jedem weiteren Atemzug bewusst Sauerstoff in meine Lymphbahnen und in jede einzelne Zelle hinein. Ich spürte, wie sich mein System danach sehnte, durch frischen Sauerstoff ganz tief gereinigt zu werden.

Nachdem ich eine Weile so intensiv wie möglich Sauerstoff in meinen Körper geatmet hatte, änderte die Zeremonienleiterin ihren Gesang, und ich begann mich langsam immer unwohler zu fühlen. Auf einmal wurde mir so richtig übel, und ich musste mich heftig übergeben – was in diesem erweiterten Bewusstseinszustand nicht ganz so einfach ist. Ich versuchte mich, so gut es ging, am »Kotzeimer« festzuhalten, bis ich richtig entleert war und mich wieder hinlegen konnte.

Irgendwann wendete sich das Ganze in eine Richtung, mit der ich nicht gerechnet hatte. Der zuerst als »schön« erfahrene Zustand, in dem ich fähig war, mit meinem Körper zu arbeiten, verwandelte sich unvermittelt in eine Höllenfahrt. Es war so, als würde ich vom Garten Eden ganz tief in die untersten Gewölbe der Hölle geworfen werden, um Luzifer selbst zu begegnen. Ich sah mich selbst an einem Feuer sitzen und hatte panische Angst, nie wieder diesem Zustand entkommen zu können. Es schien mir alles so real, und ich bekam das Gefühl, verloren zu sein. Verloren in der dunklen Unendlichkeit. Ich hatte das Gefühl, nichts zu sein. Unfähig zu handeln. Unfähig, als Mensch zu leben. Der einzige Gedanke, den ich noch hatte, galt allein meiner Mutter. Ich hatte größte Angst, sie nie wiedersehen zu können und für immer in diesem Zustand von nichts festzusitzen. Ziemlich rasch bemerkte die Zeremonienleiterin meinen Zustand und sah, wo ich mich befand. Ich war damit beschäftigt, mich mit meinen tiefsten Ängsten auseinanderzusetzen. Die Angst vor dem Alleinsein, die Angst, nicht zu existieren, und die Angst, zu verlieren, was mir lieb war: meine Mutter, die unheilbar an Krebs erkrankt war. Während dieser Zeremonie wurde mir zum ersten Mal wirklich bewusst, dass ich sie vermutlich schon bald an diese Krankheit verlieren würde. Die Leiterin half mir dann zum Glück, aus dieser dunklen Hölle zu entkommen, indem sie mich am Arm hochzog und mit mir an die frische Luft ging. Sobald ich draußen war, ließ die Wirkung stark nach, und ich konnte wieder »normal« denken. Als ich auf die Uhr blickte, stellte ich erschrocken fest, dass mehrere Stunden vergangen waren. Ich hatte das Zeitgefühl völlig verloren, und so wurde mir einmal mehr deutlich, dass die Zeit, in der wir leben, nur ein Konstrukt ist, das wir uns selbst erschaffen haben, aber jederzeit verändern könnten, wenn wir es wollten.

Am nächsten Morgen, nachdem mein Körper sich erholt hatte und mein Geist wieder klar war, ging ich schließlich nach Hause. Später an diesem Tag hatte ich das Gefühl, im Wald spazieren gehen zu müssen. Ich fühlte mich so verbunden mit der Pflanzenwelt wie noch nie zuvor, noch nicht einmal in Indien. Es war unglaublich. Als ich die großen, kräftigen Tannen vor mir sah, fühlte ich ihre Stärke und Kraft in mir. Ich streifte quer durch den Wald, begann mit den Bäumen zu sprechen, hielt bei Dutzenden Tannen an und berührte sie sanft, so als wollte ich ihnen meine Liebe zeigen. Ich fühlte mich für immer und unendlich mit dem Universum, der Quelle der Kraft, verbunden. Dieser wunderschöne Zustand hielt fast zwei Wochen an, in denen ich auch intensiv träumte.

Noch dreimal nahm ich in den darauffolgenden Monaten an solch einer schamanischen Zeremonie teil und hatte dadurch die Möglichkeit, weiter auf tiefster Ebene mit meinen Ängsten zu arbeiten und sie teilweise auch aufzulösen. Aber umso tiefer ich in diesen universellen Geist einzudringen versuchte, desto mehr Fragen tauchten auf, nach deren Antworten ich mich sehnte. Auch die Angst, meine Mutter zu verlieren, tauchte immer wieder auf, und ich musste noch einige Male durch die Hölle gehen, bis ich die

Botschaft der dort gemachten Erfahrungen verstand: Du musst dich von deiner Mutter lösen, es liegt nicht in deinen Händen, ob sie gesund wird oder stirbt.

Für mich war diese Erfahrung sehr hilfreich, ich habe einen weiteren Einblick in die Unendlichkeit erhascht. Ich realisierte aber sehr schnell, dass es kein Zurück gibt, wenn man diesen Schritt mit Ayahuasca oder anderen bewusstseinserweiternden Techniken geht. Mit dem, was ich erfahren hatte, musste ich mich zwangsweise auseinandersetzen, sonst bestand die Gefahr, mich darin zu verlieren. Ich musste oft an einen Satz denken, den mir Paul immer wieder gesagt hatte: »Geh langsam und bewusst, Schritt für Schritt, sonst wirst du irgendwann eine Stufe verpassen, die dir auf deinem weiteren Weg fehlen wird. Die Spitze zu erfahren, ohne erst die nötige Grundlage erschaffen zu haben, kann das ganze Gerüst zu Fall bringen.«[2] Die Gefahr bei Ayahuasca ist, zur Spitze zu reisen, ohne den Rückweg zu kennen. Ich hatte ihn zum Glück gefunden.

Die Angst, nicht zu existieren

Meiner Mutter ging es in dieser Zeit wieder schlechter, der Krebs war an anderen Stellen wiedergekommen. Das hautnah mitzuerleben war sehr schwer für mich. Ich versuchte, so gut ich konnte, meiner Mutter gegenüber nicht allzu oft zu zeigen, wie sehr mich die ganze Geschichte mitnahm. Außerdem konnte ich, allen Ratschlägen und tiefem Wissen zum Trotz, nicht aufhören, nach Möglichkeiten zu suchen, um ihr Leid zumindest zu lindern. Jeden Tag zerbrach ich mir den Kopf darüber, las unzählige Studienberichte oder war mit Ärzten aus aller Welt in Kontakt, um hoffentlich doch noch eine Lösung für meine Mutter zu finden. Nach unzähligen Stunden Recherche stieß ich auf etwas, womit ich ihr vielleicht helfen konnte, nämlich medizinische Cannabisöle[3].

Leicht zu bekommen war so ein Öl jedoch nicht. Es schien eine Art »europäischer Schwarzmarkt« zu existieren, letztlich gelang es mir also, jemanden ausfindig zu machen, der mir das Öl verkaufen wollte. Allerdings nicht in der Schweiz, sondern in Deutschland. Egal, ich war überzeugt davon, dass es meiner Mutter helfen würde. Auch wenn es sie nicht heilen könnte (wie ich dennoch insgeheim hoffte), so würde es sie zumindest dabei unterstützen, besser zu schlafen, sich mehr zu entspannen, um die Ruhe zu bekommen, die sie so dringend benötigte. Gemeinsam mit meiner Mutter fuhr ich also nach Frankfurt, um unseren »Dealer« zu treffen. Ich war ziemlich nervös, wusste nicht, was uns dort erwarten würde, und malte mir insgeheim Horrorgeschichten aus. Als er dann am vereinbarten Treffpunkt vor mir stand, musste ich schmunzeln: kein brutaler Gangster, sondern ein Mann Mitte 40 in Anzug, mit einem Aktenkoffer in der Hand. Er wirkte sehr sympathisch, lächelte zur Begrüßung und schien voller Lebenskraft zu sein. In unserem Hotelzimmer überreichte er uns das Cannabisöl, gab uns noch eine geeichte Waage dazu und erklärte uns, wie es anzuwenden sei. Auf der Heimreise sagte meine Mutter zu mir im Auto, dass sie nie in ihrem Leben gedacht hätte, jemals Drogen über eine Grenze zu schmuggeln. Ihr schien das Abenteuer jedoch sehr zu gefallen. In unseren Taschen hatten wir reines Cannabisharz von höchster Qualität. Glücklicherweise konnten wir problemlos die Grenze passieren. Das Schicksal meinte es gut mit uns.

Bevor meine Mutter das Öl einnahm, wollte ich es erst an mir selbst ausprobieren – nicht, dass ihr irgendetwas Unerwartetes passieren würde. Vorschriftsmäßig nahm ich das Öl um 22 Uhr mit ein wenig Joghurt zu mir. Wichtig war, dass es möglichst keinen Kontakt zu den Mundschleimhäuten bekam, damit es mich nicht sofort high machte. Das Ziel war ja, bereits tief und fest zu schlafen, wenn die Cannabinoide damit beginnen würden zu wirken.

Zunächst schien alles glattzugehen. Ich schlief rasch ein und gut, bis ich im Tiefschlaf auf einmal ein lautes Pfeifen hörte, das abwechselnd leiser und lauter wurde … Plötzlich wachte ich auf und befand mich auf dem schlimmsten Trip meines Lebens – und ich hatte da schon einige Erfahrungen mit bewusstseinsverändernden Substanzen hinter mir. Alles, was ich sah und was sich vor mir befand, brach ständig in sich selbst zusammen und baute sich dann wieder neu auf. Kein Bild war mehr stabil. Alles schwankte und schien lebendig zu sein. Es war wirklich krass. Mit Müh und Not konnte ich mich aus dem Bett quälen und mich zum Fenster schleppen, um es zu öffnen. Ich weiß nicht mehr, wie lange ich praktisch halb gelähmt am Fenster lehnte, die Arme hinausgestreckt, und versuchte mich zu beruhigen. Der Flash wurde jedoch immer intensiver. Auf einmal spürte ich jeden einzelnen Muskel in meinem Körper, wie er sich an- und entspannte. Ich konnte die Peristaltik meines Darms spüren und war plötzlich fähig, jegliche inneren Abläufe zu beobachten. Ich konnte fühlen, wie der Sauerstoffaustausch in meinen Lungenbläschen vonstattenging und wie das Blut vom Herzen in die Adern schoss und sich im ganzen Körper verteilte. Trotz dieses Höllentrips gelang es mir irgendwie, meinen Verstand nicht völlig zu verlieren. Zum ersten Mal wurde mir bewusst, wie wichtig das vegetative Nervensystem ist, das uns dabei hilft, jegliche körperlichen Abläufe einfach geschehen zu lassen, ohne dass wir etwas Bestimmtes dafür tun müssen. Mir wurde deutlich, dass wir nicht leben könnten, wenn wir all diese Vorgänge, die jede Sekunde im Körper geschehen, wahrnehmen würden. Denn dies alles war kaum auszuhalten. Ich erinnerte mich daran, dass mir früher, wenn ich zu viel gekifft hatte, die frische Luft immer sehr gutgetan hatte und ich mich mit Laufen hatte beruhigen können. Mit einer gewaltigen Kraftanstrengung kroch ich in meine Jeans, zog mir eine Jacke über, setzte eine Cap auf und verließ das Haus Richtung See. Irgendwann – ich hatte inzwischen jegliches Zeitgefühl verloren – fiel ich auf der Wiese auf den Boden und lag da wohl für eine Weile. Später war ich plötzlich im Wald, ohne eine Ahnung zu haben, wie ich dorthin gekommen war. Ich musste mehrere Male erbrechen und irgendwann, schon gegen morgens, fand ich mich schließlich in meinem Zimmer auf dem Fußboden wieder.

Als ich mich einigermaßen erholt hatte, erzählte ich meiner Mutter von der Höllennacht. Dennoch entschied sie sich, das Öl zu probieren, und vertrug es zu meinem Erstaunen wunderbar. Sie war innert Kürze schmerzfrei, konnte wieder durchschlafen, und im besten Falle würden auch noch Krebszellen absterben.

Für mich hatte der Trip in den kommenden Tagen jedoch noch weitreichende Folgen. Denn mein Gefühl, wirklich auf dieser Erde zu leben, schwand von Tag zu Tag immer mehr. Ich fühlte mich auf einmal sehr verschlossen und reagierte auf jegliches Geräusch empfindlich. Die ganze Welt schien mir auf eine kuriose Art fremd. Alles war so schnell, die Autos, die Lichter, ja sogar wie die Menschen sprachen. So als hätte mein zentrales Nervensystem zu wenig Zeit, um die Abläufe, die mir vorher ganz normal erschienen waren, aufzunehmen und zu verarbeiten. Es kam mir vor, als würde ich die Verbindung zu mir selbst verlieren. Als lebte ich in einem Film, in dem ich die Hauptrolle an jemanden hatte abgeben müssen, den ich jetzt nur noch beobachten konnte, wie er mein Leben lebte. Zum Glück vergingen diese Wahrnehmungen nach gut zehn Tagen. Vorerst.

Nach dieser krassen Zeit merkte ich, dass sich in meinem Kopf irgendetwas geändert hatte. Ich wusste allerdings nicht, wie ich diese Veränderung einordnen sollte. Sicher war nur: Ich nahm die Welt nun anders wahr als zuvor. Manchmal war tagelang alles normal, dann fühlte ich auf einmal wieder, wie ich irgendwie nicht mehr geerdet war. Einmal hörte ich, als ich durch den Wald joggte, die Vögel zwitschern, nahm das Knistern und Krachen wahr, wenn ich über die am Boden liegenden Äste lief, konnte den würzigen Duft des Waldes riechen. In solchen Momenten fühlte ich mich verbunden und ruhig an einem Ort, der sehr weise und kraftvoll ist. Und dann wieder fühlte es sich von einem Moment auf den nächsten so an, als würde der Boden, auf dem ich ging, nicht existieren. Ich hatte keinen Zugang zur Umgebung, konnte mich nicht mit der Natur verbinden, sie weder spüren noch mich überhaupt an ihr erfreuen. Ich befand mich lose zwischen zwei Welten. Dieses Nicht-geerdet-Sein machte mir Angst. Alles schien sich von mir zu entfernen, sogar ich mich von mir selbst. Was war real und was nicht? Was, wenn all das Leben hier nur eine reine Illusion war und ich der Spieler, der alles steuern kann? Was, wenn meine Familie, meine Freunde nur eine Fiktion meiner Gedanken waren? Es fühlte sich an, als wäre ich in einem Traum gefangen. Es war einfach nur schrecklich.

Mein Zustand war mal besser, mal wieder schlechter. Doch ich versuchte ihn auszublenden und ging davon aus, dass er von allein wieder vorbeigehen würde. Als ich dann aber plötzlich in der Küche unseres Restaurants mehrmals das Gefühl hatte, gleich in Ohnmacht zu fallen, ohne wirklich ohnmächtig zu werden, kam das alte Gefühl der Angst in alter Stärke zurück. Ich war ihr offenbar immer noch nicht entkommen. Es war dieselbe Art von Angst, die auftrat, nachdem ich das Cannabisöl zu mir genommen und die ich während des Ayahuasca-Rituals in den tiefsten Ebenen meines Seins gesehen hatte. Dieselbe Angst, als ich akut krebskrank war und von den schrecklichsten Albträumen verfolgt wurde. Die Angst, alles verlieren zu können, woran ich glaubte und festhielt. Es war die Angst davor, was nach dem Leben kommen könnte. Die Angst vor dem Tod an sich. Die Angst davor, dass durch den Tod alles nur noch schlimmer werden würde. Einfach nur ANGST! Die kleinsten Dinge im Alltag versetzten mich in Panik. Ich verlor das Vertrauen in mich selbst und in das ganze Universum, von dem ich mich zuvor so angenommen gefühlt hatte. Altbekannte Träume von Tod, Zerstörung und Einsamkeit kehrten zurück in mein Leben. Irgendwann war es dann so weit, und ich brach regelrecht zusammen. Die Welt war für mich nur noch eine Art schwammiges Konstrukt, das sich schwer ertragen ließ.

Eines Morgens, als ich erneut in diesen Ohnmachtszustand fiel und dachte, fast nicht mehr atmen zu können, entschied ich mich, in eine Notfallpraxis zu einem Allgemeinmediziner zu gehen. Ich erzählte ihm natürlich nichts von meiner Cannabis-Erfahrung, sondern einfach nur von diesem Ohnmachtsgefühl. So durchlief ich einen Haufen Tests, EEG, EKG, Blut- und Reflexkontrollen. Alles schien völlig normal zu sein. Nichts fehlte mir, und dennoch hätte mir nicht mehr fehlen können als in diesem Moment.

Je mehr ich an diesen Bewusstseinsstörungen litt, desto mehr und tiefer forschte ich nach den Ursachen und verbrachte unzählige Stunden damit, Studie über Studie zu lesen. Außerdem versuchte ich, durch Meditation eine Antwort zu finden. Was löste diese verzerrten Wahrnehmungen in meinem Bewusstsein aus – und warum kam es dazu? Auf einmal wurde mir schlagartig klar: Ich litt unter einer akuten Psychose. Wochenlang versuchte ich mit all den Techniken, die ich gelernt hatte – Visualisierungen, Meditationen, Yoga und Qigong-Übungen –, etwas dagegen zu unternehmen. Manchmal gelang es mir, die Angstgefühle vorübergehend zu überblenden. Aber ganz egal, wie sehr ich mich auch anstrengte, die Angst kam immer wieder zurück. Mitunter war ich richtig wütend, schließlich hatte ich so viele Techniken gelernt, um genau gegen solche Probleme gewappnet zu sein. Aber sie halfen nicht. Meine Selbstzweifel wurden immer größer, und ich begann mir Gedanken darüber zu machen, was wäre, wenn ich diese Paranoia nicht mehr loswerden und in einer psychiatrischen Klinik landen würde. Fatal, denn allein der Gedanke daran erzeugte noch mehr Angst. Ich befand mich auf einem Karussell, das sich immer schneller und schneller drehte. Es schien mir, als würde ich mich von diesen endlosen Drehungen nie mehr erholen können.

Vertrauen statt Angst – alte Programme löschen

Als meine Tante, die uns gerade besuchte, eine dieser Panikattacken miterlebte, riet sie mir, zu Björn, einem Naturheilpraktiker und Coach in der Nähe, zu gehen. Sie selbst hatte sich in kurzer Zeit durch seine Hilfe von ihrer jahrzehntelangen Angststörung befreien können. Sofort rief ich ihn, immer noch panisch, an, erreichte aber nur den Anrufbeantworter und hinterließ einen dringenden Hilferuf. Ich brauchte wirklich Unterstützung, um von diesem Karussell runterzukommen. Ich hatte Glück, rasch einen Termin bei Björn zu bekommen. Björn, der seit über 30 Jahren als Heilpraktiker tätig ist, war auch 17 Jahre lang der spirituelle Direktor einer buddhistischen Schule in der Schweiz. Er verwendet die von ihm selbst entwickelte Technik des Power Code®, um Menschen von ihren leidbringenden Programmierungen zu befreien. Ich fühlte mich sofort wohl bei bei ihm. Mit großem Einfühlungsvermögen leitete er mich zu einem neuen Verständnis meiner Ängste und meiner eigentlichen Ziele. Ich verstand sofort, dass meine Angst nur ein abgespeichertes Programm oder Muster in meinem Unterbewusstsein war, das sich ständig wiederholte, wann immer es im Gehirn getriggert wurde. Er erklärte mir, dass eine Emotion wie die Angst nur noch größer wird, wenn man sie ablehnt, denn damit hält man an ihr fest. Ich erkannte auch, dass ich mit meinen Ängsten den Zugang zu Vertrauen, Gelassenheit und innerem Frieden verloren hatte, den ich nun als Ziel meiner Power-Code-Sitzung definierte.

In einer neuen Art der persönlich ausgerichteten Meditation gelang es mir rasch in einen sehr friedlichen und lichterfüllten Zustand zu gelangen, der in mir einen wohltuenden Abstand zu meinen Angstgefühlen schuf. Aus der Distanz heraus konnte ich sie zum ersten Mal ganz klar erkennen und definieren. Mit positiven Gefühlen gelang es mir danach, das Angstmuster zu reduzieren und zu neutralisieren. Schließlich erlebte ich in einer inneren Lichterfahrung, wie ich mich ganz von der Angst befreien könnte. Bereits in der ersten Sitzung wurde mir enorm geholfen. Zu erfahren, wie ich mein Gehirn mithilfe einfacher Methoden neu programmieren kann, war ein großer Meilenstein auf meinem Lebensweg. Björn riet mir, meine Power-Code-Meditation mindestens einmal täglich kurz zu wiederholen, um mein Gehirn wirklich langfristig zu verändern. Ich machte noch eine weitere Power-Code-Sitzung bei Katrin, der Partnerin von Björn, die mir noch weiterhalf. Danach war ich soweit hergestellt, dass ich bereit war, meine geplante Reise nach Indien anzutreten. Die Sommersaison im Restaurant war vorbei. Obwohl es meiner Mutter immer schlechter ging, war der innere Ruf, mich noch tiefer mit dem yogischen Leben auseinanderzusetzen, stärker.

Ich war schon ein wenig nervös, nach Indien zurückzukehren. Dennoch freute ich mich, denn ich wusste damals schon, dass Indien immer Teil meines Lebens sein und mir Schutz und ein Zuhause bieten würde. Mein Reiseziel war ein abgelegener Ashram, etwa eine Stunde mit dem Auto von Mysore, einer Stadt im südindischen Bundesstaat Karnataka, entfernt. Als der Taxifahrer das Tor zum Ashram öffnete, stockte mir der Atem: Das Anwesen lag inmitten von Reisfeldern in der Nähe eines Flusses. Von Weitem sah ich das Hauptgebäude und die Yogahalle, meine Unterkunft war eine kleine Holzhütte mit Bett und Schreibtisch und einer Veranda mit Blick über die Reisfelder. Die nächsten Wochen waren um einiges anspruchsvoller, härter und lehrreicher, als ich erwartet hatte. Mit den Tagesabläufen selbst, dem frühen Aufstehen und den Meditationen am Morgen, wenn die Sterne noch am Himmel standen und der Mond den Weg zur Meditationshalle erhellte, hatte ich kein Problem. Sehr wohl aber mit all den neuen Erfahrungen und verschiedenen Seinszuständen, die erneut in mir zum Vorschein kamen. Auch die Gefühle, mit denen ich es zu tun bekam, brachten mich durcheinander. Und warfen immer neue Fragen auf. Es war noch ziemlich am Anfang meines Aufenthalts, als ich eines Nachts gegen zwei Uhr nass geschwitzt und mit einem ganz komischen Gefühl aufwachte. Noch nie zuvor hatte ich so eine gewaltige Kraft in mir gespürt, die innerhalb von Sekunden die Kontrolle über mich übernahm und meine volle Aufmerksamkeit beanspruchte. Mein Herz raste immer schneller, meine Augen suchten nach einem Fixpunkt. Alles, was ich sah, dachte oder zu fühlen glaubte, nahm ich in dem Augenblick getrennt von mir, wie mit einem zweiten Bewusstsein, wahr. Die Wände und Möbel im Schlafzimmer wirkten irreal und nicht von dieser Welt. Ich konnte die Schwingungen des Holztisches rechts neben mir spüren, des Glases, das darauf stand, der Glasscheibe des Spiegels direkt neben mir auf der anderen Seite. Alles vibrierte und schien in Bewegung zu sein. Ein Gefühl von Unbehagen und Angst breitete sich in meinem Herzen aus. Meine Beine begannen zu zittern, und mir wurde immer unwohler. Anstatt das Schöne, Neue vielleicht sogar Universelle darin zu erkennen beziehungsweise das Geschenk, das ich bekam, um neue Zustände des Geistes zu erfahren, verglich ich diese Situation mit meinen Erlebnissen mit Ayahuasca und Cannabis und den Ängsten, die ich zu der Zeit hatte. Und statt Methoden wie den PowerCode oder andere Techniken, die ich gelernt hatte, anzuwenden, verzettelte ich mich in der Angst. In diesem viralen Programm, das sich immer und immer wieder in mir abzuspielen versuchte. Je mehr ich dieses Programm zuließ und dann verdrängen wollte, desto schlimmer, chaotischer und schmerzhafter wurde alles. Als es mir zu viel wurde, sprang ich aus dem Bett, riss die Tür auf und rannte barfuß auf die Wiese vor meiner Unterkunft. In dem Moment, als sich meine Zehen tief zwischen die vom Tau benetzten Grashalme senkten, ich meine Augen schloss und mehrmals tief durchatmete, spürte ich mich langsam wieder. Allmählich verschwand auch die Angst, und mein Herzschlag pendelte sich wieder ein. Ich begann noch draußen die Übungen von Björn zu machen und fand nach einer Weile zu mir.

Etwas verunsichert lief ich zurück zu meiner Hütte, setzte mich auf die kleine Veranda und dachte lange über das eben Erlebte nach. Ich fand keine plausible Erklärung dafür, stattdessen hielt sich in meinem Geist hartnäckig die Frage: »Ist das noch immer diese Psychose?« Erst später realisierte ich, dass ich erneut in meine eigene Falle getappt war: Ich hatte an der Angst festgehalten und ihr erlaubt, immer größer zu werden. Ab dann versuchte ich mich täglich daran zu erinnern, dass ich mir selbst im Weg stand und meine Furcht mein eigenes Konstrukt war. Dadurch gelang es mir, diese Angst besser zu erkennen und daran zu arbeiten.

Als um sechs Uhr die morgendliche Meditationsstunde in der großen Yogahalle direkt oberhalb des Flusses begann, hatte ich mich noch nicht wirklich erholt von den nächtlichen Ereignissen. Irgendetwas hatte sich verändert. Auch wenn ich wusste, dass ich in einem Ashram in Südindien auf der Yogamatte saß, fühlte es sich nicht so an. Ich hatte das Gefühl, dem Universum viel näher zu sein als je zuvor, gleichzeitig hatte ich die Empfindung, nicht mehr voll und ganz bei mir selbst zu sein. Ich befand mich erneut zwischen zwei Welten: meinem Bewusstsein und dem allgegenwärtigen Bewusstsein. Vor mir saß unser Lehrer und leitete uns durch eine Meditation, der ich mich nicht anschließen konnte. Ich musste mich zuerst einmal mit meiner eigenen Situation vertraut machen. Ich blendete seine Worte aus und begab mich in meinen Gedanken an einen vertrauten inneren Zufluchtsort: Ich saß am Fluss bei Chedi im Schneidersitz, meine Beine waren unterhalb des Wasserspiegels, und ich konnte spüren, wie das Wasser nicht nur um mich herum, sondern durch mich hindurchfloss. Ich fühlte mich sehr schnell wohl und innerlich zentrierter. Ich visualisierte nicht, sondern implantierte die Bilder in meinem Gehirn, so als würde ich es wirklich fühlen. Diese Imagination wandte ich immer dann an, wenn ich erneut von meinen Emotionen überrollt wurde. Und es half mir sehr.

Eines Nachmittags, als wir gerade von unserem Swami in den Yoga Sutras[5] unterrichtet wurden, ereignete sich erneut etwas Ungewöhnliches. Der Swami hatte gerade erklärt, was Brahman ist, nämlich die unveränderliche, unendliche und transzendente Realität, die den ewigen Urgrund von allem darstellt, was ist und je sein wird. Kaum war er fertig mit seiner Erklärung, merkte ich, wie sich alles um mich herum zu verändern begann. Die Säulen, die das Dach der Yogahalle trugen, fingen an, sich leicht zu bewegen, der Raum als solcher verlor völlig seine Bedeutung. Ich nahm keine Geräusche mehr wahr, und auch die Stimmen der Menschen um mich schienen leiser zu werden. Vor mir standen drei Mitschüler und der Swami, und es schien mir so, als würde ich nicht nur ihre Körper sehen, sondern ihre Urgestalt erkennen. So war der eine mit seinen langen Rastas nicht mehr nur der, für den ich ihn hielt und den ich kannte, sondern ich sah seine tiefe Weisheit direkt vor mir, auch die Körper der anderen erschienen mir wie mehrschichtige Wesen, in denen ich eine tief liegende Weisheit sah – oder besser gesagt, spürte. So schön und neu das auch war, es verging nicht viel Zeit, und mein altes Angstmuster kam zum Vorschein. Noch bevor ich es erkennen konnte, übernahm es die Kontrolle über mich. Mir wurde richtig übel, ich hatte auf einmal heftigste Kopfschmerzen. Blitzschnell verließ ich die Halle und lief zur Toilette, wo ich damit begann, langsam und tief durchzuatmen. So lange, bis ich wieder frei von meiner Angst war.

Auf diese beiden Erlebnisse folgten noch weitere, die ähnlich intensiv waren. Oft saß ich am Flussufer, blickte ins Wasser und fragte das Universum: »Was willst du noch von mir? Ist es zu viel verlangt, einfach Ruhe finden zu wollen?« Am liebsten wäre ich manchmal davongerannt und hätte alles hinter mir gelassen, weil es mich schlicht überforderte. Trotzdem blieb ich standhaft und machte weiter. Immer wieder sagte ich zu mir: »Du darfst nicht aufgeben. Du musst den nächsten Schritt tun. Es wird schon gut werden.« Ich übte mich in den Methoden, die Björn mir vermittelt hatte, gab mich dem Yoga völlig hin und nach und nach war ich in der Lage, die Stille in mir herbeizuführen, nach der ich mich noch immer sehnte. Das Einzige, was ich erreichen wollte, war, ein Gefühl von Ruhe in mir zu erschaffen, das nicht mehr wegging.

Ruhe. PERMANENTE RUHE! Ich sehne mich danach. Ich werde sie finden, koste es, was es wolle. Doch wo soll ich suchen? Wie soll ich suchen? Kann mir überhaupt jemand helfen, sie zu finden? Ich gehe weiter, egal wie weit. Auch wenn ich noch weit reisen und vieles in mir erfahren muss. Ich gebe nicht auf. Ich werde Ruhe in mir finden. Ich hoffe nur, dass ich genug Zeit habe.
Mysore   *September 2016*

LOSLASSEN,
UM FREI ZU SEIN

Fünf Wochen verbrachte ich insgesamt in dem Ashram, dann war es Zeit aufzubrechen. Ich wollte wieder nach Kochi, diesmal reiste ich jedoch nicht allein, sondern mit vier Freunden, die ich im Ashram kennengelernt hatte. Knapp zwei Jahre nach meinem ersten Aufenthalt stand ich nach achtstündiger Fahrt wieder vor dem Tantra Homestay – mit sehr gemischten Gefühlen. Einerseits erinnerte ich mich an all die schönen Erlebnisse bei meiner ersten Indienreise, zugleich spürte ich eine Art Melancholie in mir, die ich gar nicht richtig zuordnen konnte. Die Schlüssel für die Zimmer waren bereits für uns hinterlegt, und wir waren alle froh, endlich ins Bett gehen zu können. Mit dem Rucksack auf dem Rücken und meiner Yogamatte in der rechten Hand stieg ich am nächsten Morgen die Treppe des Homestay hinunter, und meine Freunde begleiteten mich zum Ausgangstor. Ich verabschiedete mich von allen und stieg in eine Rikscha, die mich zum Hafen brachte, wo ich die nächste Fähre in Richtung Ernakulam nahm. Das Wiedersehen mit Paul im altbekannten Indian-Coffee-House war einfach nur großartig. Ich war richtig glücklich, die alte Vertrautheit war sofort wieder da, und wir beide wussten, als wir uns in die Augen sahen, dass auch dieses Wiedersehen einen tieferen Sinn hatte.

Zusammen fuhren wir auf unsere geliebte Farm Chedi Spring Valley. Als wir ankamen, rannte July, unsere Hündin, direkt auf mich zu und begrüßte mich überschwänglich. Ich freute mich ebenfalls riesig, sie zu sehen, sie war mir bei meinem ersten Aufenthalt sehr ans Herz gewachsen.

Chedi hatte sich seit meiner Abreise ein wenig verändert. Rechts neben dem Vorplatz zwischen den Bäumen hatte Paul einen Naturteich ausheben lassen, in dem jetzt kleine Fische lebten. Die Veranda war komplett neu in roter Farbe gestrichen. Auch die neue große Küche hinter dem Haus war endlich fertig. CheyChey, die Köchin, und Rajan Sir waren beide nicht mehr auf der Farm. Stattdessen lebten nun zwei hinduistische Priester hier, die auf die Farm achtgaben, wenn Paul nicht da war. Ich fühlte mich trotzdem auf Anhieb wieder wie zu Hause. So als wäre ich nie weg gewesen.

Am nächsten Morgen, noch bevor die Sonne am Horizont die Welt begrüßte, lief ich zum Fluss hinunter, in der einen Hand ein Handtuch und in der anderen eine natürliche Seife, um mich am Fluss waschen zu können. Die Ruhe war atemberaubend. Ich konnte bei jedem Schritt das Knistern unter meinen Fußsohlen hören. Die Geschöpfe des Waldes, die Vögel und Insekten, sangen ihre Morgenlieder und begrüßten mich mit ihren Tönen und Gesängen. Seit Langem fühlte ich mich endlich wieder richtig eins mit der Natur, der Welt, dem Universum und vor allem mit mir selbst. Der Fluss floss noch immer mit derselben Leichtigkeit und bahnte sich seinen Weg zwischen den vielen Steinen und Felsplatten, die aus dem Wasser ragten. Jeder einzelne Tropfen Wasser war vereint mit der Kraft des Ganzen. Mir kam der Spruch von Bruce Lee in den Sinn: »Sei wie Wasser«, als ich mich auf die noch kühlen Steine inmitten des Flusses setzte. Ich schloss die Augen, faltete meine Hände und legte sie sanft auf meine Oberschenkel, die nun etwas unter dem Wasser waren. Langsam spürte ich, wie die

Sonne am Horizont aufging, und blickte dann mit offenen Augen für wenige Minuten direkt in die Mitte der Sonne, so wie ich es bei meinem ersten Besuch von Rajan Sir gelernt hatte. Mein Verständnis von meinem Körper und die Verbindung zu meinen subtileren Kräften hatten sich im vergangenen Jahr verstärkt, und ich blickte nun nicht mehr einfach nur in die Sonne, sondern verband mich gedanklich direkt mit der Kraft, die von ihr ausging. Das Licht des Lebens! Dadurch war es mir möglich, gänzlich mit der Sonne und ihrer Kraft zu verschmelzen. Danach schloss ich für eine Weile erneut meine Augen und verband mich mit meinem inneren Licht. Ein Gefühl von Zufriedenheit und Ruhe durchströmte mich, und ich blieb eine Zeit lang so sitzen.

Als ich meine Augen wieder öffnete, saß Paul ganz in meiner Nähe. Er begrüßte mich wie immer mit einem freundlichen »Namaste«, was so viel wie »Mein höheres Selbst grüßt dein höheres Selbst« bedeutet. Ich setzte mich näher zu ihm, und bevor ich überhaupt etwas sagen konnte, erkundigte er sich, wie es meiner Mutter jetzt ginge. Ich hatte ihm von der Schweiz aus immer wieder geschrieben und erzählt, was gerade los war. Kaum hatte ich die ersten Worte herausgebracht, da liefen mir schon die Tränen über die Wangen. Ich erzählte ihm ausführlich alles, was in der Zwischenzeit geschehen war, angefangen von unserem gemeinsamen Aufenthalt in dem alternativen Krebszentrum in Deutschland bis hin zu meinen Erfahrungen mit Ayahuasca und dem Cannabisöl, den Panik- und Angstattacken und dem tiefen Wissen, dass meine Mutter diese Welt bald würde verlassen müssen. Paul hörte aufmerksam zu, blickte mir sehr lange in die Augen und sagte dann: »Lass mich nachdenken, Timo. Ich glaube, es gibt einen wichtigen Grund, warum du wieder hier bist.« Den Rest des Tages verbrachten wir weitestgehend sehr gemütlich in Chedi. Erst am späteren Nachmittag fuhren wir spontan mit dem Motorrad in das kleine Walddörfchen ganz in der Nähe, um einen Masala-Chai zu trinken und ein paar gebackene Bananen zu vertilgen. Ich genoss es sehr, den Tag einfach planlos, ohne Kalender oder Smartphone, verstreichen zu lassen. Diese Art zu leben hatte ich so sehr vermisst. Die darauffolgenden Tage verliefen ähnlich entspannt: Wir sprachen viel miteinander und verbrachten Zeit in der Natur am Fluss, saßen in der Nacht draußen unter dem Sternenhimmel, sangen Lieder und Mantras und meditierten gemeinsam – jeder auf seine eigene Art.

Eines späten Nachmittags, die Sonne war schon fast am Untergehen, saß ich wieder einmal am Fluss und meditierte, als Paul sich neben mich setzte und sagte, dass er spüren könne, dass etwas anders war. »Siehst du die vielen Krähen, die um dich herum auf den Steinen sitzen?«, fragte er mich »Sie sind schon seit dem Tag hier in Chedi, an dem du angekommen bist. Er erklärte mir, dass die Krähe ein sehr mystischer Vogel sei und seine Anwesenheit viele verschiedene Bedeutungen haben könne. Sie signalisiere, dass entweder etwas ans Licht kommen wird, etwas gehütet werden muss oder aber auch dass dunkle Kräfte im Spiel sein könnten. »Im Grunde ist die Krähe dann da, wenn die Zeit reif ist, dich selbst auf etwas aufmerksam zu machen. Vielleicht auch auf etwas, was dich in deinem Leben hindert, weiter voranzugehen. Sie kann aber auch dann auftreten, wenn ein Mensch sich in einer Übergangsphase befindet. Sie kann uns zeigen, dass die Welt der Toten nicht mehr so weit von uns entfernt ist. Viele heilige Schriften und Rituale indigener Völker stehen symbolisch unter dem Schutz der Krähe. Sie hilft einem Menschen, tiefere Einblicke in das Verborgene, das nicht Aussprechbare zu erhalten. Doch bei dir bin ich mir nicht sicher, Timo, was dies bedeuten könnte. Ich kann es nicht beurteilen. Vielleicht hat es auch etwas mit deiner Mutter zu tun. Wir werden sehen.«

Ich kann spüren, dass ich aus einem ganz bestimmten Grund zurück in Indien bin. Da ist etwas, was sich langsam anbahnt – etwas, was ich tun muss. Doch was? Was gibt es noch, das ich nicht sehe oder erkenne? Hat es etwas mit meiner Mutter zu tun? Wie geht es ihr wohl gerade? Was muss es für ein Gefühl sein, wenn man vonseiten der Medizin im Stich gelassen wird? Was muss das für ein Gefühl sein, wenn man weiß, an dieser Krankheit zu sterben? Obwohl ich selbst Krebs hatte, kann ich mir nicht vorstellen, wie sich das anfühlen muss. Ich hoffe, ihr geht es gut. Ich vermisse sie, und es schmerzt, ihr nicht helfen zu können – ich weiß nicht mehr, wie. Das Einzige, was ich tun kann, ist, offen zu sein und zuzulassen, was auch immer kommen mag. Was sonst könnte ich tun?
Am Fluss von Chedi   *Anfang November 2016*

Sie oder ich?

Ein paar Tage später machte mich Paul mit Sivadas, wie ich ihn später nennen durfte, bekannt, damit ich mit ihm über meine Mutter sprechen konnte. Sivadas war ein Gelehrter, ein Angehöriger der Nambudiri[1]. Schon als ich ihn zum ersten Mal sah, fühlte ich mich in seiner Anwesenheit wohl und geborgen. Irgendwie hatte ich gedacht, er müsse schon uralt sein, aber er war vielleicht Ende 30. Ein großer, schlanker Mann, der ein helles Hemd und einen weißen Lunghi mit goldenen Streifen trug und der mit seinem gestutzten Bart und seiner Brille sehr freundlich aussah. Auf seinem Kopf saß eine weiße Mütze, und durch das Hemd schimmerten die Amulette und Malas durch. Wir saßen in einer Kunstgalerie in Fort Kochi, und Sivadas hörte sich meine Geschichte an – Paul hatte, wie schon bei der Begegnung mit den Priestern damals auf der Farm, die Rolle des Übersetzers inne. Sivadas versprach, über das, was ich ihm erzählt hatte, zu meditieren, außerdem wolle er anhand der alten vedischen Astrologie, Jyotisha[2], mehr herausfinden und dass wir uns dann wiedertreffen. Ich war sehr berührt von diesem Gespräch. Vor allem war ich aber dankbar, dass sich dieser Mensch die Zeit nahm, sich mit meiner Sache zu beschäftigen, ohne irgendeine Gegenleistung zu verlangen. Als wir uns nach zwei Tagen erneut trafen, erklärte Sivadas mir, dass es für mich wichtig sei, mich wieder vollkommen mit meinem Körper zu vereinen, und dass ich nun endlich die Vergangenheit loslassen müsse und nicht an der Zukunft festhalten solle. Außerdem müsse ich meine Mutter loslassen. »Du musst deine Mutter gehen lassen. Nur so kannst du deiner Bestimmung folgen. Du musst mutig und stärker sein als die Hindernisse, die noch kommen werden. Sei für alles bereit.« Er riet mir, zu einem uralten Shiva-Tempel in Kerala zu reisen, um dort ein Ritual für mich und meine Mutter durchzuführen. Dies sei von großer Wichtigkeit, betonte er mehrmals und gab mir zwei kleine Silberstatuen mit: Eine würde symbolisch für meine Mutter stehen und die andere für mich.

Zwei Tage später machten Paul und ich uns auf den Weg. Unterwegs besorgten wir noch eine Menge Dinge, die wir für das Ritual benötigten. Bevor wir den Tempel betraten, mussten wir uns in dem Fluss, der gleich neben dem Tempel floss, gründlich waschen. Dies ist in Indien generell vor Ritualen oder bevor man Tempel betrat, üblich. Sivadas hatte den Priestern des Shiva-Tempels unser Kommen angekündigt und sie gebeten, uns zur Seite zu stehen. Ich hatte den Eindruck, als hätte der Priester, der uns empfing, große Achtung vor uns. Ich erhielt ein spezielles Mantra, und mir wurde aufgetragen, es innerlich zu singen und dabei um den Tempel zu laufen. Ich sollte mich mit dem Universum, der kosmischen Intelligenz, verbinden und sie in mir fühlen. In meiner Hand hielt ich die silbernen Statuen, die ich in violettes Seidenpapier gehüllt hatte und die meine Mutter und mich symbolisierten. Eine ganze Weile lief ich so um den Tempel, und mir war schon etwas mulmig im Bauch. Was würde hier geschehen? Dann rief mich der eine Priester zu sich. Ich sollte mich vor einen großen Kupferkessel stellen, der bis zum Rand mit Wasser gefüllt war, auf dem einige Lotusblüten schwammen. Er erklärte mir, was ich tun sollte, und ließ mich allein.

Ich schloss meine Augen und fand nach ein paar Minuten zu innerer Ruhe und Stille. Als ich das Gefühl hatte, dass jetzt der richtige Zeitpunkt gekommen war, packte ich, mit weiterhin geschlossenen Augen, die Figuren aus und legte sie behutsam auf die Wasseroberfläche. Meine Augen waren noch immer geschlossen, und ich nahm nur wahr, was Paul, der neben mir stand, mir ins Ohr flüsterte: »Du musst loslassen. Es ist nicht deine Bürde, genauso wenig wie es deine Aufgabe ist, ihre Last auf deinen Schultern zu tragen. Sie geht ihren eigenen Weg, den sie längst gewählt hat. Ihr Schicksal liegt nicht in deinen Händen, Timo. Lass los!«

Tiefste Ruhe kehrte in mir ein, während mir Tränen über die Wangen rannen. Ich begann mit dem Universum zu sprechen und betete für meine Mutter. Umso mehr ich meine Gedanken dem Ungewissen übergab, desto leerer und zugleich leichter fühlte ich mich. Ich konnte auf einmal richtig tief durchatmen und mit jedem Ausatmen mehr und mehr loslassen. Schließlich öffnete ich meine Augen und blickte in das Wasser. Ich sah mein Gesicht, und meine Tränen tropften auf die Wasseroberfläche. Dann sah ich, dass nur noch eine der beiden Statuen obenauf schwamm. Es war nicht die, die meine Mutter symbolisierte. Diese lag ganz unten auf dem dunklen Boden des Kupferkessels, ich konnte sie kaum noch sehen. Noch immer mit Tränen in den Augen wandte ich mich zu Paul um, der mich liebevoll umarmte. An diesem Abend hatte ich endlich verstanden, dass ich meine Mutter loslassen musste.

Kaum hatte sich die Begegnung mit Sivadas und die Tempelerfah-
rung gesetzt, nahm Paul mich mit nach Assam, um mich seinem
Guru vorzustellen. Er wollte, dass ich mehr über die tantrische
Tradition erfahre und lerne. Dass Indien für mich die wunder-
samsten Begegnungen bereithielt, war ja mittlerweile fast schon
normal. Also auf nach Assam, im Nordosten des Landes gelegen,
den Himalaya und Bhutan fast in Sichtweite. Unser Ziel war die
Tempelstadt Kamakhya. Ich war richtig nervös und aufgeregt. Paul
hatte mir schon so viel von dem Shakti-Tempel auf dem Nila-
chal-Hügel erzählt, der zu Ehren der Göttin Kamakhya[3] errichtet
worden war und als Zentrum des Tantrismus gilt. Und natürlich
konnte ich es kaum erwarten, den großen Meister kennenzulernen, den Paul schlicht »Baba« nannte. Den Mann, der so viel Weisheit in sich haben musste.

Wir brachten unser Gepäck zu Freunden von Paul, bei denen
wir in den nächsten Wochen wohnen durften. Unser Zimmer war
sehr einfach, und außer einem einzigen Bett stand nichts darin.
Innerlich musste ich schmunzeln, denn ich erkannte auf Anhieb,
dass wir zu dritt in diesem Bett schlafen würden – außer Paul und
mir war mit uns noch ein Freund von ihm nach Kamakhya gereist.
Die Matratze unseres Bettes – wenn man das überhaupt Matratze
nennen konnte – war die härteste, auf der ich je gelegen hatte. Aber
mittlerweile war ich so einiges gewohnt, und es hat mich nicht
wirklich gestört. Nachdem wir Hallo gesagt und uns eingerichtet
hatten, gingen wir zum Tempel. Als ich ihn zum ersten Mal sah,
spürte ich tief in mir, dass ich aus einem bestimmten Grund hier
bin. Nicht nur, weil Paul es vorgeschlagen hatte. Die Kraft, die von
diesem Ort ausging, war total spürbar. Auf meinem ganzen Körper
breitete sich Gänsehaut aus. Pauls Anweisung an mich war eindeutig: »Timo, folge uns einfach und mach das, was wir machen, ich

erkläre dir später, was das alles zu bedeuten hat. Ich bin sicher, du wirst intuitiv spüren, warum wir gewisse Dinge so tun, wie wir sie eben tun.« So folgte ich Paul und seinem Freund auf Schritt und Tritt. An manchen Stellen hielten wir an, legten eine Hand aufs Herz und drehten uns dreimal nach links um die eigene Achse. Dann bewegte sich Paul mit einem Lächeln auf einen Mann zu, der genauso gut 50 wie 80 Jahre alt sein konnte. Er saß auf dem Boden, hatte ein uralt aussehendes Buch vor sich liegen, in der einen Hand hielt er eine Gebetskette. Sein langer, dunkelgrauer Bart ging bis zu seinem Brustbein, er trug ein weißes, zerschlissenes Hemd und einen Lunghi, um den Kopf hatte er ein oranges Tuch gewickelt. Paul verbeugte sich vor ihm, ging auf die Knie, berührte und küsste seine Füße und gab mir ein Zeichen, dasselbe zu tun. Ich kniete nieder, berührte die Füße von Baba, denn das war der große Meister, und sagte ihm, wer ich bin. Er berührte mich am Arm und antwortete mir in gebrochenem Englisch: »Du musst dich nicht verbeugen.« Mithilfe eines seiner Anhänger, der für ihn übersetzte, fragte er mich, woher ich kam, was ich tat und aus welchem Grund ich hier war. Letzteres konnte ich ihm in diesem Moment gar nicht wirklich beantworten und so sagte ich, dass mich Paul hierhergebracht habe. Er lächelte und meinte: »Der wahre Grund, warum du hier bist, warum jeder von uns hier ist, ist, dass du der Stimme der ›All-Mutter‹ gefolgt bist. Nicht deiner leiblichen Mutter, sondern der Mutter von uns allen.« Während er mich am Kopf berührte, fuhr er fort: »Folge den anderen und lerne von ihnen.« Was ich dann auch tat.

Nach unzähligen Runden, angeführt von Baba, um die weitläufige Tempelanlage setzten wir uns schließlich vor dem großen Tempel auf den Boden. Jeder war in seine eigenen spirituellen Praktiken vertieft. Die einen rezitierten Mantras, andere meditierten und wiederum andere saßen still da, blickten regungslos zum Tempel und schlürften dann und wann an ihrem Chai-Tee. Ich saß ganz am Rand der Gruppe, Baba saß inmitten von uns. Mir schwirrten all die Geschichten über die weisen Yogis durch den Kopf, die ich in den vergangenen Jahren gelesen hatte. Jetzt war ich plötzlich selbst mittendrin, saß mit den anderen vor einem heiligen Tempel und durfte ein Teil von dem sein, was mich in all den Geschichten so fasziniert hatte. Ich fühlte mich von Anfang an willkommen, obwohl ich nur mit wenigen der Anwesenden ein paar Worte wechselte. Nach vielleicht zwei Stunden oder mehr erhob sich Baba, und alle seine Anhänger taten es ihm gleich. Paul kam zu mir, lächelte mich an und sagte: »Dir ist schon anzusehen, wie sich Ruhe in dir ausbreitet, Timo. Komm mit mir.« Wir liefen erneut, Baba folgend, um den Tempel. Jeder außer mir hatte seine Mala in der Hand und rezitierte leise Worte in Sanskrit.

Irgendwann stiegen wir alle gemeinsam unzählige Stufen bis zum höchsten Punkt des Berges empor, auf dem die Tempelstadt erbaut ist. Vor mir erstreckten sich die Lichter der Stadt am Fuße des Berges, der Fluss Brahmaputra glitzerte im Mondschein, und das gab dem sonst schon sehr mystischen Abend noch das gewisse Etwas. Ich blickte auf die Weite des Landes und fragte mich einmal mehr: »Wer bin ich wirklich? Warum bin ich hier? Wieso fühle ich mich so unglaublich zu all dem hingezogen, was ich hier tue und spüre, obwohl ich im eigentlichen Sinne gar nicht weiß, was es mit all diesen Praktiken auf sich hat?« Schon viele Male hatte ich in den vergangenen Jahren gedacht, die Antworten darauf gefunden zu haben, bis dann doch wieder etwas Unerwartetes geschah und alles über den Haufen warf. An jenem Abend, dort auf dem höchsten Punkt des Berges, an der Spitze meiner Reise, während der Mond auf mich herabschien, waren die Fragen ganz besonders präsent.

Von der Bergspitze aus folgte ich Baba und den anderen einen schmalen Pfad entlang, der uns zu einem ganz kleinen Schrein, tief in der Dunkelheit verborgen, führte. Wir umrundeten auch diesen Schrein dreimal, bevor wir uns davor auf den Boden setzten. Baba begann vor dem Schrein mit der All-Mutter zu sprechen, und es sah so aus, als würde er auch eine Antwort bekommen. Ich schloss derweil meine Augen und meditierte, wobei mir auffiel, dass ich immer schneller diese tiefe, innere Ruhe fand. Nach vielleicht 20 Minuten erhob sich Baba, und wir setzten unseren Walk, wie ich ihn an diesem Abend insgeheim nannte, fort.

Später erklärte mir Paul, dass diese Walks eigentlich Parikrama[4] genannt werden und die rituelle Umschreitung eines Heiligtums bezeichnen, die ein wesentliches Element der buddhistischen und hinduistischen Religionsausübung ist. Der Ursprung der Parikrama liegt im Dunkeln, es gibt jedoch eine wunderschöne Legende dazu. Sie erzählt davon, dass der Gott Shiva eines Tages seine beiden Söhne Karttikeya und Ganesha aufforderte, das ganze Universum zu umkreisen, damit sie es besser kennenlernten. Karttikeya brach sofort auf, aber Ganesha, der als träge und unbeweglich galt und dessen Reittier die Maus war, blieb lange Zeit sitzen. Auf einmal stand er auf und umkreiste seinen Vater. »Weil die ganze Welt in dir ist, habe ich nun die ganze Welt umkreist«, erkannte er. Es geht also letztlich bei dem Umschreiten darum, zu erkennen, dass Gott überall und allumfassend und seine Energie jederzeit und für jeden vorhanden ist. Dass wir uns bei den Umschreitungen an genau diesen Punkten gegen den Uhrzeigersinn um unsere eigene Achse drehten, folge ebenfalls einer alten Tradition, erklärte mir Paul. »Es heißt, dass Baba von seinen Vorfahren die Anweisungen bekam«, sagte er. »Aber schon vor ihm haben sich heilige Yogis an denselben Stellen um die eigene Achse gedreht, um so die Energie dieser Stellen zu stärken und für sich selbst zu nutzen. Wenn wir es ihnen gleichtun, können wir uns mit diesen Qualitäten verbinden und vielleicht dadurch mehr Weisheit und Kraft erlangen.« Kamakhya sei seit Jahrhunderten, wenn nicht schon seit Jahrtausenden, das Zentrum des indischen Tantrismus, und die Kraft und Energie des Ortes seien genauso alt, fügte er noch hinzu. Ich verstand allmählich, welches Privileg es war, besonders als weißer Europäer, hier zu sein.

Von den vielen Umrundungen taten mir mittlerweile bereits die Füße weh, denn ich war wie alle anderen barfuß, so wie es die Tradition vorschrieb. Weiter ging es über Stock und Stein, rauf und runter, die Wege waren nass und glitschig. Rund eineinhalb Stunden später kamen wir vor dem Haus an, in dem Babas engste Anhänger lebten. Dort verabschiedeten wir uns von Baba und gingen zurück zu unserer Unterkunft.

Nach zwei Jahren bin ich nun in Kamakhya angekommen. Dem Ort des Tantra. Zuerst war mir etwas mulmig im Bauch. Doch kurz nachdem ich die Tempelstadt betreten hatte, schwand das Gefühl. Und nachdem ich Baba zum ersten Mal tief in die Augen geblickt und die Liebe darin erkannt hatte, die er mir gab, wusste ich, wie dankbar ich doch sein darf, so einen Menschen kennenzulernen. Es scheint mir, dass Menschen aus ganz Indien hierherkommen, um einfach seine Nähe zu spüren.

Kamakhya   *Dezember 2016*

Am nächsten Tag folgte ich Paul wieder zum und um den Tempel. Als ich Baba ehrfürchtig begrüßte, bat er mich, mich neben ihn zu setzen. Baba las in seinem alten Buch, und ich beobachtete all die Menschen, die den Tempel umrundeten. Viele waren Sadhus (Wandermönche), Priester oder Yogis, aber auch ganz normale Leute wie Paul und ich und Kinder waren darunter. Ich sah den Tempel jetzt erst in seiner ganzen Pracht. Vor mir befand sich eine riesige Steinkuppel, die mit vielen altindischen und tantrischen Symbolen verziert war und auf der unzählige Tauben saßen. Ich sah auch einige Ziegen, die frei nach Laune umherstreiften. Ich war völlig in meiner eigenen Welt versunken, als mir Baba plötzlich die Hand auf die Schulter legte und mich fragte:»Was ist Liebe für dich?«Überrascht antwortete ich ihm:»Liebe ist das Gefühl zu einem Menschen, der mir sehr viel bedeutet und mit dem ich mich verbunden fühle. Ich liebe meine Mutter über alles.« Er lächelte mich an und sagte:»Das ist nicht die Liebe, von der ich spreche. Solange du hier bist, hast du Zeit, darüber nachzudenken. Komm heute Abend zu mir, und ich werde dir ein Mantra mit auf deinen Lebensweg geben.« Dann schickte er mich los, weitere Runden um den Tempel zu drehen.»Sprich dabei mit der All-Mutter, vielleicht gibt sie dir Antwort«, riet er mir noch.

»Was ist Liebe?« Diese Frage, die sich wohl jeder schon einmal gestellt hat, ging mir den Rest des Tages nicht mehr aus dem Kopf. Wusste ich überhaupt, was Liebe ist? Nicht wirklich, oder? Irgendwie spürte ich einen Schmerz tief in mir. Obwohl ich schon meinte, Liebe zu spüren, fühlte ich mich leer und unerfüllt. Klar wusste ich inzwischen, zumindest theoretisch, dass Liebe zuerst bei mir beginnt. Dennoch war es für mich nicht immer einfach, dies permanent zu spüren. Ich wandte mich, so wie Baba es mir geraten hatte, an die All-Mutter und bat sie, mir zu erklären, was Liebe ist.

Kurz vor Mittag startete der große Parikrama um den ganzen heiligen Berg. Jeden Tag lief Baba zweimal mit seiner Gefolgschaft zu den einzelnen Kraftpunkten, zum Tempel auf der Spitze des Berges und zum Schluss bis zu dem Haus, in dem seine Anhänger lebten – wo Baba selbst lebte, wusste niemand so genau, es hieß in einer Hütte oder Höhle tief im Wald. So wie am Tag zuvor folgte ich Baba auf dem Parikrama. Diesmal lud er mich ein, mich im Haus neben ihn zu setzen, und teilte sein Mittagessen mit mir. Reis mit Dal[5]. Die Einladung berührte mich sehr, zumal es offenbar selten ist, dass Baba jemanden so schnell so nahe zu sich lässt, und ich war dankbar, gemeinsam mit ihm und seinen Anhängern essen zu dürfen. Er fragte mich dies und das, und natürlich erzählte ich ihm von meiner Mutter und meiner Angst um sie. Er nahm meine Hand und sagte: »Du hast ein unglaublich liebevolles Herz. Ich kann es spüren. Alles wird gut, du bist jetzt in den Händen der All-Mutter, sie wird über dich und deine Mutter wachen.« Dann bat er mich zu gehen. Ich wollte mich vor ihm verbeugen, doch wie schon am Vortag ließ er es nicht zu und schüttelte den Kopf.

Für mich hielt dieser Tag noch eine weitere intensive Erfahrung bereit. Wie er es angekündigt hatte, erhielt ich von Baba abends im Tempel mein erstes eigenes Mantra. Hunderte Menschen waren rund um den Tempel versammelt, ich kämpfte mich durch die Menge, bis ich zu ihm durchdrang. Als ich vor Baba kniete, schrieb er das Mantra mit einem Bleistift auf ein Blatt Papier und gab mir eine Mala. Er sprach es mir mehrmals vor, und nach einigen Versuchen gelang es mir, ihm die für mich ungewohnten Laute fehlerfrei nachzusprechen. »Dieses Mantra ist nur für dich bestimmt, es enthält die Kraft, die du im Moment für dich brauchst«, sagte er zu mir und erklärte mir die tiefere Bedeutung der Wortkombination. Er warnte mich eindringlich davor, es an andere Menschen weiterzugeben, da es sehr kraftvoll sei und bei anderen auch Schaden verursachen könnte. »Hüte es und rezitiere es mit Bedacht, sooft du kannst, hier und auch, wenn du wieder zu Hause bist. Es wird dir helfen.« Die Intensität dieses Augenblicks, in dem ich mich bedingungslos geliebt und angenommen fühlte, kann ich kaum beschreiben. Ich faltete die Hände vor meiner Brust, verbeugte mich vor ihm (diesmal ließ er es zu) und bedankte mich aus tiefstem Herzen. In den nächsten Stunden saß ich einfach nur da, meist mit geschlossenen Augen. In der linken Hand hielt ich meine Gebetskette und rezitierte unaufhörlich mein Mantra. Nach einer Weile fiel ich eine Art Trance, so wie ich es zuvor nur selten erlebt hatte. Ich verinnerlichte die Bedeutung des Mantras tief in meinem Herzen und glaubte fest an die Worte Babas.

Zwei Tage sind vergangen, seit ich das Mantra von Baba erhalten habe. Ich spreche es fast den ganzen Tag. Entweder leise vor mich hin oder in meinen Gedanken. Ich kann spüren, wie es mich zur Stille führt. Manchmal, da habe ich gar keine Gedanken mehr. Ich fühle mich dann, als würde ich schwerelos umherschweben. Dann kommt wieder ein Gedanke, der aber, so wie er gekommen ist, auch einfach wieder geht. Faszinierend.
Kamakhya   *Dezember 2016*

Paul und ich blieben etwa drei Wochen in Kamakhya. Nach diesen ereignisreichen ersten Tagen verliefen die nächsten Tage alle sehr ähnlich. Ich stand frühmorgens auf, meist noch bevor die Sonne am Horizont die Welt begrüßte. Nach meinen üblichen Yoga- und Meditationsübungen weckte ich Paul, wir tranken Tee, aßen Kekse und sprachen über den vergangenen Tag. So gegen acht Uhr machten wir uns auf den Weg zum Tempel, umrundeten ihn, und jeder widmete sich seinem persönlichen Mantra oder anderen Praktiken. Zweimal täglich liefen wir um den ganzen Berg, meditierten auf der Spitze des Hügels vor dem kleinen Schrein und aßen anschließend im Haus von Babas Anhängern gemeinsam Reis und Dal zu Mittag. Mit der Zeit bekam ich zu allen einen guten Draht und wurde liebevoll in die Gemeinschaft aufgenommen. Besonders mit einem direkten Schüler Babas, der im gleichen Alter war wie ich, entwickelte sich eine tolle Freundschaft, und wir erzählten uns alles über die zwei Welten, aus denen wir stammten. Das Mantra, das Baba mir gegeben hatte, wiederholte ich in diesen Tagen mindestens 5 400 Mal, was mehrere Stunden dauerte. Das Rezitieren half mir, Ruhe und Klarheit in meine Gedanken zu bringen. Je länger ich das Mantra wiederholte, desto mehr konnte ich spüren, wie sich tiefe Ruhe und ein noch nie da gewesener Frieden in mir ausbreiteten. Ruhe und Frieden waren das, wonach ich mich ja schon seit Jahren zutiefst sehnte. Manchmal hatte ich diesen Frieden für eine Weile erreicht, doch es hatte immer wieder Situationen in meinem Leben gegeben, in denen es mir nicht gelungen war, dieses Gefühl aufrechtzuerhalten. In Kamakhya und auch lange Zeit, nachdem ich diesen Ort wieder verlassen hatte, konnte ich jedoch diese Ruhe in mir spüren. In diesen außergewöhnlichen Wochen fand ich immer mehr über mich selbst heraus. Und obwohl ich mich in den vergangenen Jahren bereits intensiv mit mir selbst auseinandergesetzt und mir die Frage »Wer bin ich?« immer wieder gestellt hatte, gelangte ich erst jetzt in mein tiefes Inneres und entdeckte ganz neue Seiten und Gefühle in mir. Ich verspürte sehr viel Dankbarkeit und Akzeptanz allem gegenüber, und dies war eine der schönsten Wahrnehmungen überhaupt.

Als ich eines Abends den Sonnenuntergang auf dem Dach des Hauses, in dem wir wohnten, verfolgte und wie jeden Tag das »Blicken in die Sonne« praktizierte, fiel mir plötzlich auf, dass ich seit dem Abend, an dem ich das Mantra von Baba bekommen hatte, kein einziges Mal mehr Angst oder Panik gespürt hatte. Meine Gedanken hafteten nicht mehr an den Erlebnissen, die bisher diese große Angst und Angespanntheit ausgelöst hatten. Ich fragte mich, wie das möglich war. Vielleicht kam es durch die Kombination aus meinem inneren Licht, dem Power Code und dem Rezitieren des Mantras. Oftmals saß ich nämlich vor dem Tempel, stellte mir vor, dass ich aus weißem Licht bin, von diesem Licht durchströmt werde, und wiederholte in diesem bewusstseinserweiternden Zustand unzählige Male mein Mantra. Jedes Mal, wenn ich mich mit Licht umhüllte und mich mit meinem Mantra verband, wurde es noch viel mächtiger, und ich fühlte mich wirklich voller Kraft.

Eine Vollmondnacht hielt eine weitere persönliche Begegnung mit Baba für mich bereit. Er saß mit seiner Gefolgschaft vor dem kleinen Schrein am höchsten Punkt des Berges. Vor dem Eingang des Schreins flackerten einige Kerzen im Dunkeln, der Mond beleuchtete die ganze Szenerie. Ich saß wie meistens ganz am Rand, als Baba mich auf einmal zu sich rief. Als ich im Schneidersitz vor ihm saß, lächelte er mich liebevoll an und sagte: »Du hast jetzt die Gelegenheit, mit der All-Mutter zu sprechen. Versuche ihr deine Liebe, dein inneres Licht zu offenbaren, denn nur durch Liebe wirst du Liebe erfahren.« Oje, dachte ich im allerersten Moment. Aber ich wusste, dass dies die Chance war, mein Herz wirklich zu öffnen. Ich sprang also über meinen Schatten, drehte mich zum Tempel hin, schloss meine Augen und lauschte Babas Stimme. Er legte seine Hand auf meine, und ich glaube, er fing an zu beten. Ich verstand nicht, was er sagte, doch mein Körper fühlte sich an, als würde er elektrisch aufgeladen. Wie ein Energiestrom, der mich vom Scheitel bis zu den Zehen durchströmte. Meine Tränen stiegen von tief innen immer weiter nach oben, selbst wenn ich es gewollt hätte, wäre ich nicht in der Lage gewesen, diesen starken Fluss von Emotionen zurückzuhalten. Nach einer Weile beteten immer mehr seiner Anhänger laut, und es fühlte sich so an, als würde jeder einzelne für mich mit der All-Mutter sprechen. Baba wiederholte immer wieder, dass ich ihr jetzt sagen könne, was mich bedrückt. Sie würde mir helfen, und ich solle ihr vertrauen. So bat ich sie, mir und meiner Mutter zu helfen, uns vom Krebs und allen damit verbundenen leidvollen Gefühlen zu erlösen. Dann wurde es plötzlich still. Ganz still. Niemand sagte mehr ein Wort. Ich öffnete langsam meine Augen und sah, wie mich alle mit einem sanften Lächeln anblickten. Ich spürte wahrlich, wie mir jeder von ihnen nur das Beste wünschte. Ein wunderschönes Gefühl. Baba lächelte mir zu, stand auf, und ohne ein weiteres Wort zu sprechen setzte er den Parikrama fort. In jener Nacht schlief ich besonders tief und fest. Keine Träume, kein Aufwachen. Nur Stille.

An einem weiteren Abend, es hatte gerade heftig geregnet, bat mich Baba zu sich. Im Inneren des Tempels wurde gerade eine

Zeremonie durchgeführt, und die Priester schufen durch Gesang, Mantras und Musik eine kraftvolle Atmosphäre. Wenn Baba nicht noch mal zu mir gesagt hätte, dass ich versuchen solle, die Kraft der All-Mutter zu spüren und tief aus meinem Herzen zu ihr zu beten, wäre ich gar nicht auf diese Idee gekommen. Es brauchte ihn, der mich in Richtung der neuen Erfahrung schubste. Ich setzte mich, wie Baba es mir gesagt hatte, auf die Treppe und schloss meine Augen. Die Musik durchströmte mich, und die Melodien ließen meine Gefühle in mir tanzen. Nach einer Weile begann ich mit der All-Mutter zu sprechen. Zum allerersten Mal in meinem ganzen Leben habe ich wirklich hingebungsvoll gebetet. Noch nie hatte ich solch eine Verbundenheit gespürt. Die Tränen flossen mir unaufhörlich über die Wangen, und ich zitterte am ganzen Körper. Ich erzählte ihr von meinen Sorgen und Ängsten. Von meiner geliebten Mutter, die sterbenskrank war und wahrscheinlich nicht mehr lange zu leben hatte. Ich sprach auch über meinen Vater und meine beiden Geschwister. Alles, was mein Herz bedrückte, allen Kummer, den ich seit Jahren mit mir herumschleppte, ließ ich aus mir heraus. Ich bedankte mich für die schönen Dinge, die ich bis dahin hatte erleben dürfen. Bevor ich wieder meine Augen öffnete, bat ich die All-Mutter aus tiefstem Herzen um einen einzigen Gefallen: »Bitte hilf meiner Mutter, ihren Weg zu überstehen, den sie gehen muss und wird. Ich bitte dich aus tiefstem Herzen, hilf ihr.« Mit diesem Satz beendete ich mein Gebet. Danach fühlte ich mich um einiges freier und wohler. Ich hatte das Gefühl, dass mir wirklich jemand zugehört und mich und meine Gefühle verstanden hatte. Es war das intimste Gespräch, das ich mit Gott je geführt habe. Dies beruhigte mich sehr. Ich hatte meinen ganzen Glauben dem Universum übergeben und wusste tief in meinem Herzen, dass alles schon seine Richtigkeit hatte. Die höhere Macht, wie auch immer man sie definiert, hält das Gleichgewicht so, wie es sein muss. Dies wurde mir immer mehr bewusst, und daran hielt ich mich fest. Dies schien mir damals auch das Einzige, woran ich mich überhaupt noch festhalten konnte. Ich wischte mir die Tränen von den Wangen und lief noch einige Male um den Tempel herum.

Endlich war es geschehen: Ich hatte losgelassen – das mich nahezu zerreißende Gefühl, meine Mutter an Krebs zu verlieren, den inneren Drang, ihr helfen, ihr beiseitestehen, sie retten zu müssen. All das Üben, Praktizieren, das Lernen, Lesen und das In-mich-Eintauchen, um meine Gefühlswelt zu verstehen und zu erforschen, zeigte nun seine Wirkung. Ich befreite mich selbst von dem Gedanken, für irgendetwas außer meiner eigenen Wahrnehmung verantwortlich zu sein. Ich verstand zutiefst, dass alles außerhalb von mir – und somit auch das Leben und das Leid meiner Mutter – nichts mit mir zu tun hat. Ich akzeptierte, dass es ihr Weg war, ihre Entscheidungen, ihre Krankheit. Nur durch wahres Loslassen konnte ich die Verantwortung abgeben und spürte nun endlich dieses Gefühl von Liebe, Dankbarkeit und Akzeptanz in mir. In Kamakhya wurde mir klar, was für ein Glück ich doch hatte. Wie dankbar ich für mein Leben sein darf. Mir wurden mehrere Chancen gegeben, wo andere vielleicht nur eine haben.

Ein Leben für ein anderes

Ende Dezember 2016 kam ich dann von meiner Indienreise zurück in die Schweiz. Meine Mutter war froh, mich wiederzusehen. Ich konnte in ihren Augen erkennen, dass es ihr nicht gut ging und sie Angst um ihr Leben hatte. Deshalb nahm ich ihre Hand, als wir bei uns im Wohnzimmer auf dem Sofa saßen, und erzählte ihr: »Mam, diese Reise habe ich nicht nur für mich unternommen. Sie war genauso auch für dich. Ich durfte zutiefst befreiende Erfahrungen machen und an Orte reisen, von denen man sonst nur in Geschichten liest. Ich traf auf Menschen, die einen Zugang zur

Natur und dem uns Unerklärlichen haben, von denen es wahrscheinlich nur wenige gibt. Und ich durfte ein Teil davon sein. Jeden Tag, während ich im Norden Indiens in dieser Tempelstadt vor der großen Kuppel des Kali-Tempels auf dem Boden saß, habe ich für dich gebetet, Mam. Es verging kein Tag, keine Stunde und fast keine Minute, in denen du nicht präsent warst. Ich habe mit dem Universum und der geheimnisvollen Kraft, von der alles erhalten wird, gesprochen und gebetet, dass du deinen Weg gehen kannst. Auf die Art und Weise, die nun mal nötig ist. Es wird alles gut, Mam.« Mit leiser Stimme antwortete mir meine Mutter: »Weißt du, Yveli, ich habe keine Kraft mehr. Ich will einfach den Rest meines Lebens hier mit meiner Familie verbringen. Mit dir, deinen Geschwistern und deinem Vater sowie den Menschen, die ich liebe.« So hart das jetzt womöglich klingen mag, aber ich war in gewisser Weise froh, dies von ihr zu hören. Tief in meinem Inneren wusste ich, dass unsere gemeinsame Geschichte bald schon enden würde. Ich spürte, dass ihre Zeit hier auf Erden zu Ende ging. Und: Ich spürte auch, selbst wenn es mich noch so schmerzte, dass alles seine Richtigkeit hatte. Jedes Mal, wenn ich meine Mutter nach diesem Gespräch anblickte, sah ich nicht mehr nur sie als Menschen, sondern sie in ihrer wahren, inneren Schönheit. Ihre ganze Weisheit, ihre Liebe zu mir und zu unserer Familie sowie die Güte, die sie ausstrahlte. Es war wunderschön, wie ein Blick hinter die für unsere Sinne erkennbare Fassade.

Mein Gespür und meine Sensibilität waren so geschärft, dass ich einfach wusste, was in den nächsten Wochen auf uns zukommen würde. Doch es war auch sehr hart, meine Mutter immer mehr leiden zu sehen. Die Schmerzen wurden stärker. Tag für Tag wurde ihr Darm schwächer, bis er dann eines Nachts seine Tätigkeit zum Teil aufgab. Ich schlief tief und fest und wurde auf einmal von einem Schrei wach. Deutlich hörte ich meinen Namen. »Yves!!! Hilf mir!! … Yves!!!!« Als hätte man mich mit eiskaltem

Wasser übergossen, sprang ich aus dem Bett. Meine Mutter lag mit höllischen Schmerzen, die Hände auf den Bauch gepresst und mit Tränen im Gesicht auf der Treppe zu meiner Wohnung im ersten Stock unseres Hauses. Flehend streckte sie ihre Hand nach mir aus. Ich rannte zu ihr und wusste im selben Augenblick, wie ernst es war. Ich schrie nach meinem Bruder, der übers Wochenende bei uns zu Besuch war: »Zieh dich an und hol das Auto, wir müssen sofort ins Krankenhaus.« Im Auto rief ich die Notfallaufnahme des nahe gelegenen Krankenhauses an. Dort angekommen, stellte sich heraus, dass meine Mutter einen akuten Darmverschluss hatte, was so viel wie das Ende für sie bedeutete. Ich konnte an ihrem Gesichtsausdruck erkennen, dass auch sie sich dieser Tatsache ganz bewusst wurde. Mein Bruder und ich blieben bei ihr, bis die Medikamente zu wirken begannen und sie einschlief. Am nächsten Morgen versammelte sich die ganze Familie im Krankenhaus: Meine Schwester, mein Bruder, mein Vater und die Schwester meiner Mutter. Meine Mutter lag schwach und traurig in ihrem Bett, und wir alle standen darum herum und warteten schweigend auf den Arzt. Unser letztes gemeinsames Kapitel hatte begonnen. Die letzte Runde in diesem Spiel von Leben und Tod, Anfang und Ende. Meine Mutter nahm meine Hand, blickte mich mit traurigen Augen an und sagte »Jetzt het's Glöggli füfi gschlage.« Was bei uns in der Schweiz so viel bedeutet wie: »Jetzt ist Schluss mit lustig«. Mir liefen die Tränen über die Wangen, als ich sagte: »Weißt du, Mam, jetzt kämpfen wir gemeinsam seit sechs Jahren gegen den Krebs in unserer Familie. Zuerst ich fast vier Jahre lang und dann du. Es ist einfach nicht fair.« Sie drückte meine Hand und meinte nur: »Ja, Yves, jetzt ist es halt so, wie es nun mal ist. Wir können es nicht ändern. Ich bin froh, dass es dir gut geht und du gesund bist.« In den darauffolgenden Wochen besuchte ich meine Mutter jeden Tag im Krankenhaus. Sie war nicht gern allein, hatte oft Angst- und Panikattacken, und manchmal klingelte schon um halb sieben das Telefon. Weinend bat sie uns, zu ihr zu kommen. Wir teilten die Besuche unter uns sehr gut auf: Mein Vater war meist bereits um acht Uhr bei ihr, blieb dann drei Stunden, bis die Schwester meiner Mutter kam, und am Nachmittag war oft meine Schwester mit ihrer kleinen Tochter zu Besuch. Auch mein Bruder kam, sooft es ging, was nicht immer einfach war, denn er lebte drei Stunden entfernt von uns. Ich war damals sehr flexibel, es gab keine fixen Arbeitszeiten, nur einige Tage, an denen ich stundenweise an einer Weiterbildung in chinesischer und westlicher Medizin teilnahm. So verbrachte ich die meiste Zeit bei ihr.

Seit meine Mutter im Krankenhaus war, veränderte ich mich. Es wurde immer schwieriger, die universelle Liebe und Akzeptanz, die ich in Indien aufgebaut hatte, aufrechtzuerhalten. Meine Gefühle wurden dumpfer und schwächer. Ich war nicht mehr nur der liebevolle junge Mann, an den meine Mutter so gewöhnt war. Vielmehr wurde ich etwas kühler und abweisender. Ja, ich wurde sogar manchmal wütend und war traurig. Ich fand es nicht fair. Ich konnte keine wirklich tiefgründigen Gespräche mehr mit meiner Mutter führen. Ich bemerkte, wie mir das alles auf den Körper und die Psyche schlug. Ich bekam starke Kopfschmerzen, so ähnlich wie damals im Ayurveda-Zentrum. Zudem konnte ich nicht mehr richtig schlafen. Ich konnte ihr nicht mehr die Liebe und Zuneigung zeigen, die ich eigentlich für sie empfand und die sie in diesen Tagen wahrscheinlich von mir mehr benötigt hätte als je zuvor. An einem Abend, als sie gerade ihre Suppe aß, die gleich wieder durch die Magensonde abgepumpt wurde, fragte sie mich: »Was ist nur los mit dir? Du bist so anders. Bist du böse auf mich?« Ich konnte ihr nicht zeigen, was mit mir los war. »Alles okay, ich muss nur noch etwas lernen«, log ich, nahm mein Buch in die Hand und las irgendwelche in diesem Moment völlig belanglose Seiten durch. Ich konnte bisweilen kaum ihre Hand halten, wenn sie es wünschte, es zerriss mich innerlich fast. Und so verginen die Tage und Wochen. Am Anfang konnte sie noch laufen, und wir spazierten gelegentlich im Gang hin und her, so gut es eben ging, und sprachen ein wenig über die Vergangenheit. Aber mit der Zeit wurde sie immer schwächer und dünner. Ihre gesamte Muskulatur war bis auf ein Minimum zurückgegangen, und sie konnte teilweise kaum noch die Augen offen halten. Die vielen Medikamente ließen sie sehr müde werden, bis sie irgendwann kaum noch ansprechbar war. Jede Minute kam mir manchmal wie eine Ewigkeit vor, und tief im Inneren wünschte ich mir, dass alles anders sein würde. Es tat mir einfach so unendlich leid. Ich durfte leben, und sie musste an Krebs sterben. Was war der Sinn der ganzen Sache?

Nach den sechs längsten Wochen meines Lebens starb meine Mutter. Als ich sie auf dem Bett friedvoll liegen sah, lief ich intuitiv nicht zu ihrem Körper hin, sondern direkt zum großen Fenster, das leicht geöffnet war. Es war nicht Trauer, die ich spürte, sondern ich war dankbar, dass es nach so einem langen Leidensweg endlich ein Ende hatte. Mir fiel auf gewisse Weise ein Stein vom Herzen, denn für sie, wie auch für uns, waren es sehr intensive Wochen und Jahre gewesen. »Ich wünsche dir eine gute Reise, wo auch immer du hinschwebst, Mam. Ich bin mir sicher, du bist gut aufgehoben. Ich werde dich immer in meinem Herzen tragen. Danke für alles, was du für mich getan hast.« Ich drückte meine Schwester an mich, hielt sie und dachte, das war es nun. Als ich später erneut aus dem Fenster blickte und beobachtete, wie große Schneeflocken auf den Boden fielen, kam mir ein Satz in den Sinn, den mir mein Cousin Florian kurz vor dem Tod meiner Mutter mit auf den Weg gegeben hatte: »Ich glaube, es hat auch etwas Gutes an sich, selbst wenn es hart klingt. Aber jetzt bist du frei, Yves. Mach das Beste daraus.« Irgendwie hatte er recht. In den vergangenen Jahren, vor allem seit meine Mutter an Krebs erkrankt war, hatte ich mich nicht mehr wirklich frei gefühlt. Ich hatte eine Verpflichtung meiner Mutter gegenüber gespürt, für sie da zu sein, ihr zu helfen und sie nicht allein zu lassen. Und ich hätte wahrscheinlich alles für sie geopfert, wenn sie mich darum gebeten hätte. Was sie aber, dies glaube ich fest, bewusst nicht getan hatte.

In den ersten Wochen nach ihrem Tod agierte ich mehr oder weniger wie ein Roboter. Viele meiner Handlungen waren komplett automatisiert. So als wäre ich auf solch eine Situation tief in meinem Inneren vorbereitet gewesen. Es dauerte einige Zeit, bis ich wirklich verstand, was mit mir und vor allem in mir vor sich ging. Ich begann immer mehr damit, mich selbst und die Trauer, in der ich mich befand, besser zu beobachten. Mir fiel auf, dass ich seit dem Tag, als meine Mutter ins Krankenhaus eingeliefert wurde, ein ganz anderer Mensch geworden war. Ich ließ den Schmerz nicht an mich heran und versuchte mich zu schützen. Ich hatte Mühe, mit den Gefühlen und Emotionen umzugehen, die der Verlust meiner Mutter mit sich brachte. Ich hatte auch ein schlechtes Gewissen, weil ich in ihren letzten Tagen einfach nicht mehr ich selbst gewesen war und ihr nicht die Liebe hatte zeigen können, die ich ihr doch eigentlich hatte geben wollen. Dies tat mir weh, und ich wünschte mir manchmal, anders reagiert zu haben.

In den ersten Monaten nach ihrem Tod verbrachte ich sehr viel Zeit an meinem geheimen Platz im Wald, wo ich schon seit Jahren hinging, wenn ich innerlich einkehren wollte. Eines schönen Morgens führte ich, nachdem ich in einer tiefen Meditation versunken war, instinktiv meine linke Hand zum Herzen und tauchte tief in mein Inneres ein. Und da sah ich meine Mutter noch ein allerletztes Mal. Ich lächelte ihr zu und nahm ihre Hand. Ich entschuldigte mich für mein Verhalten während ihrer letzten Tage. Ich sagte ihr alles, was bis dahin noch unausgesprochen in mir war. Ich umarmte sie innigst und ließ sie los im Wissen, dass dies das Ende unserer gemeinsamen Krebsgeschichte war. Ich dachte an meine Wochen in Kamakhya und konnte nun endgültig Frieden schließen. Dann wurde es ganz still in mir. Meine Mutter schenkte mir noch einen letzten liebevollen Blick, löste ihre Hand aus der meinen und verschwand im Licht.

Ein Leben für ein anderes. Eines endet, und eines beginnt. So ist der Zyklus. Du gabst deines, ich behielt meines. Ich bin unendlich dankbar für das, was ich erlebt habe. Ich bin unendlich dankbar für das, was ich durch meine und deine Krebserkrankung lernen durfte. Ich danke dir, Mam, du warst immer für mich da und hast mir eine Hand gereicht. Nun werde ich mich meiner Aufgabe widmen und den Menschen eine Hand reichen! Ich werde der Welt unsere Geschichte erzählen. Unsere Geschichte von Leben und Tod. Von Anfang und Ende.

Schweiz   *Sommer 2017*

ZEHN JAHRE SPÄTER

Heute, fast zehn Jahre später, nachdem ich IHM das erste Mal begegnet bin, darf ich immer noch auf dieser Erde weilen. Dafür bin ich unendlich dankbar. So schnell hätte doch auch alles vorbei sein können. Ich glaube allerdings, dass ER nicht wollte, dass es schon vorbei ist. Er wollte mir etwas zeigen. Er wollte der Anfang sein. Er wollte mich irgendwo hinführen. Ich denke, hierhin – zu diesem Buch, zu meiner Aufgabe. Ich durfte IHN von seinen trickreichsten Seiten kennenlernen. Er sprang sogar auf meine Mutter über, die daran starb. Das war schon krass. Also zeigte er mir auch diese eine Seite, vor der wir doch alle solche Angst haben. Vor der ich selbst viele Jahre riesengroße Angst hatte. Als ich dann wirklich diesen inneren Entschluss fasste, meinem Leben einen Sinn zu geben – der ganzen Geschichte einen tiefgründigen Sinn zu geben –, verstand ich, was all die Menschen in Indien und in meinen Träumen mir sagen wollten. Nämlich: »Mach was daraus!« Da erkannte ich, was der Krebs für ein Segen für mich war.

Er war der Anfang, und nun habe ich die Chance, anderen Menschen eine Hand zu reichen. Dir eine Hand zu reichen. Meine Aufgabe auszuführen, sie wachsen zu lassen und ihr zu folgen. Meinem Leben einen klaren Sinn zu geben. Ich will dir mit meiner

Geschichte Mut machen. Mut, nicht aufzugeben, auch wenn es sich manchmal schwer anfühlt oder man keinen Ausweg mehr sieht. Mut, Neues zu wagen, Dinge über Bord zu werfen, alte Glaubenssätze hinter sich zu lassen. Und wenn wirklich nötig, alles zu verändern. Mut machen, den Weg des Herzens zu gehen, der inneren Stimme zu folgen. Das will ich! Dies ist meine Aufgabe. Das spüre ich ganz tief. »Nütze den Sturm für deine Befreiung«, sage ich heute oft den Schülerinnen und Schülern nach einer Yogaklasse oder auch Bekannten und Freunden, wenn sie mich in einer für sie schwierigen Situation um Rat fragen. Dies ist das Beste, was man während eines solchen Unwetters tun kann. Ich habe es selbst erlebt.

Bevor ich damals die Erstdiagnose bekam, hätte ich nie geglaubt, dass es mich wirklich treffen könnte. Mit Anfang 20 denkt man doch nicht an Krebs. Oder doch? Mir gefiel mein Leben nicht. Was ich bis dahin tat, außer im Winter die Berge mit meinem Snowboard und meinen Freunden unsicher zu machen, war nicht das, was ich mir eigentlich unter einem glücklichen Leben vorstellte. Ich arbeitete als Koch, was mir nicht gefiel. Wenig Freizeit, unregelmäßige Arbeitszeiten, viel Hektik und auch noch schlecht bezahlt. Ich führte ein Leben, gefangen in einem System, welches nicht zu mir passte. Ich passte in dieses Leben, was ich mir bis dahin erschuf, einfach nicht hinein. Trotzdem hielt ich durch und versuchte, auf keinen Fall Schwäche zu zeigen. So lernt man es doch. Ich zumindest. Diese innere Stimme, von der ich in meiner Geschichte erzählte, gab es damals schon, schon als ich 15 Jahre alt war! Sie war aber für mich kaum hörbar. Nur manchmal, wenn ich spätabends mit Kopfhörern in meinen Ohren am See spazieren ging, nahm ich sie wahr. Ich – oder eben diese innere Stimme, die ja auch ich bin, wie ich heute weiß – fragte sich in solchen Momenten: »Wie kann ich aus alldem entkommen?« Und ich stellte mir manchmal sogar vor, an irgendeinem Leiden zu erkranken, damit ich all das, was ich tat, nicht mehr tun musste. Damit ich einen Freifahrtschein hätte, zu tun, auf was auch immer ich Lust hatte, ohne durch das System und die Gesellschaft ein schlechtes Gewissen aufgezwungen zu bekommen. Klingt vielleicht krass, aber es war so. Erst heute erkenne ich, dass sie es war, die unbewusst auf diese Krankheit hinarbeitete. Diese Stimme war mein innerer Seinszustand, und sie fühlte sich allein gelassen, ungehört und unterdrückt. Sie wollte nicht da drin sein, gefangen in Konzepten, sozialen Konstrukten und Vorstellungen, wie man das Leben zu leben hat. Sie wollte nicht in das Schema passen, gleich sein, tun, was alle tun. Aufstehen, arbeiten, schlafen gehen, damit man Sicherheit hat, Dinge kaufen, um das Leben erträglicher zu machen, und sich damit selbst austricksen, um nicht hören zu müssen, um nicht wirklich sehen, fühlen zu müssen, was da alles schiefläuft. Das wollte sie nicht! Sie wollte Unsicherheit, Freiheit, Abenteuer – die Grenzen erkunden, sie sprengen und darüber hinauswachsen. Sie wollte Leid erfahren, Schmerz spüren, um ausbrechen zu können. Genau das wollte sie. Sie wollte endlich gehört werden. Als es ihr reichte, stellte sie mich IHM vor. Ich wurde vor die unschöne Tatsache gestellt, Krebs zu haben, und musste damit beginnen, mich darin zurechtzufinden. Ich ließ zuerst einfach alles mit mir machen. Operationen, Therapie und so weiter. Dachte, es würde sich dann schon alles wieder einpendeln. Ich ließ andere über mein Schicksal entscheiden. Glaubte, dass andere mich gesund machen würden, ich selbst aber nichts verändern müsste. Blieb im alten Trott, blieb passiv, um mich komfortabel zu fühlen. Hatte der Stimme in mir erneut fast den Ton abgedreht.

Dann ließen die anderen mich los und warfen mich zurück in mein altes Leben – »Sie sind gesund«, sagte man mir. Ich dachte, nun endlich frei zu sein. Erkundete die Welt, schloss Freundschaften und überspielte diese innere Stimme, die eigentlich etwas ganz anderes wollte. Ich hörte ihr nicht zu oder zumindest viel zu wenig.

Ich versuchte sie mit Alkohol und Party zu übertönen, lebte, als würde es keine Rolle spielen. Ignorierte sie und fiel zurück in mein altes Leben. Wollte ein Restaurant. Wollte es allen zeigen. Mein Ego füttern und Bewunderung erhalten. »Wow, was für ein toller Typ, noch so jung und schon ein eigenes Restaurant!« Ich hörte nicht zu. Und plötzlich war ER wieder da. Blickte mich an, schnippte mit seinen Scheren, und schon war ein Hoden weg. Erst als ich fast am Ende war, müde von den Therapien und ihren Nebenwirkungen, hörte ich schließlich auf diese Stimme, die endlich wieder zu mir durchdrang und sagte: »Hey, wach auf! Geh deinen eigenen Weg!«

Ich brach alles ab und machte meine ersten Schritte in neue, wahrlich ungewisse Gefilde. Auf einmal las ich Bücher, lernte langsam mehr über Ernährung und ein wenig über Qigong. Konnte mich durch Achtsamkeitsübungen und Visualisierungen zu mehr Ruhe bringen – dachte, endlich auf dem Weg zu sein. Da sprang ER auf meine Mutter über. Härter und brutaler, als ich IHN bis dahin kannte. Ich ertrug es nicht mehr. Hatte Angst, selbst wieder zu erkranken. War verunsichert und wusste nicht, was ich tun sollte. Also flüchtete ich ans Ende der Welt. Doch auch dorthin nahm ich die Angst mit. Ich war traurig, fühlte mich einsam und allein, war wütend und gab der Welt die Schuld dafür. Ich hatte kaum mehr Lust zu bleiben – wollte gehen – wollte sterben. Und da geschah es! Der Wendepunkt. Der eine Traum. Ich hörte zu. Mit offenen Ohren und scharfem Verstand. Änderte meinen Seinszustand und wusste: JETZT ODER NIE! Dies war meine letzte Chance, auf den Zug aufzuspringen. Ich nutzte sie.

Plötzlich stand ich in Indien, dem Land, in das ich nie hatte reisen wollen. Ich folgte meinem innersten Ruf. Meiner tiefen Sehnsucht nach Ruhe, Stille und Frieden. Ich wollte von der Angst befreit sein, vielleicht früh sterben zu müssen oder meine Mutter an IHN zu verlieren. Ich begann, das Geschehene zu hinterfragen.

Das Leben zu hinterfragen. Ich begann, zumindest ein bisschen, daran zu glauben, dass da noch mehr im Spiel sein könnte als das, was ich sehe. Vielleicht Schicksal. Schon damals verspürte ich diesen inneren Drang niederzuschreiben, was ich bis dahin alles erlebt hatte. Noch ohne an eine damit verbundene Aufgabe zu denken. Von da an begann wirklich alles anders zu werden. Meine Komfortzone hielt mich nicht mehr, ich konnte nicht anders, als einfach mir selbst zu folgen. Meinem Herzen zu folgen. »Zufällig« landete ich in diesem seltsamen Café, weil ja »zufällig« gleich drei Geldautomaten kaputt waren. Ich traf einen meiner wichtigsten Weggefährten, Paul, der eigentlich mehr ein Mystiker ist als ein Christ. Linda kam dann »zufällig« gleich um die nächste Ecke. Von da an lernte ich im Schnellflug.

Auf einmal hatte ich Menschen an meiner Seite, die mir Antworten gaben, mich tiefer in Yoga einweihten. Plötzlich saß ich frühmorgens – anstatt noch im Bett auf mein Smartphone zu blicken und Facebook zu checken, unwichtige Nachrichten über die Welt zu lesen, mich mit negativen Dingen vollzupumpen und schlecht zu fühlen – am Strand und meditierte, übte Pranayama und Yoga. Das half mir unglaublich, mich und meinen Körper zu mehr Ruhe zu bringen. Ich lernte, wie wichtig meine innere Haltung ist und dass ich das anziehe, was ich aussende. Lernte Reiki und mich selbst mit heilenden Energien zu versorgen. Lernte, selbstbestimmt auf mein Leben einzuwirken. Man brachte mir bei, dass ich der Samen und die Ernte zugleich sei, dass ich beides selbst bestimmen würde. So viel Neues. So viel Schönes. So viel Wahrheit hatte ich noch nie zuvor in meinem Leben gesehen. Ich nahm mir endlich Zeit für mich selbst. Viel Zeit. Es war mir damals egal, was andere von mir denken könnten, oder wie mein Leben aussehen könnte, wenn ich wieder nach Hause fahren würde. Ich tat einfach das, was mein Herz mir schon so lange mitteilte. Ich folgte ihr, dieser inneren Stimme. Als ich kurz darauf auf der

Farm Chedi war und die Monate einfach verstrichen, ohne dass ich irgendjemandem Rechenschaft ablegen musste über das, was ich tat, fühlte ich mich freier denn je zuvor. Das tägliche Meditieren und Üben zeigte so langsam seine Wirkung, und ich kam der Natur in mir und um mich herum immer näher.

Inspirierende Bücher und Geschichten zu lesen machte mir Mut – sie waren wie Treibstoff für meinen Weg. Ich baute langsam Vertrauen zu mir selbst auf. Gab mir das, wonach ich mich sehnte. Glaubte an tiefste Heilung. Ich dachte, ich würde für immer dort bleiben. Morgens am Fluss meditieren und mich darin baden. Den Rest des Tages lesen, schreiben und die Natur beobachten. Ich wollte nicht wieder zurück in mein altes Leben. Ich wollte bleiben. Ruhe bewahren und lernen. Mich endlich erkennen. Alles hinter mir lassen.

ABER: Ich bekam erneut Angst, wurde unsicher. Meine Lymphknoten an der Leiste schienen größer zu sein, so groß wie noch nie. Sie kribbelten, als wollten sie mir sagen: »ER ist wieder da!« Dann kam meine Mutter. Nichts verlief so, wie ich es für uns geplant hatte, und ehe ich es mich versah, war ich wieder in der Schweiz. ER bestimmte wieder meine Gedanken. Gemeinsam besuchten meine Mutter und ich schließlich ein ganzheitliches Krebszentrum. Ein Meilenstein. Dort lernte ich alles Wichtige über Krebs, Ernährung, Entgiftung, Reinigung, Neurobiologie, Verhaltenspsychologie und Epigenetik, was ich damals und für meine Zukunft benötigte. Dort begann für mich die Fusion zwischen Ost und West. Ich schuf die Grundlagen, auf denen ich bis heute aufbaue. Ich kombinierte und stimmte mein bis dahin erlerntes östliches Wissen mit der westlichen Wissenschaft ab. Kreierte neue Systeme. Es war, als würde ich zwei Instrumente in dieselbe Tonlage bringen, um dann beide gemeinsam spielen zu können. Ich sah schwarz auf weiß zum ersten Mal, was in unserem Gehirn geschieht, wenn wir meditieren. Wie die Hirnwellen sich verändern und dass ich in der Meditation fähig war, alte Verhaltensweisen zu verändern – ja sogar zu ersetzen. Ich übte täglich stundenlang und konnte die Veränderung spüren. Ich fühlte mich großartig. Hatte Freude und vor allem wusste ich nun, wie man Körper und Geist zusammenbringen kann. Was es dabei zu beachten gibt. Wie unglaublich wichtig die Ernährung als Basis war.

Ich ließ mich zum ganzheitlichen Krebsberater ausbilden und konnte so erstmals anderen Menschen dabei helfen, ihr Leben nach solch einer Diagnose wieder selbst in die Hände zu nehmen – ohne nach Indien reisen zu müssen. Ich zeigte ihnen, was sie tun können, um die Therapien, für die sie sich entschieden haben, zu unterstützen. Ich stand ihnen mit Rat und Tat zur Seite, schrieb Ernährungs- und Entgiftungspläne, gab ihnen Yoga- und Meditationsübungen, half ihnen zu erkennen, was sie in ihrem Leben ändern müssen, und konnte sie an Kliniken, Ärzte, Heilpraktiker, Homöopathen und Therapeuten weiterleiten, die sie bei der Heilung unterstützen konnten. Ich wurde zum Vermittler. So wie es Paul für mich gewesen war. Zum ersten Mal durfte ich Menschen eine Hand reichen. Mein Tagesablauf war präzise geplant, und ich war sehr diszipliniert. Für mich war es kein Problem, frühmorgens aufzustehen, mich zwei bis drei Stunden meinem Körper und meinem Geist zu widmen, bevor ich arbeiten ging und mich mit dem »normalen« Alltag beschäftigte, um den Tag dann mit weiteren Übungen und einer Meditation abzuschließen.

Von anderen hörte ich oftmals, wenn ich ihnen von meinem Präventionsprogramm erzählte: »Ich kann das nicht. Ich habe morgens keine Dreiviertelstunde Zeit für meinen Körper und abends bin ich zu kaputt dafür. Ist das denn alles wirklich notwendig?« In meinen Ohren war das eine Ausrede, und ich erkannte allmählich, dass viele, sogar schwer kranke Menschen lieber in ihrer Komfortzone bleiben und sich selbst austricksen, um nicht proaktiv werden zu müssen. Ich wusste jedoch – denn ich hatte es ja selbst erlebt –, dass im Altbekannten zu verharren nichts verändert. Ich hatte auf meinem Heilungsweg auch erkannt, dass es kein Schnellprogramm für die Heilung von Krebs oder anderen schweren Erkrankungen gibt. Es braucht Zeit, und die musste ich mir nehmen! Es funktioniert meiner Erfahrung nach nicht, einfach das Nötigste zu tun und andere Menschen oder Medikamente wirken zu lassen. Ich hatte irgendwann verstanden, dass man selbst etwas unternehmen muss – und es wirklich verinnerlicht.

Als ich die Reise nach Australien antrat, um mit Iwan ein Kochbuch zu schreiben, wollte ich mir auch selbst beweisen, dass es möglich ist, den Körper richtig zu ernähren, ihn im Säure-Basen-Gleichgewicht zu halten, nebenbei zu entgiften, Basenbäder zu nehmen, Einläufe zu machen, den Darm zu reinigen, zu meditieren, sich selbst zu heilen, auch wenn man nicht zu Hause ist und kein geregeltes Leben führt, eigentlich »keine Zeit dafür hat«. Ich fand schnell heraus, dass es geht. Weil ich mich dafür entschieden und die volle Verantwortung für meine Gesundheit übernommen hatte. Auch hier war ER mein bester Lehrer. Als das Sprechen mit meinen Zellen begann, veränderte sich mein Blick auf alles mir bis dahin Bekannte. Ich sah in die Matrix hinein und kam der Schöpfung näher. Ich erkannte, dass ich Schöpfer, Bewahrer und Zerstörer zur selben Zeit bin und in jeder einzelnen Sekunde die Wahl habe, was ich verkörpern will. Verändere ich etwas, bin ich proaktiv und kreativ? Bleibe ich in meiner Komfortzone, halte ich fest an dem, was ich in meiner Vergangenheit alles anhäufte, und lasse es zu meiner Wirklichkeit werden? Oder beginne ich sogar, mich selbst zu zerstören, indem ich mein Leben von Wut, Hass und Ignoranz leiten lasse? Ich habe die Wahl. Und bin total froh, dass ich das so klar erkannt habe.

In derselben Zeit ging es meiner Mutter immer schlechter. Ich wollte ihr helfen und besorgte dieses Öl, das mich fast um meinen Verstand brachte. Ich fiel erneut in eine Dunkelheit voller Angst und Panik und schrie letztlich nur noch um Hilfe. In diesem Moment kam Björn »zufällig« in mein Leben. Gab mir Techniken an die Hand, die mir halfen, meine programmierten Muster in meinem Gehirn endgültig zu überschreiben, zu löschen und zu verändern. Ich verstand auf einmal die unglaubliche Plastizität, die unser Gehirn hat. Ich lernte, wie man neue Verbindungen zwischen Neuronen herstellt und bewusst sein Gehirn neu ordnen kann. Wie man die alte Software überschreibt und wortwörtlich die Hardware, also das Gehirn beziehungsweise die Neuronenverbindungen, verändert, neue Bahnen schafft, Erinnerungen löscht – ja, die Vergangenheit verändert und die Zukunft in die Gegenwart versetzt. Mir wurde klar, dass ich durch meine Gedanken und Entscheidungen, mein Verhalten, meine Erfahrungen und Emotionen tatsächlich eine gewisse Kontrolle über meine Gene habe. Ich verfügte schon immer über die Macht, Herr meines Lebens und meiner Gene zu sein – Neurobiologie, Epigenetik und die Glücksforschung bestätigen das mittlerweile auch wissenschaftlich.

Später machte ich weitere Ausbildungen und besuchte Seminare bei Björn. Wurde selbst zum Coach und konnte Menschen damit helfen. Aber bevor ich meine Aufgabe wirklich antreten konnte, war da noch eine Reise, die auf mich wartete. Ich musste zurück. Zurück in mein anderes Zuhause. Zurück nach Indien. Mehr lernen. Mehr über Yoga erfahren. Die totale Verbindung zwischen Ost und West erschaffen. Und das Wichtigste: Ich musste lernen loszulassen, was mir aber erst dort bewusst wurde. Ich musste meine Mutter ihren eigenen Weg in Richtung Sterben gehen lassen, durfte mein Schicksal nicht an das ihre binden. Im Shiva-Tempel in Kerala sah ich am Ende eines Rituals traurig, dass die kleine Statue, die sie symbolisierte, im Wasser versunken war und nur meine obenauf schwamm. Am Rande des Himalayas verhalf mir meine Begegnung mit Baba dazu, meine

Mutter innerlich loszulassen und aus tiefstem Herzen zu beten. Mit der All-Mutter, dem Universum, ja mit Gott zu sprechen. Ich kam zur Ruhe. Meditierte lange und fand immer mehr zurück zu mir selbst. Ich erkannte, wie wichtig es ist, loszulassen, dankbar zu sein und den Kontakt zur Quelle, dem Universum oder Gott aufrechtzuerhalten. Ich verstand immer mehr, dass Gott nichts außerhalb von mir ist, sondern dass ich selbst das Göttliche, die Schöpfung in mir trage. Ich sogar selbst Schöpfer bin. Da verstand ich die Magie wirklich. Ich kombinierte die Übungen von Björn mit dem, was ich bis dahin gelernt hatte, und fand heraus, wie unglaublich effektiv das doch ist. Vor allem, wenn man, wie ich, den Techniken oder Übungen eine eigene, persönliche Note verleiht. Sie auf sich selbst zuschneidet und, wenn nötig, ganz unkonventionell miteinander verbindet.

Zurück zu Hause, war die Zeit für den letzten Akt im Spiel um Leben und Tod gekommen. Zumindest in diesem Stück. ER wollte mir zeigen, wie es endet. Für jeden zwar auf andere Weise, dennoch zweifelsohne für jeden von uns. Ausnahmslos. Meine Mutter starb schließlich mit IHM und ging in eine andere Welt hinüber. Tiefste Trauer und Schmerz erfüllten mich – denn ER hatte mir den Menschen genommen, der mir bis dahin am wichtigsten gewesen war. Den Menschen, mit dem ich die letzten Jahre auf der Achterbahnfahrt meines Lebens unterwegs gewesen war. Meine engste Vertraute. Meine Weggefährtin. Dann war plötzlich alles zu Ende. Ein Leben für ein anderes.

Ich erinnerte mich an den Pakt, den ich nach meiner ersten Indienreise mit IHM geschlossen hatte. An den Vertrag über unsere beiden Schicksale. ER schrieb fest, dass es für mich kein IHN oder Ich mehr gibt, keinen von mir getrennten Krebs mehr, sondern nur noch unser gemeinsames Dasein. Wir waren uns einig, dass wir beide leben dürfen. Ich würde meiner Aufgabe, meiner inneren Stimme und meinem Herzen folgen, und ER würde so mikroskopisch klein bleiben, dass ich IHN nicht mehr spüren oder sehen würde. Dies war unser Deal, und wir gaben uns darauf die Hand, umarmten uns, und dann ging jeder seiner Wege. Ich den meinen und ER den seinen. Es war vorbei mit Krieg und Kampf, Angst und Trauer. Wir beide – ein Leben. Freunde bis in alle Zeiten. Dieser Vertrag hängt heute schön eingerahmt in meinem Arbeitszimmer. Täglich blicke ich darauf und bin dankbar. Ja, ich verspüre tiefste Freude und Glück, all das erfahren zu haben und IHM begegnet zu sein. Er war und ist mein bester und zugleich strengster Lehrer, aber auch mein innigster Freund.

Von innen nach außen leben

Für mich steht heute fest, dass es kein Leben außerhalb von mir gibt, das mich kontrolliert oder bestimmt. Es gibt zwar äußere Bedingungen, die auf mich wirken können und mich vielleicht dazu bewegen, mich an Umstände anzupassen. Aber ich weiß, dass ich immer die Wahl habe, wie ich auf äußere Reize reagiere. Ob mit offenem Geist oder mit einer Abwehrhaltung. Ob mit Liebe oder Aggression. Wie ich über Dinge oder Geschehnisse urteile, obliegt allein mir, und nur mir. Ich bin also der Regisseur, spiele die Hauptrolle und zugleich bin ich der Zuschauer meines Lebens, welches im Grunde, hier auf dieser Welt, nur in mir drin stattfindet. Gäbe es mein individuelles Bewusstsein nicht, könnte ich diese äußere Welt, wie wir sie hier auf der Erde erfahren, gar nicht wahrnehmen. Folglich könnte ich äußere Ereignisse auch nicht beurteilen. So lebe ich, beziehungsweise wir alle, wenn man es genau betrachtet, von innen nach außen. Und nicht, wie viele denken, umgekehrt. Mir dessen bewusst zu werden war einer der wichtigsten Meilensteine überhaupt in meinem Leben. Was jedoch nicht bedeutet, dass es mir problemlos gelingt, dieses Wissen täglich umzusetzen. Aber ich bin mir zumindest im Klaren darüber und kann, wenn es nötig ist, entscheiden, wie ich etwas betrachten will, wie ich denke und auch handle. Es liegt in meiner Hand.

Zu wissen, dass alles, was in mein Wahrnehmungsfeld kommt, ein Teil von mir wird, bringt einen großen Vorteil. Denn meine innere Reaktion bestimmt in dem Moment meine neue Gegenwart. Ich bestimme von innen nach außen, wie ich die Welt erlebe. Und das ist meines Erachtens der Schlüssel zu wahrer und ganzheitlicher Gesundheit. Wenn ich also auf eine Diagnose (Wirkung von außen) mit Angst, Wut, Unsicherheit, Abwehr oder sogar einer kriegerischen Haltung reagiere (innerer Gefühlszustand), dann wird der Weg zur Heilung unglaublich steinig werden. Das habe ich selbst erfahren. Wenn ich aber auf den äußeren Reiz mit Zuversicht, Akzeptanz oder sogar Liebe reagiere, dann entsteht das allergrößte Potenzial, wirklich ganzheitlich gesund zu werden.

Raus aus der Komfortzone

Alles, was ich im Außen sehe, rieche, höre, schmecke oder spüre, wird von meinen Sinnen wahrgenommen und in meinem Gehirn zu einer Erfahrung geformt. Anhand meiner inneren Einstellung zum Leben an sich und zu allem, was um mich herum geschieht und geschah, beurteile ich dieses Ereignis. Was ich dann mit dieser Erfahrung mache und ob ich sie nütze, um zu wachsen, liegt von diesem Augenblick an ganz allein an mir. Ich trage die Entscheidungskraft (Kraft vom Inneren), wie ich auf das Äußere reagiere (Kraft von außen), in mir. Heute weiß ich, dass oftmals Erinnerungen aus der Vergangenheit meine jetzige Realität formen, zum Beispiel wenn ich etwas Bestimmtes rieche oder schmecke, wie etwa mein Lieblingsessen in der Kindheit oder das Shampoo meiner ersten Freundin. Vieles von dem, was ich gerade erfahre, hat also einen Bezug zur Vergangenheit, weil ich das neue Ereignis unbewusst mit ähnlichen Ereignissen aus der Vergangenheit vergleiche. Während ich dies tue, lebe ich meist nicht wirklich in der Gegenwart, sondern, zumindest zum Teil, in der Vergangenheit. Damit begrenze ich die Möglichkeit, neue Erfahrungen zu machen. Weiter gedacht heißt dies, dass die Vergangenheit oder die Erinnerung und das Vergleichen des aktuellen Moments mit vergangenen Ereignissen sowohl die Gegenwart als auch die Zukunft erschafft. Solange ich nicht wusste, wie mein Geist und mein Ego – also der Teil von mir, der sich fälschlicherweise als getrennt von der Welt fühlt – funktionieren, wurde dies zu meiner größten Falle. Denn genau hier, an dieser Schwelle, kann ich entscheiden, ob ich in meiner altbekannten Komfortzone, meinem gewohnten Leben, bleibe oder darüber hinauswachse. Hier kann ich entscheiden, ob ich das neue Ereignis durch den Filter alter Erfahrungen betrachte, es dadurch letztlich abwerte und mich gleichzeitig begrenze oder ob ich mich völlig unvoreingenommen auf Neues einlasse.

Lange bin ich in meiner altbekannten Zone geblieben – und es geschah rein gar nichts. Keine Veränderung, kein Fortschritt, kein Wachstum. Dieselben Gedanken, dieselben Entscheidungen, dasselbe Verhalten, die immer gleichen Erfahrungen und schließlich der immer gleiche Gefühlszustand. Ein Teufelskreis, aus dem ich nicht entkam, weil mir gar nicht bewusst war, was ich da trieb. Mein Ego hatte zwar gedacht, ich hätte die richtige Entscheidung getroffen, und es fühlte sich gut an. Aber als ich bereit war, ein wenig tiefer zu blicken, sah ich, dass ich mich selbst an der Nase herumführte. Um frei zu sein, musste ich aus einem Ereignis eine neue Wirklichkeit erschaffen. Zum Beispiel, dem Ruf nach Indien folgen. Mein neuer Seinszustand dort erzeugte neue Gedanken, auf die neue Entscheidungen und Verhaltensweisen folgten. Auf einmal hatte ich neue Erfahrungen gemacht und am Ende war ich in einem neuen Gefühlszustand. Jetzt konnte ich wählen, ob ich immer wieder die alten Gedanken haben oder endlich frei sein und eine neue Wirklichkeit erschaffen wollte. Nur durch Neues und Unbekanntes kann ich wahrlich über mich hinauswachsen.

Die Kraft meiner Gedanken

Irgendwann auf meinem Heilungsweg verstand ich, wie gesagt, dass meine Gedanken meine Realität formen. Im Prinzip ist es ganz einfach: Wenn ich beispielsweise an einen Freund denke, der mich in der Vergangenheit betrogen hat, löst dieser Gedanke eine Erinnerung aus, die mit der damaligen Emotion, nämlich Wut, verbunden ist. Wenn ich an dieser Emotion festhalte, entsteht ein Gefühl daraus, ich werde wütend. Dadurch verändert sich die Biochemie in meinem Gehirn – es entsteht kurzzeitiger Stress. Wenn ich nun diese Emotion über einen längeren Zeitraum mit mir herumschleppe, verändert dies meinen Gefühlszustand permanent. Meine neuronalen Netze werden so zusammengefügt, dass mehr Platz für diese Emotion und das damit verbundene Gefühl vorhanden ist und ich sie noch besser erfahren kann. Ich habe mich ja dazu entschieden, wütend zu sein, und mein genialer Körper baut mir sozusagen eine Autobahn, um dieses Gefühl in seinem ganzen Potenzial erfahren zu können. Dies wiederum hat enorme Auswirkungen auf mein Inneres und meine Zellen: Meine Gedanken sind sozusagen zu meiner Realität geworden. Ich denke, handle und fühle im Grunde permanent aus dieser Emotion heraus. Stress ist das Resultat, und das innere Gleichgewicht im Körper gerät in Schieflage. Im ungünstigsten Fall entsteht, wenn ich über Jahre an der Wut auf meinen Freund festhalte, eine physische oder psychische Krankheit.

Nicht gerade die beste Wahl. Statt dem Menschen, der mich damals betrogen hat, endlich zu vergeben und Frieden zu schließen, verharrt mein Ego lieber im Altbekannten und schiebt die Schuld, dass ich mich nicht gut fühle, auf die anderen. Kein Wachstum, kein Fortschritt, keine Evolution. Reine Selbstzerstörung. Schon krass, wie ich als Mensch ticke. Heute übe ich mich in jeder Situation, in der ich erkenne, dass wieder einmal eine Erinnerung meine Gegenwart bestimmt, darin, mich nicht darauf einzulassen, sondern eine neue, bessere Erfahrung zu machen. Dies kann ich nur, wenn ich das Alte loslasse und mich auf eine bessere Situation oder Zukunft einlasse. Auch hier entscheide ich allein. »Shift your state NOW!«, sagte einer meiner Lehrer. Ich weiß, dass ich jederzeit die Möglichkeit habe, meine Einstellung zu etwas zu ändern. Ich muss es nur fest genug wollen. Und wenn es mir nicht auf Anhieb gelingt, heißt es für mich, an dem Problem dranbleiben, nicht aufgeben, es immer wieder aufs Neue angehen.

Für mich ist es heute sehr wichtig zu verstehen, wie ich ticke, wie mein Geist funktioniert und welche Sprache mein Herz spricht. Nur so kann ich das Spiel des Lebens aus meinem vollen Potenzial heraus spielen. Ich gerate dadurch außerdem viel seltener in die Emotionsfalle und vermeide so Stress. Was für mich als ehemaligen Krebspatienten das Allerwichtigste ist. Ich behaupte sogar, diese Zusammenhänge zu verstehen und zu verinnerlichen war für mich wichtiger als alle Medikamente und Heilmittel zusammen. Weil ich endlich proaktiv wurde. Ich wurde zum Schöpfer. Ich ließ nicht mehr zu, dass äußere Reize darüber entschieden, wie ich mich innerlich fühlte. Sondern ich veränderte, wie ich mich im Inneren fühlte, damit die äußere Welt sich dem anpassen konnte! Ich lasse meine Vergangenheit nicht länger meine Gegenwart werden. Stattdessen bringe ich meine Visionen von dem, was ich gerne erfahren möchte, ins Jetzt. Nicht zuletzt kann ich dadurch die Stimme meines Herzens viel besser wahrnehmen und ihr folgen. Denn das ist der Sinn des Lebens: Dem Herzen zu folgen. Selbst der Schöpfer zu sein.

Die Zeit ist vorbei, in der ich lediglich meditierte, meinen Geist beobachtete und mir sagte: »Ich bin nicht diese Gedanken.« Ich weiß inzwischen, dass ich alles bin und somit auch jeder Gedanke ein Teil von mir – von meiner Realität – ist. Wenn ich nicht damit zufrieden bin, was ich bewusst und vor allem unbewusst alles so denke, dann liegt es an mir, dies zu ändern. Das gelingt mir aber nur, wenn ich in der Meditation selbst und im normalen Alltag zum Schöpfer werde – Neues kreiere. Eine Zukunft erschaffe, die meine Vergangenheit neu definiert, damit ich eine Gegenwart erleben darf, die voller Potenzial und Freude und Liebe ist. Liebe und Dankbarkeit sind der Weg zur Heilung. Was wir im Inneren erleben und fühlen, liegt jedoch ganz allein in unseren Händen. Und es verändert ALLES!!!

Yoga als meine tägliche Stütze

Für mich ist Yoga nicht auf das Üben von Asanas (Körperstellungen), Pranayamas (Atmung), Kriyas (energetischen Übungen) oder Meditation beschränkt, um hier nur ein paar Äste des unglaublich großen Yoga-Baumes aufzuzählen. Für mich bedeutet Yoga vielmehr die Summe aller Teile und nicht nur die Übungen, die ich zu einer bestimmten Tageszeit ausführe. Für mich geht es darum, Yoga hier und jetzt zu praktizieren und weiterzugeben. In jedem einzelnen Moment. Mir darüber im Klaren zu sein, wie und was ich denke und wie ich mit mir selbst, anderen Menschen oder Lebewesen umgehe. Yoga bedeutet für mich, in der Gegenwart gegenwärtig zu sein. Die Verbundenheit zu allem, was im Universum existiert, zu spüren, zu erfahren, zu leben. Yoga lehrt mich, dass ich nicht getrennt bin vom Leben und der Schöpfung, sondern dass ich ein wichtiger Teil des großen Ganzen bin. Mir helfen die Lehren des Yoga, mich dem Leben und allem, was geschieht, zu öffnen. Mein Herz offenzuhalten und meinen Intellekt weise zu benützen. Angstfrei zu sein und im selben Moment voller Freude dem Leben gegenüberzustehen. Dankbar zu sein. Liebe in all ihren Formen zu erfahren. Schmerz nicht mit Ablehnung, sondern mit Akzeptanz und Offenheit zu begegnen. Schmerz als Wachstumspotenzial zu erkennen. Zu realisieren, dass ich der Weg bin und der Weg ich ist. All das ist Yoga.

Mit diesem Buch wird alles seinen Anfang nehmen. Da bin ich ganz sicher. Ich freue mich deshalb auf meine Zukunft, die ich mir im Grunde schon längst erschaffen habe. So wie ich sie damals dem Universum übergeben habe, findet sie langsam den Weg in meine Gegenwart. Jetzt lasse ich sie einfach noch ihre gewünschte Form annehmen. Energie folgt Bewusstsein. Und diese Energie, die ich selbst täglich kreiere, wird irgendwann zur Materie. Zu meinem Leben. Dies ist das Gesetz.

Ich freue mich sehr darauf, endlich zu teilen, was ich gelernt habe! In meinen Yogaklassen, Talks oder Workshops verbinde ich die östlichen Lehren des Yoga mit dem modernen westlichen Lebensstil. Mein Ziel ist es, mithilfe der Wissenschaft mehr Menschen dafür zu begeistern, zu lernen, von innen nach außen zu leben. Damit wir alle das Leben in vollen Zügen genießen können!

Für dich!

Du bist der Erbauer/die Erbauerin deines Lebens,
du bist der Herrscher/die Herrscherin über deine Gedanken,
deine Gedanken kreieren die Gegenwart.
Die Macht zur Veränderung liegt bei dir.
Du bist der Schöpfer/die Schöpferin, der Bewahrer/die Bewahrerin, und der Zerstörer/die Zerstörerin zugleich. Wähle mit Weisheit und Liebe zu dir selbst, wie du dein Leben erschaffst.

DANK

Zuallererst danke ich allen Menschen, denen ich bisher auf die eine oder andere Weise begegnet bin. Jede dieser Begegnungen und Bekanntschaften haben mich, manche mehr und manche weniger, dorthin geführt, wo ich heute stehe. Dafür bin ich sehr dankbar und blicke mit Freude auf all die schönen Momente meines Lebens zurück.

Ein großer Dank geht an meine Mutter. Sogar im größten Sturm hielt sie das Ruder fest und reichte mir eine Hand. Ich wünsche mir, einmal selbst so jemand für meine Kinder zu sein.

Ich bin meinem Vater, meinem Bruder und meiner Schwester mit großem Dank verbunden. Es ist schön, meine Familie in meiner Nähe zu wissen. Sie waren und sind immer da. Dies ist ein großes Privileg.

Florian ist einer meiner engsten Weggefährten. Wir durften gemeinsam unglaublich viel erleben, sind Freunde seit Kindertagen. Wagten gemeinsam den Schritt in die Selbstständigkeit und hatten unvergessliche Zeiten auf unseren Reisen. Ich danke ihm für seine treue Freundschaft – in hellen sowie in dunklen Tagen.

Auch Paul und Linda möchte ich hier meinen Dank ausssprechen. Sie waren die Wegweiser auf meiner Suche und halfen mir, mich in einer für mich neuen Welt zurechtzufinden.

Ein großer Dank geht auch an Pascale. Sie hat mich in den zwei Jahren, bevor dieses Buch auf den Markt kam, immer wieder unterstützt und mich ermutigt, nicht aufzugeben, auch wenn ich manchmal selbst an dieser Geschichte gezweifelt habe. Danke!

Iwan danke ich für die tolle und lehrreiche Zeit, die wir gemeinsam während unserer Kochbuchprojekte erfahren haben. Das hat unglaublich viel Spaß gemacht.

Namentlich danke ich außerdem: Fabian, Joel, Julien, Chiara, Lea, Stephanie, Scharmin, Manfred, Thomas, Sandro, Björn, Ralph, Ishaa, Manvire, Sivadas, Susanne Broos, Urs und natürlich dem liebevollen Baba aus Kamakhya. Sie alle haben mir eine Hand gereicht, waren für mich da und haben mich unterstützt.

Natürlich danke ich auch der ersten kleinen Krebszelle, die vor mehr als zehn Jahren in mir heranwuchs. Denn ohne sie wäre ich heute nicht hier und könnte nicht mit positiver Energie in meine Vergangenheit blicken. Ich danke dir.

Mein allerletzter Dank gilt dem Universum, der Schöpfung – dieser allumfänglichen Kraft, die uns allen auf dieser Welt das Leben schenkt. Ohne sie gäbe es dieses Buch nicht – es gäbe mich nicht und somit auch niemanden, der die Geschichte lesen könnte. Nun gebe ich alles, was ich bis heute erlebt und erlernt habe, an sie zurück. Es ist immer ein Geben und ein Nehmen. So will es das kosmische Gesetz.

In Liebe und Dankbarkeit
Yves Seeholzer

ANMERKUNGEN

Unsere erste Begegnung

1. Das PET-CT ist eines der wichtigsten Diagnoseverfahren in der Onkologie. Es wird gemacht, um mögliche Metastasen zu finden, die im Körper vorhanden sein können, oder um den Primärtumor zu bestimmen.
2. In der medizinischen Strahlentherapie wird die Strahlendosis in Gray (Gy) gemessen, die Maßeinheit ist nach dem britischen Physiker Louis Harold Gray benannt.

Zurück in mein altes Leben – oder doch nicht?

1. Eine der wirkungsvollsten Übungen war folgende: Ich füllte das Waschbecken oder eine große Wäschewanne mit ca. 37 Grad warmem Wasser. Dann hielt ich meine Hand und meinen Unterarm in das Wasser und ließ sie mit einer langsamen Vor- und Rückwärtsbewegung, die ein leichtes Oval beschrieb, mindestens 15–25 Minuten darin ohne Pause herumschwimmen. Möglichst immer in Bewegung. Da die Lymphflüssigkeit in ihrer Konsistenz dem Wasser sehr ähnlich ist, bewirkt diese Rotationsübung, dass sich der Außendruck des Wassers auf die Lymphbahnen überträgt und so im besten Fall eine Verbesserung der Zirkulation bewirkt.

2. Über die Kraft und das Gesetz der Anziehung wurden bereits unzählige Bücher geschrieben, zum Beispiel von Eckhart Tolle, Rhonda Byrne oder William Walker Atkinson. Das Gesetz der Anziehung besagt, dass das, was wir im Herzen zutiefst wollen, ganz egal, ob das Liebe oder Leid ist, den Weg zu uns finden wird. Zugleich bezieht es sich auf das, was wir der Welt, den Menschen oder Tieren zufügen. Wir ernten, was wir gesät haben. Die Anziehungskraft wirkt aber noch weiter: Das Universum bringt das zu uns, was wir gerade für unseren Entwicklungsweg benötigen. Dies kann ein Mensch sein, ein Gegenstand oder auch eine Krankheit. Wenn man gewillt ist zu sehen, was die Welt und die Schöpfung uns zu bieten haben, und dass sie immer für uns und nicht gegen uns wirken, dann erkennt man diese Magie, die in allem steckt.

ER ist wieder da

1. Ich lernte erst später, dass Krebs eine energetische Stoffwechselerkrankung ist, die ganzheitlich behandelt werden sollte und die nicht nach dem Motto »Tumor weg, Krebs weg« als geheilt erklärt werden kann.

2. Kurativ bedeutet im Gegensatz zu palliativ immer, dass die Möglichkeit besteht, wirklich geheilt zu werden.

3. Eines der Medikamente (Cisplatin) verursachte diese starken Angriffe auf das Gehör und schädigte mein Innenohr so sehr, dass ich noch heute teilweise schwache Tinnitusattacken habe.

4. Neuropathie ist laut Wikipedia der Überbegriff für Erkrankungen des peripheren Nervensystems. Zum peripheren System gehören alle Nerven im Körper außer den Nervenzellen im Gehirn und im Rückenmark. Rund drei Prozent der Bevölkerung sind von einer Neuropathie betroffen.

5. Das Lhermitte-Zeichen äußert sich durch ein elektrisierendes Gefühl, wenn der Kopf langsam in Richtung Brust gebeugt wird.

Es entsteht zum Beispiel durch überempfindlich reagierende Hirnhäute im Bereich der Halswirbelsäule.

6. Die orthomolekulare Medizin ist eine alternativmedizinische Methode. Hier werden teilweise hoch dosierte Vitamine, Mineralstoffe und Spurenelemente verabreicht. Dies soll die Selbstregulierung des Körpers unterstützen und Krankheiten vorbeugen.

Bis ans Ende der Welt und darüber hinaus

1. Ayurveda ist eine uralte Wissenschaft des Lebens. Ziel ist es, den Menschen gesund zu erhalten und ihm im Krankheitsfall die richtige Behandlung zuteilwerden zu lassen. Ayurveda ist weit mehr als eine Heilkunde, sie ist eine umfassende Lehre, die alle Aspekte des Lebens beinhaltet.

Der Ruf nach Hause

1. Panchakarma ist eine ayurvedische Reinigungskur. Der Fokus liegt dabei auf der Entgiftung des Körpers von Stoffwechselabbauprodukten und Umweltgiften.

2. Chakras sind laut indischer Philosophie feinstoffliche Energiewirbel innerhalb und außerhalb des Körpers.

3. Die Achtsamkeitsmeditation ist eine, vor allem aus dem Buddhismus bekannte Meditationstechnik. Es geht hauptsächlich darum, den Geist und die eigenen Gedanken zu beobachten. Man wird zum Zeugen des eigenen Bewusstseins. Der Übende lässt einfach die Gedanken kommen und wieder gehen, ohne daran festzuhalten oder sie zu steuern.

4. Sadhanas sind spirituelle Übungen, die über einen bestimmten Zeitraum ausgeführt werden, um ein bestimmtes Ziel, eine Wirkung oder einen Bewusstseinszustand zu erreichen. Chakra Sadhanas sind Übungen, die spezifisch auf die energetischen Wirbel in unserem Körper gerichtet sind.

5. Bücher von Karl F. Neu: *Mantras der Kraft* (Silberschnur Verlag

2015), *Über den Tod und das Leben im Jenseits* (Silberschnur Verlag 2011) und *Aus der Kraft des Universums* (Silberschnur Verlag 2009).

6. Reiki kommt ursprünglich aus Japan. Es ist eine Form der Energiemedizin, bei der durch Handauflegen universelle Lebensenergie übertragen wird. Reiki aktiviert unter anderem die Selbstheilungskräfte, fördert die Entspannung, gleicht die Chakras aus und stellt die Harmonie zwischen Körper und Geist wieder her. Denn Reiki wirkt auf allen Ebenen. Bei einer Reiki-Einweihung öffnet der Reiki-Lehrende oder Reiki-Meister bzw. die Reiki-Meisterin in einer Zeremonie beim Schüler/der Schülerin den Kanal für die universelle Energie.

7. Der Tantrismus ist eine Bewusstseinslehre, die auf der Untrennbarkeit des Relativen und des Absoluten basiert. Tantra stellt sich also hauptsächlich als spiritueller und mystischer Weg dar, der auf metaphysischen Annahmen beruht, um die Wirklichkeit zu erfahren und mit Gott, der allumfassenden Energie, eins zu werden. Tantra ist der eigentliche Ursprung des Yoga.

8. Der indische Philosoph Shankaracharya war ein religiöser Lehrer des frühen Hinduismus und des Yoga und gilt als einer der größten zu seiner Zeit.

9. Yoga-Asanas sind Körperübungen und haben das Ziel, Körper und Geist zu vereinen.

10. Es gibt sieben Prinzipien der Wahrheit: Das Prinzip der Geistigkeit, der Entsprechung, der Schwingung, der Polarität, des Rhythmus, von Ursache und Wirkung und das Prinzip des Geschlechts. Es heißt: »Alles ist Geist.« Das hermetische Gesetz belegt, dass alle Manifestationen dem All/dem Universum/der kosmischen Intelligenz zugrunde liegen. Es beschreibt, wie die Materie dem Bewusstsein folgt. In dem Buch *Kybalion – Die 7 hermetischen Gesetze: Das Original* von William Walker Atkinson werden diese Gesetze genau beschrieben.

11. Der physische Körper ist der Körper der Materie bzw. die Hülle, in der der astrale Körper lebt. Der astrale Körper besteht aus mehreren ganz feinstofflichen Schichten, die alle benötigt werden, um den Körper, als unser Fahrzeug auf der Erde, zu benutzen.

12. Ein Schamane ist eine Art spiritueller Medizinmann, der beispielsweise die Kraft der Pflanzen dazu nutzt, um in die feinstofflichen Welten einzutauchen. Dies ermöglicht ihm, den kranken Menschen, der ihn aufsucht, auf allen Ebenen, physisch sowie energetisch, heilen zu können. Er dringt über die körperliche Hülle zur energetischen Hülle vor. Weiter zur emotionalen und intellektuellen Hülle bis hin zur Hülle der Glückseligkeit.

13. Sri M: *Lehrjahre bei einem Meister im Himalaya: Autobiographie des Yogis Sri M* (Kindle Edition, Magenta Press)

14. In Indien schwören mittlerweile viele Menschen auf die Heilkraft des Lakshmi-Turu-Baums. Mittlerweile gibt es auch einige wissenschaftliche Hinweise darauf, dass ein Stoff in diesen Blättern sehr stark zytostatisch auf Krebszellen wirkt, das heißt, dass er die Entwicklung bzw. Vermehrung schnell wachsender Zellen hemmt.

Kommt ER noch mal wieder?

1. Yves Seeholzer & Iwan Hediger: *Zwei Pfannen on the Road,* Gräfe und Unzer Verlag 2017, (www.zweipfannen.com). Im April 2019 erschien unser zweites Kochbuch *Great Adventure Cooking: Kochen. Reisen. Abenteuer. Vegane Outdoor-Rezepte* im Knesebeck Verlag.

2. Patanjali, der Verfasser des Yoga Sutra, schrieb schon vor 2000 Jahren: »Samadhi (Erleuchtung) kann entweder durch jahrelange Praxis und durch Übung des Yoga erreicht werden, aber auch mithilfe von Drogen. Das Erste wird beständig, jedoch das Zweite nicht von Dauer sein. Noch viel schlimmer. Mithilfe von Drogen verpasst man die wichtigsten Schritte der Selbstverwirklichung und gerät daher in eine Abhängigkeit von solchen Hilfsmitteln,

wobei das Erreichen von Samadhi durch Yoga ewig Bestand haben wird.« Quelle: Kaivalya Pada, Vers 4.1 des Patanjali Yoga Sutra.

3. THC (Tetrahydrocannabinol) und CBD (Cannabidiol) zählen zu den Cannabinoiden und haben einen medizinisch wirksamen Effekt in der Onkologie. Sie wirken schmerzmindernd, sind psychoaktiv, unterdrücken Übelkeit und Brechreiz, sind appetitanregend und muskelentspannend sowie neuroprotektiv. THC und CBD wirken unglaublich effektiv in der Schmerztherapie von Krebs- und Tumorpatienten. Es gibt immer mehr Studien, die darauf hinweisen, dass Cannabis in der Onkologie des 21. Jahrhunderts unverzichtbar sein wird. In Israel werden derzeit über 49 000 Patienten mit THC und CBD aus der Cannabispflanze begleitend zur Schulmedizin therapiert.

4. The Power Code® wurde von Björn Clausen, einem Naturheilpraktiker aus der Schweiz, entwickelt und ist eine Art therapeutische Meditation. Bei dieser Technik wird der Dialog zwischen Bewusstsein und Unterbewusstsein optimiert, damit er mit den eigenen Wünschen und Zielen übereinstimmt. The Power Code basiert auf den Erkenntnissen der Neurobiologie und der Positiven Psychologie in Verbindung mit buddhistischen Achtsamkeits- und Lichtmeditationen. Der innere Dialog zwischen Bewusstsein und Unterbewusstsein bildet das Leben und die Persönlichkeit jedes Menschen. Wird der Dialog nicht willentlich gelenkt, steuern ihn Muster aus vergangenen Erfahrungen. Was in der Vergangenheit gedacht, gefühlt und getan worden ist, bildet neuronale Netzwerke im Gehirn. Diese sind dann als Gewohnheiten oder Programmierungen im Unterbewusstsein verankert – auch als Verhaltensmuster bekannt. Mithilfe des Power Codes werden hinderliche Muster und verhaltenssteuernde Programmierungen als nutzlus und schädigend erkannt und mit einer einfachen Technik außer Kraft gesetzt. Durch die Neutralisierung bisheriger störender Gewohnheiten des Fühlens und

Denkens steht es jedem Menschen in seinem Alltag frei, sein ganzes Spektrum an Möglichkeiten zu nutzen, um das zu erreichen, was er oder sie will.

5. Das Yoga Sutra ist der zentrale Ursprungstext des Yoga.

Loslassen, um frei zu sein

1. Die Nambudiris sind eine brahmanische Jati (Kaste) im südindischen Bundesstaat Kerala. Sie werden als sehr angesehene Vertreter der klassischen vedischen Religion betrachtet.

2. Jyotisha ist laut Wikipedia eine alte indische Lehre. Mit ihrer Hilfe wird der günstigste Zeitpunkt etwa für Rituale, aber auch für weltliche Dinge bestimmt, indem die Stellung bestimmter Himmelskörper gedeutet wird.

3. In keinem Tempel Indiens wird die weibliche Kraft Shaktis und die von Kali so intensiv angebetet wie in Kamakhya.

4. Der Ursprung der Parikrama liegt im Dunkeln der Geschichte. Es wird angenommen, dass Menschen bereits vor Jahrtausenden Bäume, Quellen und Feuerstellen auf diese Art verehrten. In diesen Heiligtümern wohnten die Naturgeister. Im traditionellen Sinne werden Tempel oder andere Objekte im Uhrzeigersinn umkreist. Nur diejenigen, die sich mit einer anderen Kraft beschäftigen und diese praktizieren, umkreisen ein Gebäude oder Objekt gegen den Uhrzeigersinn. So wie wir dies taten.

5. Wie bei den Yogis üblich, ist das Essen nach sattvischen Kriterien zubereitet. Das heißt, möglichst leicht verdauliche Speisen, ohne Zwiebeln, Knoblauch oder sonstige stark stimulierende Lebensmittel und Gewürze. Die sattvische Ernährung ist sehr gesund für Körper, Geist und Seele. Sie verhilft dem Yogi zu Klarheit des Geistes, zu innerer Leichtigkeit und unterstützt ihn dabei, seinen Körper rein zu halten. Zudem ist es wichtig für die Meditation, so wenig stimulierende Lebensmittel wie möglich zu sich zu nehmen.

LITERATURHINWEISE

Über Krebs:

Dr. med. F. Batmanghelidj: Sie sind nicht krank, sie sind durstig, Vak Verlag, 12. Auflage 2012

Prof. Dr. med Richard Béliveau & Dr. med. Denis Gingras: Krebszellen mögen keine Himbeeren: Nahrungsmittel gegen Krebs. Das Immunsystem stärken und gezielt vorbeugen, Goldmann Verlag, Überarbeitete Neuausgabe 2018

Ty Bollinger: Krebs verstehen und natürlich heilen, Kopp Verlag, 4. Auflage 2016

Ty Bollinger: Die Wahrheit über Krebs: Was sie über die Geschichte und die Behandlung von Krebs wissen sollten, Kopp Verlag 2017

Dr. Johanna Budwig: Krebs – das Problem und die Lösung, Sensei Verlag, 6. Auflage 2010

Dr. Rashid Buttar: The 9 Steps to Keep the Doctor Away, GMEC Publishing 2010

Lothar Hirneise: Chemotherapie heilt Krebs und die Erde ist eine Scheibe, Sensei Verlag, 10. überarbeitete Auflage 2014

György Irmey: 110 wirksame Behandlungsmöglichkeiten bei Krebs, Trias Verlag, 3. Auflage 2011

A. J. Lodewijkx: Leben ohne Krebs, Sensei Verlag, überarbeitete Ausgabe 2010

David Servan-Schreiber: Das Anti-Krebs-Buch: Was uns schützt: Vorbeugen und Nachsorgen mit natürlichen Mitteln, Goldmann Verlag, aktualisierte Neuausgabe 2012

Über Yoga:

John David (Premananda): Facetten des Erwachens. Kostbare Dialoge mit 16 indischen Meistern über die Lehre von Sri Ramana Maharshi, Open Sky Press Verlag, 2. Auflage 2009

Eknath Easwaran (Hrsg.): Die Bhagavad Gita – Die Quelle der indischen Spiritualität, Goldmann Verlag 2012

Gurmukh: Die Chakras heilen und stärken durch Kundalini Yoga, Theseus Verlag 2015

B.K.S Iyengar: Licht auf Yoga, Nikol Verlag, 4. Auflage 2014

B.K.S Iyengar: Licht fürs Leben, O.W.Barth Verlag, Neuausgabe 2014

B.K.S Iyengar: Der Urquell des Yoga, O.W. Barth 2010

B.K.S Iyengar: Licht auf Pranayama, O.W. Barth Verlag, Neuausgabe 2012

Sri M: Lehrjahre bei einem Meister im Himalaya: Autobiographie des Yogis Sri M, Magenta Press 2010

Ulrich Ott: Meditation für Skeptiker: Ein Neurowissenschaftler erklärt den Weg zum Selbst, Droemer Taschenbuchverlag 2015

Ulrich Ott: Yoga für Skeptiker: Ein Neurowissenschaftler erklärt die uralte Weisheitslehre, O.W. Barth 2013

Yogi Ramacharaka: Die Wissenschaft des Atmens: nach den Lehren des heiligen Vedanta, F. Schwab Verlag, Neuauflage 2018

Swami Satyananda Saraswati: Asana Pranayama Mudra Bandha, Yoga Publications Trust, Reprinted 1999

Paramahansa Yogananda: Autobiographie eines Yogi, Self-Realization Fellowship 2001

Dr. Swami Yogapratap: Exploring Yoga and Cancer, Yoga Publications Trust 2010

Über östliche und westliche Spiritualität:

William Walker Atkinson: Kybalion 1–5, Aurinia Verlag 2011–2017

William Walker Atkinson: Die Kunst des geistigen Heilens: Spirituelle, mentale und körperliche Heiltechniken, Aurinia Verlag 2015

William Walker Atkinson: Die Astralwelt: Reise durch die feinstofflichen Welten, Aurinia Verlag, 3. Auflage 2015

Liä Dsi: Das wahre Buch vom quellenden Urgrund, Diederichs, überarbeitete Neuausgabe 2009

Karl F. Neu: Mantras der Kraft, Silberschnur Verlag 2015

Michael A. Singer: Die Seele will frei sein, Ullstein Taschenbuchverlag, 6. Auflage 2016

Lao Tse: Tao-Te-King: Das heilige Buch vom Weg der Tugend, Reclam Verlag 1997

Alberto Villoldo: Das geheime Wissen der Schamanen, Goldmann Verlag 2001

Über Persönlichkeitsentwicklung:

William W. Atkinson: Das Geheimnis des Erfolgs: Und das Gesetz der Anziehung in der Gedankenwelt, RaBaKa Publishing 2010

Björn Clausen: Das Licht: Lebe mit allem, was du bist, QC Verlag, Kindle Ausgabe 2015

Björn Clausen: Erfüllung jetzt! – Augenblickliche Freiheit und Erleuchtung im Quantenbewusstsein, QC Verlag, Kindle Ausgabe 2015

Björn Clausen: Die Revolution des Quantenbewusstseins, QC Verlag Kindle Ausgabe 2015

Charles F. Haanel: The Master Key System, Goldmann Verlag, 2. Auflage 2012

Fritz Riemann: Grundformen der Angst, Ernst Reinhardt Verlag, 44. Auflage 2019

Phil Stutz und Barry Michels: The Tools: Wie Sie wirklich Selbstvertrauen, Lebensfreude, Gelassenheit und innere Stärke gewinnen, Goldmann Verlag 2015

Über Neurowissenschaft, Epigenetik, Energiemedizin & Psychosomatik:

Christiane Beerlandt: Der Schlüssel zur Selbstbefreiung. Enzyklopädie der Psychosomatik, Beerlandt Publications, 9. Auflage 2013

Jakob Bösch: Spirituelles Heilen und Schulmedizin: Eine Wissenschaft am Neuanfang, AT Verlag, 2. Auflage 2006

Dr. Joe Dispenza: Du bist das Placebo: Bewusstsein wird Materie, Koha Verlag, 2014

Johannes Huber: Es existiert: Die Wissenschaft entdeckt das Unsichtbare, Edition a Verlag 2016

Bruce H. Lipton: Der Honeymoon-Effekt: Liebe geht durch die Zellen, Koha Verlag, 2. Auflage 2014

Bruce H. Lipton: Intelligente Zellen: Wie Erfahrungen unsere Gene steuern, Koha Verlag, aktualisierte Neuauflage 2016

James L. Oschman: Energiemedizin: Konzepte und ihre wissenschaftliche Basis, Urban & Fischer/Elsevier Verlag, 2. Auflage 2009

Über Naturheilkunde & Lehrbücher

Elvira Bierbach: Naturheilpraxis heute: Lehrbuch und Atlas, Urban & Fischer/Elsevier Verlag, überarbeitete Auflage 2013

Klaus-Dieter Plarsch: Die Medizin heilen: An der Schwelle einer neuen Gesundheitskultur, Verlag Systemische Medizin 2014

Erich Wühr: Systemische Medizin: Auf der Suche nach einer besseren Medizin, Verlag Systemische Medizin, 2. Auflage 2011

Über Ernährung:

Barbara Allmann: Salvestrole: Krebs hemmende Substanzen aus der Natur, AT Verlag 2014

Cherie Calbom: Juicing, Fasting and Detoxing For Life, Hachet Book Group 2014

T. Colin Campell, InterEssen: Ernährungswissenschaften zwischen Ökonomie und Gesundheit, Verlag Systemische Medizin 2014

T. Colin Campbell, Thomas M. Campbell: China Study: Die wissenschaftliche Begründung für eine vegane Ernährungsweise, Verlag Systemische Medizin, 3. Auflage 2015

Charlotte Gerson und Morton Walker: Das große Gerson Buch: Die bewährte Therapie gegen Krebs und andere Krankheiten, Mobi-Well Verlag, 3. Auflage 2013

Lothar Hirneise: Das große Koch- und Lehrbuch der Öl-Eiweiß-Kost, Sensei Verlag 2013

Michio Kushi: Natürliche Heilung mit Makrobiotik: Gesundheit durch Gleichgewicht in der Ernährung, Ost-West-Verlag, 15. aktualisierte Auflage 2018

Georges Ohsawa: ZEN Makrobiotik: Der Weg zu Langlebigkeit und Verjüngung, Mahajiva Verlag 2013

Weitere Infos zu den empfohlenen Büchern sowie Links findest du unter www.yvesseeholzer.com

Instagram @yvesseeholzer
Facebook @ Yves Seeholzer

MIT LAND ROVER UND ZWEI PFANNEN UNTERWEGS

ISBN 978-3-95728-266-8
192 Seiten mit 150 farbigen und 50 schwarz-weißen Abbildungen,
gebunden mit Lesebändchen und Coverprägung

Von ihrer Offroad-Reise durch Neuseeland haben Yves Seeholzer und Iwan Hediger 48 geniale vegane und vegetarische Rezepte mitgebracht, geeignet für Gaskocher, Grill oder Lagerfeuer, aber genauso für die Alltagsküche zu Hause. Mit ihren tollen Reisefotografien, persönlichen Eindrücken und Reiseberichten wecken die jungen Schweizer Köche garantiert auch das Fernweh in dir. Ob beim Kochen oder im Alltag: Iwan und Yves inspirieren dazu, Neues zu wagen und das Leben in vollen Zügen zu genießen!

www.knesebeck-verlag.de